삶의 확장

삶의 확장

일상과 비일상에서 발견한 깨달음과 삶의 풍요

초 판 1쇄 2025년 10월 23일

지은이 나승유, 김선희
펴낸이 류종렬

펴낸곳 미다스북스
본부장 임종익
편집장 이다경, 김가영
디자인 윤가희, 임인영
책임진행 안채원, 이예나, 김요섭, 김은진

등록 2001년 3월 21일 제2001-000040호
주소 서울시 마포구 양화로 133 서교타워 711호
전화 02) 322-7802~3
팩스 02) 6007-1845
블로그 http://blog.naver.com/midasbooks
전자주소 midasbooks@hanmail.net
페이스북 https://www.facebook.com/midasbooks425
인스타그램 https://www.instagram.com/midasbooks

ⓒ 나승유, 김선희, 미다스북스 2025, *Printed in Korea*.

ISBN 979-11-7355-529-9 03810

값 19,000원

※ 파본은 구입하신 서점에서 교환해드립니다.
※ 이 책에 실린 모든 콘텐츠는 미다스북스가 저작권자와의 계약에 따라 발행한 것이므로 인용하시거나 참고하실 경우 반드시 본사의 허락을 받으셔야 합니다.

미다스북스는 다음세대에게 필요한 지혜와 교양을 생각합니다.

일상과 비일상에서 발견한
깨달음과 삶의 풍요

삶의 확장

나승유
김선희

미다스북스

프
롤
로
그

진정 행복한 삶은 의외로 따분함과 불만에서 시작한다. 처음부터 무작정 기쁘고 행복한 인생으로 시작하겠다는 생각은 비현실적이다. 싯다르타 왕자도 부귀영화를 버리고, 인생고해에서 해탈의 완성을 얻었다. 불만으로 가득하다면 곧바로 가장 가까운 산책길을 걷거나 동네 뒷산에 올라라. 여행은 가까운 곳에도 많다. 쉽게 갈 수 있는 가까운 곳일수록 좋다. 지루하다면 시외버스를 타고 근교 어디든 다녀오길 권한다. 편안한 소파나 자기만의 골방에는 답이 없다. 그곳은 불평의 함정으로 빠져드는 늪이다. 이 책은 불만스러운 삶에서 점차 만족을 얻고, 행복을 채굴하여 삶을 풍요롭게 하는 사유의 길을 일상과 비일상의 여덟 개 여행을 통해 제시한다. 이것이 삶의 확장이다.

오늘 점심은 비록 삼각 김밥에 컵라면이어도 내년에는 조금 더 나아지길 바란다. 쳇바퀴 도는 일상이지만 드라마를 보거나, 블로그에서 좋은 글을 찾아보고 가끔 동네 도서관에서 책도 펴본다. 어디에 어떤 삶이 있는지 살펴본다. 출근길이나 동네 마트에 많은 사람들이 있듯이 영화나 책 속에도 여러 인생이 펼쳐진다. 일상에서 다양한 사람들을 보거나 만난다. 여러 성격이 보이고 각기 다른 인생이 있다. 그들이 가진 좋은 면이나 눈살 찌푸리게 하는 단점을 보며 나 자신을 돌아본다. 어떤 이유로 나빠지며 어떻게 좋아지도록 노력하는지 살펴본다. 나도 나아지길 소망하기 때문이다.

일상생활에서 시간을 내어 여가활동을 즐긴다. 각자의 취향과 여건에 따라 산책, 뒷산 오르기, 영화 감상, 교외 나들이, 독서모임, 조기축구, 연주회 가기 등 선택할 수 있는 종류가 많다. 마찬가지로 특별히 시간을 만들어 여행을 간다.
왜 굳이 여행을 갈까? 집 떠나면 고생이라는데. 사실 집보다 편한 곳은 없다. 그런데도 가끔 여행을 생각하고, 오랜만에 계획을 짜며, 어쩌다가 여행을 떠난다. 왜 여행을 떠날까? 물론 답은 각양각색이다. 다 맞고 또 소중한 답이다. 여행은 자신의 것이니까.
여행과 일상에서 다양한 성격의 사람들을 만나게 되는데, 가장 먼저 발견하는 낯선 사람이 바로 자기 자신이라는 말이 떠오른다. 새로운 곳 그리고 예상치 못한 상황에서 생소한 사람들을 만나며 나 자신도 미처 몰랐던 나를 보게 된다. 외부 세계를 보고 느낀 발견이 내면의 성찰로 이어진다. 자신의 발견이며 삶의 확장이다.

많은 사람들이 번잡스러운 인도 바라나시를 찾는다. 10억 명이 훌쩍 넘는 힌두교 신자들의 성지로 수많은 순례자들이 몰려든다. 살면서, 임종에 가까울 때, 그리고 사멸할 때 가장 행복하게 선택하는 장소에는 과연 어떤 비밀이 있을까?
비밀은 늘 신비롭고 확실하지 않다. 화장의 연기, 푸자 의식의 향 연기와 횃불의 열기 속으로 들어가 본다. 그렇지만 수많은 인파와 요란한 의례형식에 휩쓸릴 뿐 비밀의 열쇠는 보이지 않는다.

누구에게나 일생은 행복을 추구하는 여정이다. 인생을 가장 행복하게 이끌어주는 마법 같은 비밀이 신성한 바라나시에 있다. 비밀의 문에 조금이라도 다가가기 위해서 그들을 관찰하고, 그들처럼 행동해 볼 수 있다. 갠지스 강변을 걷다가 명상하며 푸자 의식에 참여해본다.

자신의 개성을 표현하며 특별한 경험을 추구하는 욕구가 커지면서 최근 해외여행이 급증하고 있다. 즐겁고 뜻깊은 여정에서 가치 소비를 중시하며 정신적 만족도 추구한다. 그러나 짧고 바쁜 일정에서 자신을 돌아보는 성찰이나 한 단계 성숙은 쉽지 않다. 대박 맛집은 국물을 우려낼 때 다양한 약재와 재료를 함께 넣어 맛과 건강 효과를 높인다. 이렇듯 80여 개 국가를 다녀본 저자의 경험을 녹여내어 여행에서 진정한 기쁨과 행복을 얻는 노하우를 소개한다. 여행을 하며 얻은 사유로 삶의 확장을 이루어 가려면 자신만의 안목이 매우 소중하다.

외롭고 쓸쓸하다면 무엇으로 부족함을 충족해야 행복할까? 다정한 대화나 친밀한 관계를 갖는 것이다. 무엇이든 넘칠 때는 이미 충만하여 행복을 느끼기 어렵다. 오히려 부족할 때 무엇인가 채움으로써 행복을 느끼기 쉽다.

공기가 희박해서 산소가 부족한 고산증이 오면 온갖 괴로움이 따른다. 어지럽고 더부룩하여 식욕이 떨어지고 무기력하다. 평소 부족함을 느끼지 못해서 감사하지 않던 공기의 존재를 실감한다. 숨을 편히 쉴 수 있기만 해도 온갖 불편이 사라진다. 이에 감사하며 행복을 깨닫는다.

고난을 해결하고 극복할 때 누구나 만족감과 행복을 느낀다. 편하고 익숙한 공간을 벗어나서 늘 주변에 있던 일상의 것들이 한시적으로 부족한 체험을 한다. 부족과 충만, 문제와 해결의 관계, 여기에 행복을 채굴하는 열쇠가 있다. 불만족스러운 인생에서 차츰 행복을 얻어 풍요로운 삶으로 만드는 사유의 길을 찾는다. 바깥세상이 남긴 흔적은 결국 내 안에서 울려, 희망과 회복의 길로 이어진다. 이것이 바로 삶의 확장이다.

프롤로그 004

세상여행

1부 낯선 길 위에서 배운 깨달음

#1 남미 – 세 달로도 담을 수 없는 대륙 이야기

1. 버킷 리스트 한 줄, 희망이 움트다 017
2. 국경을 넘으며 자유를 배우다 021
3. 풍요로움 속에서 싹 트는 슬픔 026
4. 생소하지만 다정한 자연환경 030
5. 남미를 가로지른 바람과 길 035
6. 기다란 나라의 극한체험 038
7. 구름 위 마추픽추에서 만난 꿈결 042
8. 아마존은 무엇을 품고 있을까 049

#2 인도 – 끝없이 다른 얼굴과 마주하다

1. 콜카타에서 본 또 다른 세상 059
2. 향과 노래, 푸자가 가르쳐 준 행복 063
3. 아그라에서 깨달은 새옹지마 068
4. 카슈미르에 평화가 올까 072
5. 화려한 시카라에 슬픔이 있다 075
6. 라자스탄의 다채로운 색깔 078
7. 구자라트가 주는 교훈 082
8. 남인도의 햇살에서 배운 느긋함 086

목 차

#3 메콩강 - 흐르는 강물 따라 피어난 희망

1. 다섯 강과 샹그릴라　　　　　　　　　　　　093
2. 리장에서 배운 환대의 힘　　　　　　　　　　096
3. 편리함보다 체험을 선택하다　　　　　　　　101
4. 라오스, 매력에는 양면이 있다　　　　　　　　105
5. 혼돈의 시장, 눈을 뜨다　　　　　　　　　　　110
6. 미소가 미소를 불러오다　　　　　　　　　　　114
7. 삶이란 광산에서 찾은 조언과 빛　　　　　　　119

#4 남태평양 - 바다 너머 숨겨진 행복을 찾아서

1. 호주, 짧은 역사에 담긴 매력　　　　　　　　127
2. 화려함과 행복에서 어느 것을 볼까　　　　　　130
3. 보석 같은 산호초는 환상일까　　　　　　　　132
4. 바누아투, 보이지 않는 행복　　　　　　　　　136
5. 피지에서 히비스커스와 인사하다　　　　　　　141
6. 웅장한 자연 앞에서의 겸손　　　　　　　　　144
7. 도시가 주는 다정함과 희망　　　　　　　　　150

**마음
여행**

**2부
내면으로 향한 또 다른 여정**

#5 무돌길 한 바퀴 – 걸음마다 품은 금수강산의 마음

1. 발길이 머문 나의 최애 트레일   161
2. 비열한 모략에서 교훈을 얻다   164
3. 여유롭고 아름다운 누정문화   169
4. 길에서 고령사회의 답을 보다   172
5. 나를 구원하는 걸음   175
6. 굴곡진 삶과 변화무쌍한 둘레길   178
7. 의지하던 마음, 스스로 선 힘으로   181
8. 자연이 들려준 길 위의 선물   185

#6 이상한 세계 – 낯섦이 흔든 익숙한 틀

1. 낯섦은 어떻게 상식을 흔드는가   191
2. 상상 속의 진리   196
3. 인디오의 눈물이 말해준 것   201
4. 낯선 맛이 굳은 혀를 흔들다   204
5. 눈감은 불법, 외면한 양심   207
6. 이상한 친절에 대처하기   210

#7 식탁 여행 – 한 끼 식사로 세계와 이어지다

1. 베이커리에 왜 빵이 없을까 　　　　　　　 217
2. 한 끼 식탁에서 배운 균형 　　　　　　　　 220
3. 날리는 쌀밥이 더 흔하다 　　　　　　　　 225
4. 박소이칸 한 그릇이 남긴 미소 　　　　　　 228
5. 혀끝에서 뒤집힌 나의 상식 　　　　　　　 233
6. 지역의 맛, 세계로 번지다 　　　　　　　　 238

#8 회복 여행 – 희망과 행복의 길을 가다

1. 절망의 끝에서 희망을 붙드는 법 　　　　　 243
2. 작은 피드백이 만드는 큰 차이 　　　　　　 249
3. 실패가 가르쳐 준 길 찾기 　　　　　　　　 254
4. 절망의 터널을 통과하다 　　　　　　　　　 257
5. 늪의 끝에서 마주한 행복 　　　　　　　　 262

에필로그　267

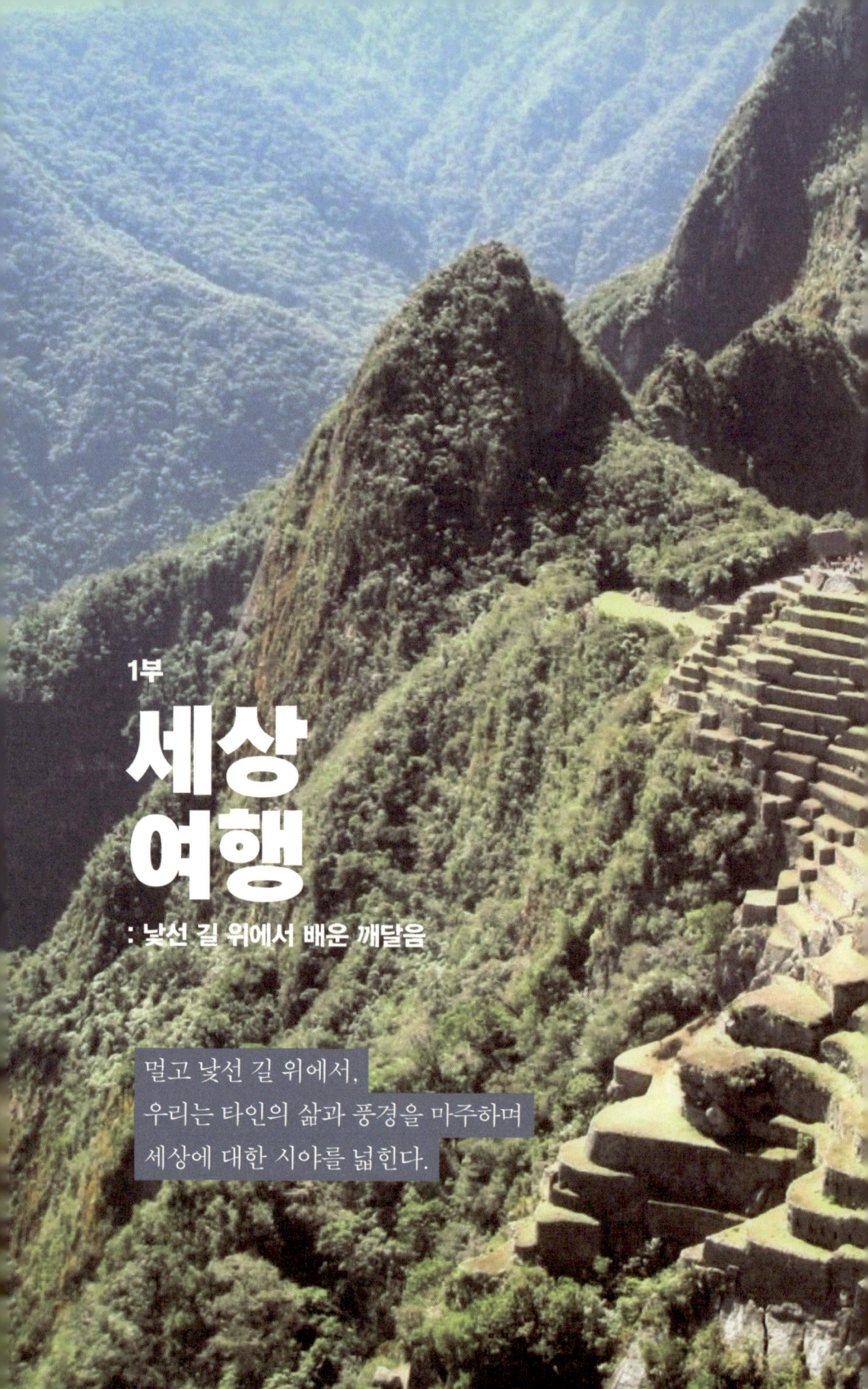

1부

세상
여행

: 낯선 길 위에서 배운 깨달음

멀고 낯선 길 위에서,
우리는 타인의 삶과 풍경을 마주하며
세상에 대한 시야를 넓힌다.

#1 남미
세 달로도 담을 수 없는 대륙 이야기

우리나라에서 남미는 지구 반대편에 있어서 멀다. 직항이 없어 경유하면 30시간이 걸리니 왕복 비행에만 3일이 소요된다. 자연스럽게 최소 1주일, 일반적으로 10~20일 여행 일정이 된다. 먼 곳이어서 멋진 여행일까? 아니다. 다른 곳에서 찾기 힘든 남미 고유의 문화와 역사, 멋진 명소가 커다란 남미대륙 곳곳에 펼쳐져 있어서다. 잘 알려진 아마존 유역의 열대 정글, 파타고니아 지역, 아타카마사막 외에 광활한 열대 사바나지역인 세하두, 세계 최대의 습지 초원인 판타날, 고원지대 알티플라노, 덥고 건조한 저지대인 그란차코 등 상상하기 어려운 곳도 많다.

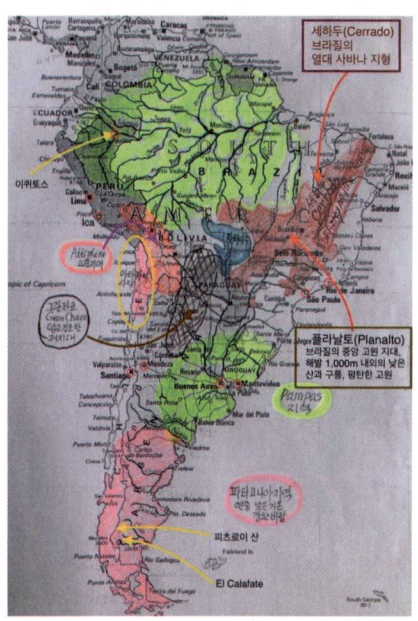

남미는 멀지만 이제 생소한 지역이 아니다. 아마존 지역의 아사이베리 가공제품, 칠레의 포도와 와인, 브라질의 커피원두, 태평양의 해산물 등이 수입되어 식탁에 자주 오른다. 사시사철 먹는 칠레산 포도와 달리, 눈에 띄지 않지만 현대산업에서 철과 구리도 중요하다. 브라질은 세계 2위의 철광석 생산국이고, 칠레와 페루는 세계 1위와 3위의 구리 생산국으로 우리나라의 주요 교역국이다.

1. 버킷 리스트 한 줄, 희망이 움트다

오랫동안 정보를 모으고 계획했던 우리는 다음 여행 목표를 실행에 옮겼다. 남미의 여행 정보는 넘쳤다. LA와 산티아고를 경유하는 저렴한 항공권을 구입하여 리우데자네이루로 간다. 한국어 지명표기법에 따라서 현지 발음대로 '히우'로 표기한다.

히우의 풍광은 천혜 자체다. 조물주의 혜택으로 가득하다. 도시의 장소로 이보다 더 멋진 곳이 있을까? 대서양의 파도를 피해서 깊숙하게 들어온 구아나바라만에 접해 있어서 항구로서도 안성맞춤이다. 남미를 생각할 때마다 아마존과 삼바축제가 연상됐다. 많은 노래나 영화에 등장하던 해변도 있다. 히우가 대서양에 접해 있어서 코파카바나, 이파네마, 레블론 비치가 끝없이 이어진다. 아무 때나 해변으로 왕래할 수 있도록 두 블록 떨어진 곳에 숙소를 잡았다.

히우에 명소가 많지만 코르코바두 정상에 있는 예수상이 단연 으뜸가는 랜드마크이다. 시내 중심의 높은 산에 있어서 어디서나 잘 보인다. 세계 도처에서 방문한 사람들로 이미 산 아래부터 매우 혼잡하다. 이곳을 찾아온 수많은 사람들이 진정 원하는 것이 무엇일까? 진실한 기도는 집에 있는 작은 십자가나 자주 다니는 교회의 큰 십자가 앞이면 충분할 텐데.

고개를 들고 우러러본 대형 상에서 사랑, 행복, 자애로움, 평화 등을 기대만큼 느끼지 못했다. 욕심에 비해 나의 눈과 마음이 닫혀있는 것 같아서 답답하다. 사랑과 평화를 잘 표현하지 못하고 거의 무표정한 느낌이 들도록 만든 조각가가 원망스럽다.

웬일일까? 예수상을 보고 있노라니 이곳과 아무런 상관없는 앙코르톰 바이욘사원이 떠오른다. 온화한 미소를 사방 천지 모두에게 넘치게 전해주는 석상의 모습이 그립다. 히우의 현대적 기술은 대형으로 제작하는 것에만 몰두했을까? 800년이나 더 옛날이지만 무더운 정글에서 심혈을 기울인 노력으로 바위를 주물렀던 크메르인들의 예술혼이 크게 느껴졌다.

히우 항구 부근 전경

숙소에서 코파카바나 비치가 가까워서 편리했다. 이곳은 연중 세계 도처에서 수많은 관광객을 끌어모은다. 해변의 인파 어딘가에 소설 『11분』의 주인공인 마리아가 있을 듯하다. 그녀는 희망 없는 일상에서 돌파구를 찾기 위해 코파카바나 해변에서 우연히 만난 외국인을 따라 미지의 세계로 떠난다.

그러나 도착한 곳은 꿈속에서 바라는 에덴동산이나 샹그릴라가 아니다. 오히려 수많은 난관이 기다리고 있다. 새로운 세계가 어디든 그녀는 비틀거리거나 낙심하지 않기로 결심한다. 상황에 맞추어 자신을 성장시켜 나갈 뿐이다. 모두들 스스로에게 이렇게 말한다. '꿈을 꾸되 조급하지 말라. 새를 새장에 가두는 것은 사랑이 아니라 욕심이다.' 새가 하늘로 훨훨 날아가듯 내 꿈도 작은 가슴을 떠나 넓은 세상을 향해 자라게 해야 한다.

'히우' 하면 누구에게나 히우 카니발이 제일 먼저 떠오르리라. 그러나 축제기간이 아닌 삼바드로메는 썰렁했다. 축제 동안에는 생동감과 화려함의 극치를 자랑하고 운집한 인파를 흥분의 도가니에 몰아넣는데, 지금은 다른 거리보다 더 한산하다. 덕분에 구도심 방향으로 교통 연결이 원활하다. 브라질 사람들은 뜨거운 열정을 표출하기 위해 열심히 1년을 준비한다. 마치 여름 한 달 엄청난 성량을 뽐내기 위해 땅속에서 수년 동안 유충으로 지내는 매미처럼.

구도심의 카리오카 역 바로 옆에 있는 상세바스티앙 성당은 멀리서도 놓칠 수 없다. 뾰족하게 높은 건물이기도 하지만 외관이 무척 독특한 원뿔 모양이다. 콘크리트 구조물로 성당 같지 않다. 그러나 내부에서 보는 천장의 십자가 형상은 자연채광 속에서 우주를 보는 듯하다. 사방으로 흘러내리는 거대한 스테인드글라스는 화려함과 엄숙함을 자아낸다. 금붙이나 화려한 대리석 치장 대신에 투박한 콘크리트가 내부를 이루고 있다. 검소한 모습에도 무지갯빛의 아름다움이 소리 없이 흘러내린다. 경건함이 충만하고 아름다움에 가슴이 뛴다.

빛은 잠시 먼 곳으로 우리를 인도한다. 그곳은 수많은 갱단들의 집단싸움으로 위험하다는 엘살바도르이다. 우리는 몇 곳을 거쳐 수도 산살바도르 중심에 있는 로사리오 교회를 찾아갔다. 시끌벅적한 도로와 큰 시장 옆에 붙어 있는 작은 교회다. 아주 가느다란 막대기로 만든 십자가가 힘없이 서 있다. 반원형 격납고 형태의 성당이 옆에 있는 시장 건물처럼 허름하고 칙칙하게 보인다.

그러나 내부로 들어서자 놀라움으로 입이 벌어진다. 빛이 춤을 추며 고요히 향연을 펼친다. 투박한 시멘트 건물에는 별다른 내부 장식도, 육중한 대리석 기둥도 없지만, 규칙적으로 배열된 작고 많은 스테인드글라스 창으로 빛이 들어와 내부를 휘감고 있다. 그 빛은 바닥까지 화려하게 변신시킨다. 마치 '더러운 바닥에서 뒹구는 그대들을 아름다운 세상으로 구제하겠노라.'라고 약속하는 듯싶다. 묵언 속의 감동이다. 갱단들이 살벌한 다툼을 이어가고 소란스러운 혼돈으로 가득한 세상이지만, 바로 그곳에 천국으로 통하는 길이 있었다. 몸과 마음에 상처가 많은 불우한 양들을 구제하려는 자애로움이 가득한 교회다. 따뜻하게 이웃을 감싸기 위해서는 로사리오 교회처럼 낮은 곳으로 향해야 한다. 말없이 모든 포교의 바른길을 보여준다.

진정한 사랑을 위해 더욱 낮게 임하소서! 핀란드 헬싱키에 템펠리아우키오 교회가 있다. 이 교회는 아주 조용한 주택가에 있는데 숫제 지하로 내려간다. 엄숙하고 진실한 마음을 나누는 장소로 여겨진다. 세계적인 명성에 비해 소박하다. 주택 사이에 있는 공터에 흙과 바위가 약간 쌓여 있는 것처럼 보인다. 모든 시설이 지하 암반 속에 있기 때문이다. 결코 밖으로 뽐내지 않는다. 들어서니 일부는 투박한 바위투성이 그대로다. 말없이 온 공간이 사랑과 믿음으로 가득하다. 권세와 치장의 힘으로 믿음을 강요하지 않는다. 사랑과 자애로움이 넘쳐 저절로 감화를 받는다. 이것이 진정한 감동이다.

길 위의 단상

삶을 확장하는 데는 두 가지 덕목, 인생의 깊이와 다채로움이 있다. 다양성을 보여주는 히우에서 삶의 버라이어티를 배운다.

2. 국경을 넘으며 자유를 배우다

히우와 상파울루는 각각 인구가 1,200만 명이 넘는 큰 도시다. 지도를 보면 두 도시가 가까이 있는 것 같지만 서울에서 부산까지의 거리이다. 두 도시 모두 브라질의 경제, 사회, 문화 등 많은 면에서 중요한 지역이다. 반면, 브라질의 광활한 저지대 열대우림인 아마존 유역 대부분은 선박과 항공편으로만 접근이 가능하다. 열대우림의 남동쪽에는 우리나라 면적의 20배에 이르는 열대 사바나 지형인 세하두가 펼쳐진다. 해안선 쪽으로 갈수록 높아지다가 브라질산맥을 이룬다. 그리고 급히 낮아져서 좁고 긴 해안선 지대를 형성한다. 넓은 세하두 지역의 대표 작물이 커피이다. 브라질은 세계 최대 커피 생산국으로 대두, 설탕, 면화와 함께 주요 수출 농산물이다. 세하두 남쪽 해안에 위치한 상파울루는 대표 도시로서 브라질, 나아가 남반구에서 가장 큰 도시가 되었다.

거대 도시인 상파울루에도 명소가 많다. 이방인이 짧게 여행하며 히우와 크게 다른 특색을 찾기 어려웠다. 물론 히우와 달리 상파울루는 해안에서 40km 떨어진 내륙에 있고 근접한 산토스가 항구 역할을 한다. 특이한 점

은 리베르다지로 불리는 일본인 거리와 거주지역이다. 100년 전부터 많은 일본인들이 이민을 와서 현재 후손이 약 100만 명이다. 그 중 절반이 리베르다지에 거주한다. 세계 대도시에 차이나타운이 흔하지만 이곳 일본풍은 매우 이국적이다. 거리, 기념물, 공원, 주택, 상가 등에서 일본색이 뚜렷하고 규모도 크다.

　이과수폭포는 세계적으로 유명하여 멋진 전경 사진을 쉽게 찾아볼 수 있다. 최근에 사진 분해능이 개선되어 매우 선명하다. 또한, 드론을 이용하여 예전에는 어려웠던 최적의 시야를 쉽게 얻는다. 그렇지만 바로 옆에서 보는 역동적인 모습은 감동적인 장관이다. 그런데 폭포처럼 직접 보거나 느낄 수 있는 것만 신비로울까?

그렇지 않다. 누구나 잘 알고 있는 사실인 물이 얼음과 수증기로 변신하는 것도 신기하다. 온도가 내려간다고 왜 갑자기 딱딱한 얼음이 될까? 왜 물은 증발할 때 주변에서 열을 빼앗아 시원한 느낌이 들까? 물을 많이 마시고 나면, 순환하며 어떤 작용을 할까? 물방울 하나에도 수많은 생명 활동이 일어나는 등 신비로운 점도 많다.

눈에 보이지 않는 것에 대해서는 외면한 채, 눈앞에 펼쳐지는 뻔한 사실에 감탄을 쏟아낸다. 과연 폭포 앞에서만 그럴까? 굶주리는 사람들을 애써 외면하고, 반려견의 음식과 털을 가꾸는 미용에 많은 돈을 지출한다. 수천 년을 함께 살아왔는데, 히우에서 상파울루까지의 거리보다 더 가까운 지역에서 투표 결과는 왜 항상 극단적으로 다를까? 반려견을 사랑스럽게 가슴에 안고 주문한 치킨윙을 맛있게 먹는다. 개와 닭의 목숨은 크게 다를까?

이과수강은 브라질에서 흐르다가 아르헨티나와 국경을 이루는 지점에서 이과수폭포가 된다. 폭포를 지나 약 30km 정도를 더 흘러가면, 그 물줄기는 파라나강으로 합류되어 사라진다. 폭포는 거대하지만 이과수강은 사실 파라나강의 수많은 지류 중의 하나에 불과하다. 그런데 많은 사람들이 이과수폭포에 열광하면서도 파라나강을 모른다. 마치 작은 혈관에서 판막 이상으로 인해 혈액이 역류하며 크게 부푼 것은 잘 알지만, 보이지 않는 대동맥과 관상동맥의 상태를 모르는 것과 비슷하다.

이과수폭포는 세계적인 명소라 연중 관광객이 몰려든다. 폭포와 가까운 곳에서 브라질, 아르헨티나, 파라과이 세 나라가 만난다. 국경을 이루는 파라나강과 이과수강이 있지만 세 국가의 도시인 포스두이과수, 푸에르토이과수, 시우다드델에스테가 서로 인접해 있다. 다리만 건너면 다른 나라로 이동할 수 있어서 마포나 용산에서 영등포나 강남으로 가는 것과 다를 바가 없다.

우리가 머물던 포스두이과수에 있는 호텔은 커다란 개인 저택을 리모델링한 느낌이었다. 주택가에 있는 별장처럼 편하다. 숙소 앞에서 시내버스를 타면 파라과이의 시우다드델에스테로 갈 수 있다. 신기하게도 시내버스 요금만 내고 인접국으로 간다. 버스는 파라나강 위에 있는 큰 다리를 지난다.

어디서 여권 검사를 할까? 없다. 검사 없이 오고간다. 물론 다른 지역으로 멀리 가면 불법체류가 되지만, 국경 인접 도시 사이에서 가능하다. 마치 고양시에서 시내버스를 타고 아무런 검사 없이 개성에 가고 오는 셈이다.

놀랄 일일까? 많은 나라의 국경지대에 위치한 도시 사이에서는 대체적으로 서로 자유롭게 이동한다. 국경을 철저하게 폐쇄하고 엄중하게 관리하는 경우가 예외적이다. 우리는 이런 환경에서 80년 가까이 지내다 보니, 국경을 넘어서 자유롭게 걷거나 시내버스로 이동하는 것이 이상하게 느껴질 뿐이다. 조금도 의심 없이 자신의 오랜 경험을 믿지만 때때로 심각한 오류나 허구일 수 있다.

버스로 곧 도착한 시우다드델에스테에서 살펴본 파라과이의 모습은 정적이었다. 다른 국경 도시와 다르게 활기차거나 역동적인 면이 없다. 작은 가게와 좌판이 많지만 왁자지껄한 시장의 호객행위나 혼잡한 교통소음조차도 별로 없다. 다른 도시로 연결되는 시외버스터미널에 가보니 이곳도 조용했다. 모두들 대합실 의자에 말없이 앉아있다.

갑자기 형제자매인지 서로 닮아 보이는 어린이 세 명이 다가온다. 우리에게 말을 걸지는 않고 손만 내민다. 어린아이들이 구걸에 나서다니 안타까웠다. 남미에서 경제적으로 가장 어려운 나라여서 흔한 모습인 듯하다. 소액 잔돈을 건네주고 자리를 떴다.

경제 상태가 나쁜 지역에서 가장 안타까운 것은 일자리 부족이다. 청년들이 허드렛일이라도 원하지만 일거리가 없다. 길에서 무위도식하는 젊은이들을 보면 애처롭다. 일을 하고 싶어도 일거리가 없는 상태로 가만히 지내는 것이 가장 괴롭고 힘든 일이다. 편한 일만 고르는 우리로서는 이해하기 어려운 상황이다.

숙소의 젊고 훤칠한 매니저는 친절하며 쾌활하다. 항상 웃음을 띠는데 의외로 품위도 느껴진다. 소규모 관광업에 종사하지만 장래의 비전이 뚜렷한 듯 여겨진다. 저녁 식사 후에 정원 벤치에 앉아있는데, 그가 지나치다가 인사를 하며 갑자기 세하두를 아느냐고 묻는다. 사실 여행 직전에야 알게 됐지만 그렇다고 대답했다. 광활한 지역인 세하두는 브라질에서 매우 중요하다.

매니저가 다큐멘터리 〈아마존의 눈물〉에 관해서 이야기를 꺼낸다. 숙소에 머문 한국인들이 많았는데, 아마존의 개발, 열대우림의 축소, 세계 허파의 잠식 등에 관심이 커서 놀랐다고 한다. 그래서 한국 손님들에게 세하두를 아는지 물었더니, 대부분이 전혀 모르고 심지어 일부는 커피의 종류로 잘못 알고 있었다고 한다. 브라질에서 매우 중요한 세하두 명칭도 모르면서 아마

#1 남미　25

존의 개발에 대해서 비난을 할 수 있느냐는 그의 말은 단호했다. 아마존 유역 개발의 당위성을 설명하는 그의 주장은 논리적이고 확신에 차 있었다.

3. 풍요로움 속에서 싹 트는 슬픔

브라질 포스두이과수 외곽에 있는 터미널에서 오후 1시에 버스를 타고 부에노스아이레스로 출발한다. 이제 버스는 파라나강을 따라서 내려간다. 창밖으로 유명 관광지가 아닌 지극히 평범한 마을과 농경지를 볼 수 있다. 언젠가부터 우리는 특별한 날의 요란한 성찬보다 평범한 매일의 식사에 관심을 둔다. 자주 먹는 식사가 건강에 훨씬 중요할 듯해서이다. 꾸민 관광지보다 주변의 진면목을 보고 싶다.

남미에서 장거리 버스를 이용할 때는 한여름에도 패딩을 준비해야 한다. 이동 중 내내 냉방을 강하게 틀기 때문이다. 모기나 해충의 활동을 막기 위해서라고 짐작한다. 다들 추워서 담요를 두른다. 18시간이 넘는 장거리 이동이다.

부에노스아이레스는 남미대륙 대표 도시로 다섯 손가락 안에 들어간다. 아르헨티나 수도의 첫인상은 유럽의 도시에 온 느낌이다. 유럽이 식민지 시절 초부터 광대하고 비옥한 팜파스 지역에 얼마나 욕심을 냈는지 알 수 있다. 이곳은 건축 양식과 인종 분포가 브라질과는 다르다. 유럽인 후손들이 훨씬 많다.

오벨리스크에서 가까운 중심가에 숙소를 잡았다. 랜드마크인 높은 탑은 어디에서나 잘 보여서 기준점으로 안성맞춤이다. 탑이 있는 곳은 큰 대로의 교차점이다. 독립을 기념하는 '7월 9일 거리'는 세계에서 가장 넓은 거리라고 하는데 실제로는 긴 광장이나 공원 역할을 한다.

역시 독립을 기념하는 자카르타의 모나스가 떠오른다. 큰 도로의 중심에 있다는 점에서 더블린 첨탑도 생각난다. 멀리서 보면 바늘처럼 찌를 것 같은 공격성이 느껴져서 호감은커녕 보기 싫다. 그러나 수백 년에 걸친 영국의 침탈을 고려하면 그들의 독립을 향한 의지가 이해된다.

오벨리스크에서 두 블록 떨어진 번화가에 웅장한 콜론극장이 있다. 과거에는 농산물과 육가공품 수출로 매우 부유했던 나라인 만큼, 유럽에 못지않은 규모의 클래식이나 오페라 공연을 위한 시설이었다. 이곳은 유럽 대도시보다 조금 늦은 1911년에 남반구에서 최초로 지하철 운행을 시작했다. 우리가 탄 지하철 열차에는 나무로 만든 좌석이나 선반과 문이 있고, 보호망을 씌운 백열전구가 내부를 밝히고 있다. 오래된 열차를 여전히 운행할 수밖에 없는 현실이 안타깝다. 예전의 부와 영광은 어디로 증발했을까?

잠시 걸어가면 엘 아테네오 서점이 있다. 대형 오페라 극장이었는데 영화관으로 운영하다가 대형 서점으로 탈바꿈했다고 한다. 세계에 어느 서점, 도서관, 박물관, 갤러리가 이렇게 화려하며 격조 높은 분위기를 연출할 수 있을까? 오페라 무대와 객석 공간이 멋진 서가와 카페가 되다니 놀라웠다. 매장을 계획 중인 업주라면

이런 리모델링을 참고하면 좋겠다. 공간이 협소하더라도 중요한 것은 품위를 갖추면서 고객의 편의를 위하려는 마음이다.

   이 도시의 위치가 라플라타 강변이라고 하지만 사실은 대서양 만에 가까워서 역사적으로 항구로서 중요한 역할을 했다. 오랫동안 세계 각지에서 몰려든 수백만 명에 달하는 이민자들이 항구 노동자 문화를 형성한다. 그러나 도심에서 가까운 라보카 지역의 옛 항구는 점차 쇠락의 길을 걷는다.

   라보카의 주민들이 낡은 건물에 독특한 색칠과 설치미술로 변모를 시도한다. 또한 탱고와 음악의 본고장으로 어필하면서 예술과 관광의 명소가 된다. 카미니토를 중심으로 널리 알려진 거리는 관광객들로 넘쳐난다. 사실 원색으로 화려하게 칠한 외관 바로 뒤는 허름하고 제멋대로인 건물이다. 이것이 관광객이 몰리는 라보카의 허와 실이다. 모든 것이 완벽한 후에 유명해지는 것이 아니다. 라보카에서 살펴볼 것은 미비하고 부족한 현실 속에서도 명성을 이끌어낸 매력이다. 인근의 산텔모에 비하면 보잘것없는 지역인데도 주민들이 합심하여 특색 있는 매력을 만들고 관광지역으로 발전시킨 마법이 궁금했다.

라보카와 산텔모 지역에서는 길거리 연주나 탱고 공연이 흔하다. 고급 공연장에 가지 않아도 쉽게 즐길 수 있다. 탱고에 대해 잘 알지 못하는 우리는 길거리 카페에서 휴식을 취하며 공연을 본다. 홍보로 제공하는

San Telmo 지역
데펜사 거리 탱고 공연

짧은 맛보기 공연이다.

  그러나 여행이란 체험이다. 체험은 책이나 동영상으로 얻는 지식과 다르다. 오래 남을 가슴속 느낌과 기억은 책과 다르다. 맨발로 느끼는 해운대 백사장의 촉감, 황톳길의 보드라움, 뜨거운 사막의 열기를 책에서 얻을 수 있을까? 탱고의 본고장인데 이번 기회에 조금이라도 느껴봐야겠다. 바로 그 날 저녁에 탱고 쇼를 하는 대형식당에서 공연을 관람했다. 조명과 무대가 화려하다. 등장하는 전문 탱게로와 탱게라의 모습에서 전문가들의 품위와 기량이 넘친다. 조용히 걷는 듯 움직이다가 순간적인 발놀림에 눈을 떼지 못한다. 노련한 밴드 연주자들의 라이브 공연도 백미다. 길거리 공연에서 블루투스 스피커로 듣는 음악과 비교할 수 없다.

  아르헨티나의 비옥한 팜파스 지역이 광활하다. 100년 전까지만 해도 세계 10대 부국이었는데 그 영광은 어디로 사라졌을까? 부귀영화를 그들 스스로 차버렸다. 군사 쿠데타, 무능한 군사정부, 인기영합 정책이 수없이 반복됐다. 이에 따른 경제 난관, 사회혼란과 쿠데타의 악순환은 천혜의 자원이 아무리 풍부하고 외부의 침략이 없더라도, 침몰을 만든다는 사실을 전 세계에 보여주었다. 악순환의 대표가 후안 페론이다. 파란만장했던 둘째 부인 에바는 에비타로 유명하다. 세 번째 부인인 이사벨 페론은 남편의 사후에 대통령직을 승계하지만 곧 또 다른 쿠데타로 축출된다. 그야말로 군사정권의 암흑기가 계속된다.

  뒤늦게 정권의 무능을 탓해야 할까? 그렇지 않다. 그런 정권이 가능했던 데는 국민들의 책임이 크다. 국민 다수가 눈앞의 단물만 빨아먹기를 선호하니 무능한 정권은 선심 정책을 남발하여 연명했다. 건실한 정책을 펴주길 바랄 것이 아니라 그렇게 할 수밖에 없도록 국민들이 감시하고 투표권으로 실정을 심판했어야 한다. 이런 기회를 여러 번 놓친 국민들이 후세에게 재앙을 넘긴다.

> **길 위의 단상**
> 지금 당장의 즐거움은 행복이고 미래의 기쁨은 사랑이다.

4. 생소하지만 다정한 자연환경

나는 여행 전에는 우루과이를 FIFA 월드컵에서 초기에 운 좋게 두 번이나 우승한 작은 나라로만 알고 있었다. 그러나 우리나라보다 넓고 인구는 적어서 1인당 유효 면적이 매우 넓다. 더구나 전 국토가 비옥한 팜파스 지역이고 200m 넘는 곳이 드물 정도로 평야와 완만한 구릉지뿐이다. 사계절 온화한 날씨여서 자연스럽게 목축이 주요 산업이다. 인구 대비 소 사육두수가 세계 최고이다.

부에노스아이레스에서 페리로 라플라타강을 건너 맞은편에 있는 콜로니아에 도착한다. 짐을 찾고 입국 심사를 받지만 바뀐 것이 없어 옆 동네 가는 듯하다. 간단히 심사를 마치고 우루과이의 수도로 가는 버스를 탄다. 평야지대를 두 시간가량 달려 몬테비데오에 도착한다.

전체 인구 350만 명의 절반 이상이 몬테비데오와 인근에 거주하며, 나머

지 인구도 남부해안에 밀집하여 지역편중이 심하다. 그 밖의 드넓은 지역은 인구가 희박하지만, 대신에 소와 양을 위주로 가축이 많다. 소와 양만 세어도 국민 한 명당 여섯 마리가 목초지에서 놀고 있으니 쓸쓸하지는 않겠다.

 페리에서 만난 여학생 까밀라는 부에노스아이레스 대학교에 유학 중인데 매달 한 번은 집에 다녀온다고 한다. 외국이지만 서울과 부산 거리보다 가까우니까 그럴 수 있겠다. 집이 몬테비데오이니 우리와 행선지가 같다. 부모님 농장이 북동쪽으로 100km가량 떨어진 미나스 외곽에 있다. 미나스는 인구가 4만 명도 되지 않지만 라바예하 주의 주도이다.

 그녀의 전공이 축산학인데 사료 분야에 관심이 많다고 한다. 축산 분야에서 미국과 호주 다음으로 아르헨티나가 세계 최강 수준이라 유학 중이다. 우루과이 목축은 전통적으로 방목이어서 축사에서 사육하는 소고기와 달리 세계 최고급 품질이라고 자랑한다.

 집단사육의 경우에는 사일로에서 사료를 발효하고 영양제를 추가하여 비육우를 빠른 기간에 생산한다. 이런 비육우는 지방 성분이 높은데, 그 사실을 모르는 소비자들은 마블링이

DRU(Dairy Research Unit), University of Florida, 20020826 트랙터와 트레일러, 옥수수 수확

훌륭하다며 오히려 좋아한다고 한탄한다. 보기에 그럴듯하면 선호하는 것이 맹점이라고 설명한다. 마치 우리나라 소비자 대부분이 꽃등심처럼 멋진 마블링이 있는 고기를 좋아하는 것을 알고서 지적하는 것 같았다.

미국 사람들도 우리처럼 옥수수를 먹는다. 식품점에서 옥수수를 판매하고, 싸구려 식품의 대명사인 옥수수 통조림은 선반에 잔뜩 쌓여있다. 그런데 세계 최대 옥수수 생산국인 미국의 통계를 보고 놀랐다. 총 생산량의 96%가 사료용이다. 그렇게 많은 옥수수 통조림과 흔한 팝콘이 겨우 4%의 일부라니 믿기 어렵다. 그렇다. 대부분의 옥수수를 동물이 먹어 치운다.
줄기며 잎까지 모조리 절단하여 사일로에서 발효시켜서 동물에게 먹인다. 미국 축산농장에는 축산시설의 수십 배에 이르는 농경지, 대형 트랙터와 트레일러, 사일로가 항상 세트로 구성되어 있다. 농축산물의 수출국인 미국은 농업인구가 2% 미만이고 계속 감소하는 추세인데도 대형농장의 자동화로 이겨낸다. 이런 점 때문에 까밀라는 선진 축산기술과 목초를 개선하는 사료를 배우고 있다고 한다.

다음 날 두 시간 가까이 걸리는 까밀라의 부모님 농장에 같이 갔다. 부모는 갑자기 나타난 우리를 반갑게 맞아준다. 어디를 보아도 목초지뿐이다. 그나마 이 부근은 우루과이 최고봉인 카테드랄산과 가까워서 고도가 100m가 넘는단다. 이제는 우루과이 하면 축구가 아니라, 넓은 초원과 까밀라 부모님 농장에서 먹은 아사도 점심이 떠오른다.

이번 남미 여행을 계획하면서 최대 난관은 파타고니아와 아마존이었다.

Los Tres 호수에서 보는
뾰족한 피츠로이 신봉우리

빡빡한 일정 때문에 파타고니아의 남쪽 우수아이아, 푼타아레나스를 모두 생략하고 칼라파테로 가서 피츠로이산과 페리토모레노 빙하만 보기로 했다.

비행기를 타고 칼라파테로 간 후, 버스를 타고 엘찰텐으로 이동한다. 거대한 자연 속의 작은 시설은 청결하고 산뜻하다. 대신에 비싼 비용을 치른다. 자연은 아무것도 요구하지 않지만 중간 거래인의 수고에 비용을 지불한다. 자연은 모든 것을 내어주지만 인간 세상에는 공짜가 없다.

엘찰텐 마을에 여행자들이 몰려든다. 공원 입장권을 구입하고 드디어 트레킹을 시작한다. 이곳은 아름다운 산책로와 웅장한 등산로의 혼합으로 풍경이 자주 바뀐다. 우리나라의 일반 등산로보다 난이도가 낮지만 멀리 보이는 피츠로이는 명불허전의 품위와 자태를 보여준다. 로스트레스호수와 함께 보는 풍광은 한 폭의 멋진 작품이다. 일생에서 모을 수 있는 멋진 장면 몇 개를 뇌리에 찍고 가슴에 담아 오기 위해 우리는 여행을 간다. 결코 잃거나 지울 수 없는 장면이다. 감사한 마음으로 두고두고 새겨볼 것이다.

다시 엘찰텐에서 칼라파테로 숙소를 옮긴다. 주로 급경사의 산허리에서 눈사태가 발생한다. 조금 낮은 경사에서는 눈이 얼어서 자체 무게로 서서히 내려간다. 이렇기에 빙하는 세계 도처의 높은 곳에 흔하다. 바위와 자갈과 함께 아주 느리게 움직이다가 아래쪽부터 녹아서 바위 아래로 흘러간다. 가장 멋있는 빙하는 바다나 큰 호수에서 끝나는 경우다. 거대한 빙하의 앞쪽

끝이 녹기 전에 물로 떨어지면서 사라지기 때문에 빙하의 장엄한 풍광을 볼 수 있다. 알래스카처럼 이곳의 빙하가 그렇다. 모레노 빙하가 아르헨티노호수와 만나서 거대한 빙벽이 호수로 무너져 사라지는 놀라운 모습을 간혹 볼 수 있다. 여기서 자연의 힘과 순환을 목격한다.

길 위의 단상

눈앞의 경이로운 풍경도 후일 기쁨이나 용기를 줄 수 있는 스토리로 정리하여 간직하지 않는다면 별로 가치가 없다.

5. 남미를 가로지른 바람과 길

이제 칠레의 산티아고로 가는 일정이다. 높은 안데스산맥의 서쪽은 매우 가파르지만 동쪽은 완만하게 높아진다. 본격적으로 높아지기 전에 멘도사가 있다. 네 번째로 크고 아름다운 도시인데, 한 마디로 '와인의 고장'이다. 근교에 와이너리가 무려 1,000개 넘게 있기 때문이다. 이 지역은 팜파스의 서쪽으로 고도가 500~1,000m로 높고, 기후가 포도와 올리브 생산에 적절하다. 토양도 포도 재배에 최적이다. 포도원이 많아서 전국 생산량의 대부분을 차지한다. 세계에서도 주요 와인 생산지로 꼽힌다.

지도를 보면 멘도사에서 산티아고까지는 가깝다. 그러나 높은 안데스를 넘어가는 고속도로는 크게 돌아간다. 6,000m 후반대의 높은 산 사이에서 리베르타도레스 고개로 간다. 지금은 3,200m 높이에 터널이 있다. 터널을 빠져나오면 곧 국경심사를 거치는데, 외길이라 대형 화물트럭과 승용차 등이 뒤섞여서 기다린다.

서쪽으로 내려가는 길은 가파르다. 휘돌아가는 구비가 몇 번이나 될까? 차창 밖 모습이 장대하지만 소심한 나의 눈에는 위태롭게만 보인다. 숫제 눈을 감거나 고개를 돌리는 사람도 많을 듯싶다. 고개를 내려오니 산골마을이 나타난다. 여전히 가파르게 돌아가지만 점차 자주 보이는 집과 경작지, 포도밭이 정답다.

칠레 산티아고, 산타루시아 공원

산티아고에서 호텔 바로 앞에 있는 산타루시아공원에 올라갔다. 도심에 있는 높은 언덕을 아기자기하게 꾸며놓았다. 옛날에는 높은 지형을 이용한 요새여서 성곽과 대포 등 유적들이 남아 있다. 지금은 웅장한 석조 계단, 멋진 건물과 화려한 정원으로 꾸며 도심 속 공원이다.

오이긴스 대로를 따라 걸어가면 곧 칠레 대학교가 나오고, 건너편에는 대통령 궁이 일반 빌딩과 연이어 있다. 바둑판 모양의 격자도심에서 건물 사이에 공간을 넓게 두지 않아도 보안에 자신이 있는 것일까? 궁전 앞의 넓은 잔디밭에 초대형 국기가 나부끼고 있다. 예전에 민주화의 표상이었던 아옌데 대통령이 피노체트의 쿠데타에 무너진 현장이다. 이제는 아픈 역사가 더 이상 얼씬거리지 말라고 국기를 높이 게양하고 있는 듯하다.

언젠가 산티아고에 가면 반드시 비올레타 파라의 기념관을 찾아가려 했다. 막연했지만 당연했다. 그만큼 칠레는 멀고 그녀의 인상은 뇌리에 깊었다. 우리보다 한 세대 이전의 인물이지만 그녀의 앞선 비전은 시대를 초월하고, 현실적인 봉사활동은 지역을 뛰어넘는다. 멀리 있어도 기꺼이 찾아갈 텐데 비올레타 박물관이 숙소에서 가깝다.

비올레타의 오빠인 니카노르는 유명한 시인이었다. 그는 이혼의 슬픔에 빠진 동생을 후원하여 극단에서 공연하도록 주선한다. 칠레의 민요를 바탕으로 한 노래로 그녀는 유명해진다. 이후 '새로운 노래'라는 '누에바 깐시온' 활동을 전개하는 바탕이 된다. 당시 남미 여러 나라도 비슷한 상황이었는데 그녀는 독재정권에 항거한다. 불평등한 사회의 악습을 철폐하고 어려웠던 경제를 극복하려는 민중들의 바람을 새로운 노래 운동으로 펼쳐나갔다. 어려운 현실을 이겨내고 희망을 찾는 음악 활동은 인근 나라는 물론이고 세계적인 호응을 얻어 널리 퍼졌다.

특히, 빅토르 하라의 노래를 통한 사회개혁 활동은 대표적이다. 잘 알려진 〈벤세레모스(Venceremos)〉, '우리 승리하리라'는 우리에게도 익숙하다. 안타깝게도 그는 쿠데타 직후에 체포되어 총살당한다.

아르헨티나도 계속되는 쿠데타로 암울했는데, 파라의 영향을 받은 메르세데스 소사가 누에바 깐시온 활동의 주역이었다. 소사는 고국에서는 물론이고 미국과 유럽에서도 성공적으로 투어공연을 마친다. 군부의 압력에도 수년간 저항하던 소사는 체포 후에 유럽으로 망명한다. 다음 해에 돌아와서 노래로 민주화 바람을 일으킨다.

비올레타 파라가 작사 작곡하여 부른 대표곡 〈삶에 감사해요(Gracias a la Vida)〉를 듣고 있으면 어떤 고난 상태에서도 진정한 위로를 받는 느낌이 든다. 심장 속에서 나오는듯한 목소리로 메르세데스 소사도 자주 불렀다.

"… 여러 곳을 걸어온 나는 지친 두 발로 계속 나아갑니다. 나는 너무 많은 것을 받았습니다. 살아있음에 감사합니다. 모두에게 감사합니다. …"

그녀의 고국은 독재시절에 경제도 곤두박질쳤다. 폭력, 불의, 가난 등 여러 겹의 어려움이 몸서리치게 힘들었다. 비올레타는 조금이라도 도움이 되길 바라며 칠레 여성들이 자수나 옷감 작품으로 생계를 돕기 위한 활동을 펼친다. 동시에 불의를 고발하는 메시지를 작품에 표현하는 운동을 시작했다. 이는 아르피예라스 운동으로 교회를 중심으로 퍼져나갔다.

그러나 웬일일까? 아무리 어려워도 삶에 감사하는 마음을 온 세상에 전하며 위로를 보내주던 비올레타 파라! 그녀도 가냘픈 한 송이 꽃이었을까? 음악으로는 크게 성공했지만 실의에 빠져있던 그녀는 공연 중에 잠시 쉬는 사이에 바로 옆 휴식 공간에서 총으로 자살한다. 살아있음에 감사한다는 그녀의 노랫말과 반대로 죽음을 택한다. 모두에게 충격이었다. 그녀가 덧없이 떠난 지 오래되었지만 그녀의 노래가 주는 위로는 더욱 큰 힘을 발휘하길 바란다.

6. 기다란 나라의 극한체험

기다란 나라 칠레에서 수도 바로 옆에 있는 발파라이소만 방문하는 것이 못내 아쉬웠다. 발파라이소는 버스로 한 시간 반가량 걸린다. 마치 서울에서 인천에 가는 것 같다. 연결된 비냐델마르와 함께 마치 한 도시처럼 느껴진다. 이곳은 오목한 만 형태의 항구인데 남쪽과 동쪽으로는 경사가 높아서 도시가 비좁을 수밖에 없다. 해안을 따라 비냐델마르를 지나 콩콘까지 시가지가 연결된다. 해안을 따라서 철도가 있으니 발파라이소에서 짧은 구간 몇 개를 이용하길 추천한다.

점심에 먹은 빠일라 마리나는 우리 해물탕과 거의 같다. 다양한 해물에 채소를 넣어서 끓인 음식이라 맛이 익숙하다. 물론 밥 대신에 빵이 나온다. 온통 태평양을 끼고 있으니 재료가 지천에 널려 있어서인지 값도 싸다.

해안 따라 언덕에 있는 주택가는 전망이 시원하고 무척 아름답다. LA 북서쪽으로 해변을 따라 언덕에 있는 말리부의 고급 주택가가 떠오른다.

다시 칠레 북부 도시인 칼라마까지 1,500km를 버스로 간다. 서울과 부산의 네 배 거리이다. 과연 몇 시간이나 달려야 할까? 등받이가 전혀 움직이지 않는 고정형 의자이다. 주변을 조금이라도 살펴보면서 일정을 맞추기 위한 고육책이다. 일생에 한두 번 정도 시도할 수 있는 경험이리라. 어두워질 무렵, 우리가 탄 버스는 식당 앞에 내려주고 대략 45분을 쉰다. 그 사이에 스트레칭을 하고 세수, 식사, 간식 구입을 마친다. 아침에는 빵, 샌드위치, 스낵, 음료 등을 담은 큰 소쿠리를 든 상인이 올라탄다. 달리는 버스에서 거래를 마치고 도시를 벗어나기 전에 내린다.

버스에서 꼬박 하루를 보내고 도착한 칼라마에서 곧장 버스를 바꿔 탄다. 산페드로데아타카마 마을로 향한다. 건조하기로 유명한 아타카마사막에 있는 오아시스 마을인데, 우유니 소금사막으로 출발하는 길목이다. 도착해서 저녁에 여행사에 들러 다음 날 출발하는 투어를 신청했다. 비포장 고산지대여서 지프차로 이동하는 투어이다.

차가운 모래바람이 강하게 몰아치는 사막마을에서 오후를 보낸다. 무척 건조하여 바람이 불면 자연스럽게 모래 알갱이들이 날린다. 냉랭하기 그지없는 환경이지만 외지인들은 특별한 여행을 앞두고 있어서 다들 화기애애한 분위기 속에 들떠있다.

다음 날 아침에 다국적 팀원들을 만났다. 신청자가 모두 여덟 명이어서 지프차 두 대로 진행한다. 원래는 여섯 명 정원인데 네 명씩 타니 여유로워 좋다. 황량한 자갈 지역을 계속 오르더니 허허벌판에 있는 작은 건물 앞에서 멈춘다. 광활한 황무지에 달랑 하나 있는 조그만 국경관리소이다. 여권에 도장을 받는다.

해안부터 시작한 아타카마사막 지대가 끝났다. 이제부터는 알티플라노라고 부르는 고원지대다. 고도가 3,500m 이상이고 건조한 황무지로 바위 천지다. 설산의 눈이 녹아 흐르는 개천과 호수가 있어서 야마, 알파카, 비쿠냐 등 동물도 간혹 보인다.

투어 첫날은 볼리비아에 입국하여 4,000m가 넘는 황량한 고산지대를 달린다. 도중에 물 색깔이 하양, 초록, 빨강인 호수가 여러 개 나타나는데, 이때 사진 촬영을 위해 잠시 쉰다. 이들 사이에 있는 온천탕과 간헐천에서도 쉬어 가며 잠시나마 추위를 피할 수 있다. 출발지 고도가 2,400m 정도였는데 불과 몇 시간 만에 무려 2,000m 가까이 더 올라갔다. 체질에 따라 차이가 있겠지만 거의 모두 고산증에 시달린다. 미리 약을 먹고 핫팩 등으로 체온 관리를 해야 한다.

첫날 숙소는 규모는 아주 큰데 시설이 열악한지 손님이 우리 여덟 명뿐이다. 간단히 주는 저녁 식사 중에는 난로에 땔감을 넣어주더니 그것도 곧 끝난다. 밤새 추위에 떨었다. 모포는 빈 침대에서 가져다가 마음대로 덮을 수 있지만 고산증 때문인지 여전히 추웠다.

날이 밝아서 몸을 움직이니 훨씬 나았다. 이틀째에는 끝없이 평평한 소금바닥을 달린다. 소금사막이라고 부르기도 하는데 매우 단단한 바닥이다. 우기에 비가 조금 오면 얕게 물이 고여 호수처럼 보이지만 호수라고 부르기에는 무리다.

우유니 소금사막 잉카와시 섬

　이틀 동안 차로 달려도 끝없는 소금바닥이라니 정말 넓다. 바닥에는 특이한 문양이 규칙적으로 반복된다. 중간에 대형 선인장이 무성하게 자라고 있어 '선인장 섬'이라고 불리는 잉카와시가 있다. 미국 소노라사막에 많은 거대한 사와로 선인장을 매우 추운 곳에서 보니 이색적이다.
　이틀째 저녁은 벽, 바닥, 천장, 침대 모두가 소금블록으로 만들어진 소금호텔에서 보낸다. 어제보다 300m 하강했고 하루 동안 적응해서인지 어젯밤보다 지내기가 훨씬 낫다. 밤하늘의 별을 보는 여유도 생긴다. 네팔 트레킹이나 바하리야사막 투어와 같이 공기가 맑은 곳에서 봤던 것처럼 여기도 별이 무수히 많다. 3일째에도 망망한 소금사막을 계속 달려서 점심 무렵에 우유니 마을에 도착한다. 함께 했던 다정한 여섯 명과 수고한 기사와 포옹으로 작별한다. 우리는 수도 라파스로 가는 버스표를 구입한 후에 점심을 먹었다.

　라파스는 고도가 높은 와중에 사방이 더 높은 산으로 둘러싸여 있다. 오목한 시내 중심에 비해 주변으로 올라가면서 온통 주택단지가 형성되어 복잡한 느낌이다. 걸어가며 살펴보니 큰 도시의 복잡함 속에 시골의 다정함도 있다. 길에는 매우 화려한 전통복장을 입은 여성들이 많다. 고유문화에 대한 자부심을 보는 듯하다. 우리는 일정에 쫓겨 다시 장거리 버스를 타고 티티카카호수에 있는 푸노로 이동한다.

7. 구름 위 마추픽추에서 만난 꿈결

넓은 티티카카호수를 남쪽으로 돌아 푸노에 도착했다. 근처에서 가장 큰 도시인데도 작은 산골마을처럼 고요하다. 이방인인 여행자들만이 잉카문명의 발자취를 찾아 기웃거리고 있다. 오는 길에 전망대 몇 곳에서 호수를 조망했던 우리는 호수 반대쪽 언덕 위로 올라갔다. 가파른 계단 길을 힘들게 오르면 그곳에 구원이 있을까? 잉카인들에게는 두 날개를 크게 펼치고 호수를 향해 비상할 듯 서있는 거대한 콘도르 조각상이 곧 구원이다.

부리 외에는 콘도르의 목부터 머리 전체가 붉은색이어서 조금 코믹하지만 잉카인에게는 신성할 듯하다. 바로 아래쪽에 망코 카팍 상이 있다. 그는 잉카 신화에서 가장 중요한 인물이다. 잉카문명의 발원지인 호수를 내려다 보며 서 있는 그의 모습이 자연스럽다.

볼리비아에서는 티티카카호의 대표상품으로 '태양의 섬'을 내세운다. 푸노에서는 우로스, 타킬레와 아만타니섬을 묶어서 돌아보는 것이 대표적이다. 물론 각각 나눠서 짧게 접하는 반나절 투어상품도 있다. 우리는 우로스와 타킬레섬을 둘러보기로 했다. 누구나 선택하는 투어다. 반대로 생각하면 이것 외에는 볼만한 것이 없다.

기본적으로 우로스는 섬이 아니라 부유하는 대형 갈대 매트인데 떠다니지 못하게 고정시켜 놓았다. 부근에서 많이 자라는 가벼운 토토라 갈대를 엮어서 매트, 집, 배 등 많은 것을 만든다. 사실, 역사적으로 힘에 밀려 후퇴한 부족들이 환경을 이용하여 생존하는 방편이었다. 어려운 환경을 이겨낸 그들의 전통과 노력에 박수를 보낸다.

타킬레섬은 생각보다 멀고 크다. 방목하는 양 떼처럼 현지인들의 작은 가옥도 평화롭다. 넓은 돌 판을 모아서 만든 길에는 조형미가 담겨있다. 바다처럼 넓고 시원한 조망을 즐기며 오르는 산책은 바이칼의 알혼섬 절벽에서 느낀 경외감을 불러온다. 중앙에 있는 소박한 광장도 아기자기하게 평화롭다. 모두가 바람처럼 자연스럽고 구름처럼 푸근하다.

여행자와 현지인의 관점이 충돌하는 경우가 많다. 서로 의견이 상반될 때 갈등을 해소하려는 타협을 모색하고, 윈윈하는 해결책을 찾고자 노력하면서 발전한다. 우로스와 타킬레섬 현지인들의 소박하고 전통적인 모습이 아름답다. 이곳은 매연, 소음, 인구 과밀 등 현대사회의 여러 문제가 전혀 없다. 넓은 호수와 주변 땅은 천혜의 아름다움으로 가득하다. 이것이 여행자의 시각이다. 그들은 번잡한 일상에서 잠시 떠나와 주위를 관찰하면서 휴식을 즐기며 충전 중이다.

반면 현지인의 시각은 어떨까? 관광업 종사는 그들에게 일상이다. 매일 생계를 유지하며 조금씩 나아지는 생활을 희망한다. 잠시와 항상, 휴식과 생활, 충전과 방전, 즐김과 서비스 제공 등 많은 것이 정반대다. 여기에 어떤 타협과 매개물이 양측에 원만한 해결과 만족을 제공할까? 바로 투어상품의 가격이다.

점심, 가이드, 선박, 섬 입장료를 모두 포함한 하루 투어가격이 놀랍게 저렴하다. 카페모카 한 잔에 조각 케이크 하나 곁들이는 것과 비슷하다. 소위 착한가격이다. 하지만 누가 누구에게 착한 걸까? 착하면 공정할 수 있을까? 오로지 여행자에게 일방적으로 착하면 현지인들은 어떻게 느낄까? 착한가격이 매우 씁쓸했다. 여행자인 우리도 화가 날 지경이었다.

버스로 쿠스코에 도착하자 도시의 소음과 번잡함이 확 느껴진다. 특히 터미널 부근이 심했다. 우유니와 푸노에서 즐겼던 여유와 평화에 구정물이 튄 듯하다. 숙소에 가방만 두고 곧장 철도역으로 갔다. 무엇보다 먼저 마추픽추로 가는 기차표를 구입해야 한다. 다른 일정은 모두 부수적이다. 그런데 우리가 머물 예정이었던 5일 동안에는 쿠스코에서 출발하는 기차표가 모두 매진이라고 한다. 아뿔싸! 멍한 채로 뽀족한 수가 보이지 않았다.

정신을 차리고 역 앞에 있는 여행사로 갔다. 사정을 말하니 차선책을 제시한다. 이틀 후에 중간 지점인 오얀타이탐보 역에서 가는 기차표가 있단다. 귀가 번쩍했다. 물론 그곳까지는 새벽에 버스로 가야 한다. 불편을 떠나 불가능이 가능으로 바뀐 판국에 주저할 이유가 없었다. 곧바로 왕복표를 구입했다. 동시에 나머지 3일 동안의 일정도 자리를 잡아간다.

가뿐하게 숙소로 돌아와서 하루를 뺀 앞뒤의 3일 숙박을 정했다. 바로 옆에 있는 아르마스 광장으로 간다. 고전미가 흐르는 건축물에 둘러싸인 공간에 관광객과 현지인들이 넘친다. 과연 이곳이 잉카의 배꼽임이 저절로 와 닿는다. 잠시 대성당 앞 계단에 앉아서 광장 주변 모습과 오가는 인파를 본다.

우리가 왜 이곳에 왔을까? 여기서 무엇을 얻을까? 여러 생각이 스치지만 갈피를 잡기 어렵다. 지금은 관망의 시간이다. 너무 급히 재촉할 필요가 없다. 이때, 수많은 사람 중에 멀리 한 사람이 눈에 띈다. 무슨 우연인지, 동양인 남자가 광장 한가운데에 묘한 자세로 앉아 있다. 별의별 사람들이 모였으니 이상한 사람도 있겠거니 생각하고 눈길을 돌린다. 한 블록을 더 가면 산프란시스꼬 광장이다. 큰 규모인데 아르마스보다 현대적인 분위기다.

이른 새벽에 호텔을 나와 시외버스 정류장으로 갔다. 어둡지만 큰길에 사람들이 많다. 방향과 노선을 전혀 모르는 우리는 버스가 올 때마다 다가가서 '오얀타이탐보'를 외쳤다. 몇 대를 보낸 후에 미니버스에 올라탔다. 승객이 많지만 여행자로 보이는 사람이 없어서 행선지를 재차 확인했다. 어둠을 뚫고 산길을 달린다.

푸노에서 내려왔지만 쿠스코는 여전히 고도가 높아서 부근에 큰 나무가

거의 없다. 그러나 마추픽추는 훨씬
아래에 있어서 나무가 엄청 많다. 그
래서 현지인들은 '정글로 간다.'라고
표현한다. 우리들은 산 위에 있는 마
추픽추 유적지의 사진 한 장만 보고,
매우 높은 산의 정상에 있는 '공중

도시'라고 신비롭게 표현한다. 그러나 마추픽추는 근처에서 아주 낮은 곳에
있어 오히려 부근에서 내려다본다.

  버스가 어둠 속에서 친체로 마을을 지나 우루밤바에 도착하니 서서히 환
해진다. 정차할 때마다 현지인 몇 명이 타고 내린다. 철도 외에는 마추픽추
로 가는 교통편이 없다. 걸어서 갈 수는 있지만 시간이 많이 걸리고, 요리사
와 포터 여러 명과 함께 가니 비용이 크다. 게다가, 예약이 필수인데 희망자
가 많아서 대기가 길다.

  오얀타이탐보는 작은 마을인데 주변 산과 어울려 무척 아름답다. 마을 구
경 후에 역 쪽으로 걸어가니 어디에서 몰려왔는지 관광객들이 바글바글하
다. 관광버스로 도착한 패키지 단체 여행자들이다. 들떠있는 그들의 환한
얼굴을 보니 우리도 즐겁다.

  올라탄 잉카레일 철도는 스위스 수준이다. 천장까지 유리여서 조망이 좋
다. 그러나 가깝게 보이는 풍경은 거친 경외감을 준다. 드디어 아구아스 칼
리엔테스 역을 나와 마추픽추 입구까지 가는 버스표를 산다. 여러 번 굽어
지는 길을 걸어서 오르고 싶었지만 시간이 지체되어 마음이 바빴다. 내려올
때 걷기로 하고 버스를 탔다.

  하차 후에 평탄한 입구에서 걸어가자 곧 감동과 찬사가 터져 나온다. 사

진과 동영상으로 수없이 봤던 그림이 실제 눈앞에 전개된다. 모두들 흥분을 감추지 못한다. 사진을 찍으며 마추픽추 전체를 살펴본 후에 천천히 사진 속으로, 역사 속으로, 아니 잉카 속으로 들어간다. 무심한 바위 유적에는 수많은 여행자들로 소란스럽다. 그러나 시간과 역사가 옛 그대로 느껴진다.

아구아스 칼리엔테스는 오로지 관광마을이다. 빌카노타강이 흐르는 좁은 협곡에 역을 중심으로 수많은 관광시설이 밀집되어 있다. 이곳을 찾아온 여행자들이 최소 하루는 숙박해야 하기 때문이다. 우리도 하룻밤을 보내고, 역순 교통편으로 쿠스코로 복귀했다. 갈 때는 처음이라 생소하여 여러 번 머뭇거렸지만 다시 오니 두 번째라서 아주 쉬웠다. 세상일이 다 그렇다.

'태양의 신전' 또는 '황금사원'이라 부르는 코리칸차를 둘러본 후에 다시 아르마스광장으로 왔다. 근처 카페에서 쉬고 있는데 전에 봤던 '이상한 동양인 남자'가 들어온다. 그도 우리를 보고 눈인사를 하더니 잔을 받아 다가온다. 자리에 앉으며 우리를 트윈스타라고 부른다. 우주에는 의외로 쌍둥이 별이 흔한데, 항상 붙어 다니는 우리가 그런 모양이라고 덧붙인다.

그는 러시아의 부랴트공화국 울란우데에서 왔고, 그곳 대학의 물리학과 교수라고 유창한 영어로 소개한다. 몽골계 러시아인이다. 그의 이야기는 종잡기 어려웠는데, 핵심은 몸과 마음이 하나라는 심신일원론을 '현상에 근거한 이론'으로 체계화하는 것이라고 한다. 이를 위해서 이곳 대학에서 연구년을 보내고 있단다. '현상에 근거한 이론'을 위한 실험을 하느라고 광장 중앙에서 기묘한 자세로 앉아 있었을까?

이곳에서 느끼는 에너지 강도가 자신의 고향에서 가까운 바이칼호수의 높은 영적 에너지 크기와 비슷하다고 말한다. '지구의 배꼽'인 이곳 연구기관을 선택한 이유도 바로 강한 기운 때문이라고 덧붙인다.

내가 에너지에 의심의 눈빛을 보이며 몇 가지 질문을 꺼내자 그의 주장은 더욱 거세진다. 수천 년 동안 모두 바다가 평평하다고 믿어왔다. 그러나 아이작 뉴턴이 활동하던 시절보다 150년 전에 동방무역항로 개척과 마젤란 탐험대의 세계 일주 성공으로, 이미 지구와 바다가 둥그런 모양이라고 밝혀졌다. 바다 끝에 있는 절벽에서 물이 흘러 떨어지는 옛날 생각이 틀리고, 지구 표면에 붙어있는 '둥근 바다'를 설명하기 위해 만유인력 법칙이 필요했다. 필요가 발명을 가져오듯, 필요하면 새로운 가설을 만든다. 볼 수 없는 중력은 사과에서 나온 것이 아니라 '둥근 바다'에서 나온 것이다.

무지한 사람들이 이론 들먹이는 것을 좋아하는데, 가장 중요한 것은 현상을 무리 없이 설명하는 상상력이라고 그가 목소리를 높인다. 과거의 '평평한 바다'처럼 현재는 사람들이 전자파 이론에 갇혀있다. 17세기에 나타난 중력처럼 암흑물질과 암흑에너지 현상을 설명할 수 있는 새로운 상상력이 필요하다는 것이 그의 주장이다. 뉴턴의 운동법칙이 시작이듯 맥스웰 방정식도 끝이 아니라면서 잔을 들어 한 모금 들이킨다.

그의 열변은 계속된다. 과학적으로 입증된 사실이라 나로서는 대꾸하거나 반박하기 어렵다. 어젯밤에 본 북극성 별빛은 434년 전에 출발했다. 훨씬 먼 별빛은 숫제 태양이나 지구가 탄생하기도 전에 이미 출발했는데 이제야 우리가 보고 감탄한다. 현대과학의 근간인 전자파와 빛을 뛰어넘는 신개념이 필요하다고 그가 결론을 맺는다. 물리이론, 미신적 요소, 검증이 전혀 없는 추측과 상상으로 뒤섞인 주장들이 그가 광장에서 취했던 묘한 자세보다 훨씬 더 수상하고 혼란스럽다.

8. 아마존은 무엇을 품고 있을까

쿠스코를 떠나 이카로 가는 버스표를 샀다. 약 700km 거리의 먼 길인데다 안데스산맥의 고산과 계곡을 지나는 위험한 도로다. 도중에 나스카가 있지만 경비행기를 타고 거대 도형을 관찰할 생각은 없다. 이미 많은 자료가 있고, 예전 사람들도 그런 작업을 할 수도 있겠다고 생각한다. 이집트 피라미드 축조보다 2,000년 이상 나중의 유적이라서 신비감이 없다. 고속도로 도중에 전망대가 있다고 하니 그곳에서 정차하면 볼 수는 있겠다.

버스에서 특별히 할 일이 없으니 쿠스코 카페에서 만났던 신령주의에 빠진 듯한 물리학 교수가 생각난다. 과학은 다른 연구자들도 재현할 수 있는 객관적인 실험으로 증빙해야 한다. 그런데 그는 개인적인 체험과 느낌으로 자신의 주장을 설명했다. 궤변에 가깝지만 첨단이론을 초월하는 가설이라고 주장한다. 그는 두 손에 상반된 무기를 들고 있다. 하나는 정설을 뛰어넘는 새로운 가설이고, 다른 하나는 타인의 반론에 대해서 확립된 이론을 충실하게 적용하여 반박하는 해박한 물리 지식이다. 서로 반대되는 이쪽과 저쪽을 필요에 따라 본인 마음대로 오가는 꼴이다. 이렇게 공인 자격과 지식을 내세우며 사람들을 혼란에 빠뜨리는 전문가들을 주변에서 흔히 본다.

그런데 그가 떠나면서, 오랜만에 대화가 통하니 선물을 하나 준다며 던진 말이 의미심장하다. 이론에 강하지만 상상력이 부족하면 결코 일류가 될 수 없으니 '현상에 근거한 꿈'을 꾸라고 했다. 사이비 같은 그였지만 현상에 근거한 상상력은 무척 중요할 듯하다.

이카 외곽에 와카치나가 있다. 버기투어나 샌드보드를 즐기기보다는 오랜만에 별다른 활동 없이 하루를 지내고 싶었다. 동네 가운데에 있는 오아시스와 주변의 모래언덕만 보면서 휴식을 갖는 것도 좋을 듯하다. 이곳 오아시스 연못은 둔황의 월아천과 유사하다. 유입되는 물도 없는 건조지역에서 어떻게 수위가 유지될까? 사막 아래 지하수 대수층 때문이다. 석양의 붉은 노을처럼 잘 보이는 현상에 감탄하는 마음도 아름답지만 오아시스 연못처럼 보이지 않는 원인도 중요하다. 어떻게 낮은 곳에 있는 작은 연못이 높은 모래언덕에서 날리는 모래로 뒤덮이지 않고 그대로 유지될까?

오아시스 마을에서 여유롭게 하루를 보내고 다시 리마로 향한다. 태평양 해안을 따라 북상했더니 대부분 높은 절벽이다. 오랜 세월에 걸친 융기의 결과를 눈앞에 보여준다.

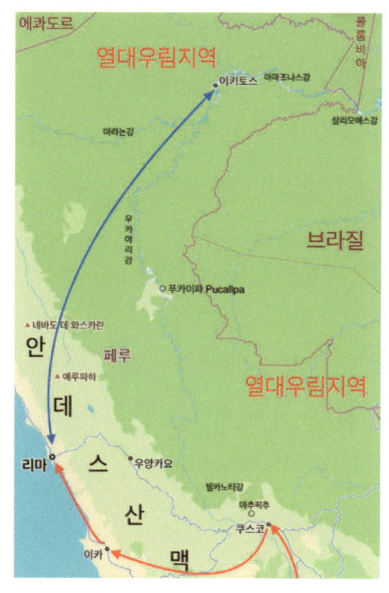

리마 센트로 구시가지는 오래된 건물들로 웅장하다. 마요르광장은 원주민의 신전을 압도하고 새로운 정복자인 콩키스타도르를 만천하에 알리는 선도 역할을 했다. 맨 앞에 대성당, 바실리카와 수도원, 산토도밍고교회가 웅장한 자태를 뽐낸다. 바로 뒤에는 종교재판소가 있다. 현재는 식민지 시대 종교재판소 박물관이다. 원주민에게 공포의 대상이었을 고문 도구와 처형 현장 등을 재현해 놓았다. 왜 이런 것을 보관할까? 아무리 비참하고 불의하더라도 사실과 진실을 보존해야 하기 때문이다. 연출이나 가공, 조작은 박물관과 역사에서 최악이다.

역사의 중심지여서 관광객들이 가이드를 따라 순회한다. 역사적 명소 사이에 카페, 음식점, 가게들이 즐비하다. 명소에서는 설명을 듣고 바빼 사진 찍느라 힘들었지만 카페에서는 다들 표정이 밝다. 역사 현장의 사진은 여행의 의무지만 카페에서 찍는 사진은 관광의 즐거움처럼 보인다.

한 달여 일정에서 찾아갈 곳이 많아 시간에 쪼들린다. 최대의 고민은 아마존강에 할애할 시간이다. 남미대륙에서 가장 넓고 단연코 제일 중요한 대상이다. 그러나 범접하기 어렵다. 삼각주에 있는 마카파와 벨렝을 제외하면 육로로 접근할 수 있는 도로를 찾기 까다롭다. 지류도 매우 많다. 대표적인 싱구, 타파호스, 네그로, 푸루스강은 커다란 화물선들이 쉴 새 없이 운항하는 큰 강이다. 지도에서 보면 브라질을 떠나 서쪽의 콜롬비아나 페루에서 흐르는 지류는 작은 강으로 여겨지지만 큰 화물선들이 운항된다. 중간에 있는 도시인 마나우스를 찾아가더라도 관광을 위해 바다처럼 넓은 강에서 결국 작은 지류로 들어간다. 이런 점을 고려하여 페루 북부에 있는 이키토스를 최종 선택했다.

외부에서 인구 37만 명의 이키토스로 가는 도로가 전혀 없다. 배와 비행기뿐이다. 옛날에는 고무산업의 거점도시였는데 이제는 아마존강과 열대우림의 관광업이 중요하다. 지도에는 대륙의 서쪽 끝에 있지만, 이미 안데스산맥이 끝나고 아마존강 유역의 저지대에 있어서 이키토스의 고도가 100m에 불과하다. 강 하구까지 3,700km 거리를 단지 100m 높이 차이로 흘러가니, 아마존 저습지가 전체적으로 얼마나 낮은지 상상할 수 있다. 유속도 느릴 수밖에 없다.

이키토스는 작은 지류인 나나이강과 이타야강 두 개로 둘러싸여 있다. 저지대여서 우기와 건기에 무관하게 습하고 덥다. 첫날은 정글 속에 고립된 도시를 보기 위해 시가지를 둘러보았다. 중심에는 아르마스광장이 있고 바로 옆에는 성 요한 성당이 여유롭게 있다. 의외로 카지노도 옆에 있다. 힘든 지역이니 카지노에서 스트레스를 풀라는 배려일까? 강 쪽으로 시장과 선착장이 있다. 시내를 벗어나면 도로가 없는 정글이지만 강의 지류가 많아서 수로가 많다. 차보다 배가 훨씬 많고 중요하다.

숙소로 돌아와서 시원한 로비에 걸린 지도를 본다. 지도 옆에 관련 투어 활동의 사진도 있다. 아마도 손님들을 여행사에 알선하려는 듯하다. 호텔 지배인이 다가와서 다정하게 말을 건다. 그는 갓 쉰인데, 큰딸이 리마에서 미국계 회사에 다니고 아들과 막내딸은 리마에서 대학을 다니고 있다고 한다. 얼굴로 보아 혼혈 메스티소보다 인디오에 가까운데 경제적으로 여유로운 모양이다. 자식들이 1년에 한두 번 다녀간다고 한다. 묻지도 않았는데도 가족 이야기를 하니 친밀감이 든다.

예상대로 그가 관광투어 팸플릿을 꺼낸다. 우리는 가격이 낮은 짧은 투어를 선택하는 미안함에 핑계를 댄다. 사실 우리는 주민들의 생활상에 관심이 많지만 정글의 식생, 벌레나 짐승, 어류나 조류에 대해서는 관심이 거의 없었다. 그러나 괜히 미안했다.

이키토스 선착장과 시장

여행사 사장이 직접 호텔 여러 곳을 돌면서 투어 참가자를 픽업한다. 모객한 손님을 선박에 넘긴다. 실제 투어는 선박에서 진행되며 오늘은 모두 스물한 명이다. 강폭이 무척 넓은 곳에서 한참 내려가는데, 무엇을 볼 수 있을까? 결국 이름도 없을 것 같은 작은 지류로 들어선다.

시작은 조류 관찰이다. 워밍업 수순일까? 먹이활동이 활발하여 이때가 관찰할 타이밍이라고 가이드가 설명한다. 가이드 손길을 따라 먼 곳에 있는 새들을 본다. 보고 싶은 투칸이나 금강앵무는 어디에 있을까? 새들이 의외로 보기 힘들다. 보더라도 금방 날아가 버리는 생소한 새를 파악하기 어렵다. 사전 지식이 없으니 소가 보나 우리가 보나 비슷할 듯하다.

원숭이 관찰은 훨씬 낫다. 배가 가까이 접근해도 별로 반응이 없어서 관찰하기 쉬웠다. 동남아나 인도의 도심에서 봤던 원숭이와 크게 다를까? 도심지에서는 과일을 주면 낚아채듯 가지고 달아나는데, 여기서는 먹을 과일이 풍족한지 다가오지도 않는다.

다음은 하선하여 걷는 정글투어라 약간 긴장이 된다. 다행히 조그만 선착장에서 숲속으로 난 길이 맨땅이 아니라 나무판자가 깔려있다. 우리는 그룹에서 뒤처지지 않고 가이드 조장 바로 뒤에 붙어 다니려고 애썼다. 주로 특별한 모양의 나무, 약용 나무나 풀, 식용식물을 설명한다. 들어도 기억하긴 어렵다. 모기 스프레이가 배낭에 있지만 해충 퇴치에 특효라는 잎을 열심히 문질렀다.

길이 보드워크로 바뀌더니 로지 형태의 건물이 나온다. 이틀 이상 투어를 할 때 숙박하는 시설처럼 보인다. 투어에 포함된 점심을 여기서 먹는단다. 음식은 아마존 정글이라고 특별하지 않고 지극히 평범했다. 큰 접시에 생선튀김과 닭고기 조각을 하나씩 얹어주고, 쌀밥에 샐러드 야채와 과일을 각자 담는 방식이다. 여기에 페이조아다를 작은 그릇에 떠 담는다. 설마 아나콘다 구이나 악어 스테이크를 기대한 것은 아니겠지.

식사를 마치고 잠시 휴식 후에 전통 가무공연이 있다고 한다. 전통악기를 들고 나타난 공연자들은 전문가가 아니다. 이곳 숙소의 직원들이 전통복장으로 갈아입고 등장한다. 춤 실력의 핵심은 열정인 듯 느껴졌다.

다시 배로 돌아와서 이제는 낚시다. 작은 낚싯대를 나눠주는데 잠시 물에 담그는 수준이다. 가이드들은 잘 건져 올린다. 몇 명 관광객도 성공하니 오늘 활동 중에서 제일 반응이 좋고 활발한 분위기다. 작은 피라냐라고 해서 주둥이를 벌려 이빨을 살펴본다. 육식 물고기라 억세 보인다. 누군가 핑크 돌고래를 볼 수 있냐고 가이드에게 묻자, 그것은 행운이 따라야 한다고 대답한다. 나는 가이드 말을 절반만 믿었다. 오늘 투어 활동에 돌고래 관찰이 없었으니, 우리들이 간 곳은 돌고래 서식지에서 먼 곳인 듯하다.

낚시를 끝으로 투어를 마치고 이키토스로 돌아갈 준비를 한다. 짧고 단순한 활동이었지만 만족감이 컸다. 아마존강 본류에서 지류에 들어갔고 비록 흙길은 아니었어도 정글에서 식물과 동물을 관찰했다. 직원들의 간이공연도 즐거웠다. 전기, 냉장고, LPG 가스, 에어컨, 휴대폰이 모두 있는 로지이지만 정글 속에 멀리 단절된 시설이다.

그 이상 무엇을 바랄까? 전기도 없고 방충망이 없는 시설에서 체험하기를 원하는가? 원초적인 체험을 바라는 별난 여행자도 있겠다. 그러나 현실적으로 그런 투어를 진행하는 여행사는 없다. 수지타산이 맞지 않아서다. 여행자는 평생 한두 번 오지만 현지인들은 일상생활에서 늘 투어를 진행해야 하기 때문이다. 옛적 오지 생활은 도시 탐험가들의 상상에 의한 허구적 마인드이다. 그러나 걱정할 필요 없다. 방충망과 모기 기피제 없이 정글에서 단 하룻밤을 지내보면 즉각 현실감을 찾게 될 것이다.

리마로 돌아와서 남미여행을 마무리하는 시간을 갖는다. 서쪽 해안은 높은 절벽으로 빼어나게 전망 좋은 곳이 많다. 기다란 형태의 공원에 상권도 잘 갖춰진 미라플로레스 지역이 대표적이다. 가족과 함께 나들이 나온 시민들과 여행자들이 섞여 공원과 상가 또는 절벽 아래의 해변을 걸으며 즐거운 표정들이다. 창공에는 생생한 기억을 남기기 위해 하늘 높이 올라간 많은 행

글라이더가 날고 있다. 절벽 위에서 활공을 준비하며 긴장하거나, 방금 착지하여 기쁨에 들떠있는 이들 모두 오래 지속될 기억을 만들고 있다.

억겁의 세월 동안 태평양 파도에 쓸린 둥근 돌을 살피며 해변을 걷는다. 다시 올라와서 카페에 들르니 마침 석양이 화려하다. 커피 향이 감미롭다. 브라질 세하두 커피일까? 지평선에 이제 막 잠기기 시작한 태양과 붉은 노을이 가슴에 담긴다. 아디오스 남아메리카, 아디오스 아미고!

길 위의 단상

"충분히 멀리 여행하면 자신을 만난다." – 이는 영국 소설가 데이비드 미첼의 작품 『클라우드 아틀라스』에 나오는 표현으로 여행을 통한 성찰, 자아 발견과 내면 성장을 의미한다.

#2 인도
끝없이 다른 얼굴과 마주하다

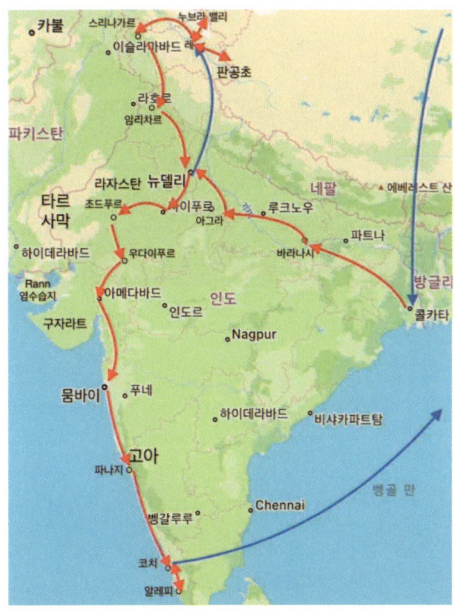

흔히들 급변하는 세상이라 말한다. 얼리어답터들은 스마트폰을 매년 신상으로 바꾼다. 커피머신, 정수기 같은 제품이나 인테리어도 자주 바꾼다. 이들은 제품의 새로운 기능을 즐기며 검증하고 소개한다. 나아가 트렌드 세터로서 새로운 유행을 선도한다.

하지만 모두 급변할까? 그렇지 않다. 세계적인 기업인 나이키의 로고는 창립 후 반백 년이 넘도록 변함이 없다. 애플 컴퓨터의 사과 색깔이 조금 달라졌지만, 니케의 날개를 형상화한 스우시는 전혀 바뀌지 않았다. 우리에게 투명테이프와 포스트잇으로 잘 알려진 3M은 설립된 지 120년이 지났다. 그동안 폰트 모양이 여러 번 바뀌기는 했어도 로고의 기본은 항상 3M이었다. 단 두 글자로 100년 이상을 지탱했다.

다양한 계층과 수많은 언어를 사용하는 인도는 우리에게 미지의 나라였다. 차량, 릭샤, 우마차, 바이크가 뒤섞인 도심은 매우 혼란스럽다. 반면 인도는 고요한 명상과 요가의 나라이다. 빈곤과 열악한 보건환경에 시달리는 국민이 엄청나게 많아도 핵무기와 우주선을 보유한 군사대국이다. 길거리에는 어슬렁거리는 소와 개도 많지만 인도는 IT 강국이다.

종교, 언어, 인종 등에서 다양성의 나라이면서 오랫동안 변함없이 다가오는 '놀라운 인도

'(Incredible !ndia),' 우리가 인도에 관심을 둔 이래로 '인크레더블 인디아!' 로고가 바뀐 적이 없다. 인도를 향한 우리의 설레는 마음도 변함이 없었다. 그리고 마침내, 인도로 향한다.

1. 콜카타에서 본 또 다른 세상

공항버스를 타고 콜카타 도심에서 내렸을 때 인도의 첫인상을 믿기 어려웠다. 도로는 예상대로 혼잡했지만 도심에 넓은 공원과 여유로운 경기장 시설이 많아 의아스러웠다. 오랫동안 영국령 인도의 수도였던 이유로 역사적인 건물과 드넓은 공원이 많은 특별한 지역이다.

숙소에 들어가서 짐을 풀고 가벼운 차림으로 바로 옆에 있는 인도박물관을 찾는다. 200년이 넘는 아치 건물이 도심의 다양한 건물들과 인접해 있다. 2층짜리 백색 회랑 건물은 단순한 외관이지만 놀랄 만큼 단정하고 우아하다. 인위적인 박물관 바로 옆에는 현실 그대로의 박물관이 있어서 자연스럽게 비교가 된다. 바로 '뉴 마켓'이다. 예전 시장은 공터에 있었는데, 150년 전에 대형 건물 안에 들어선 새로운 형태의 시장이다. 오랜 세월 동안 같은 건물에서 수많은 가게들이 모여 영업을 하고 있는 것이 마치 살아있는 박물관처럼 보인다. 우아한 회랑의 유물 박물관과 대비되는 매우 복잡하고 다양한 가게들의 집합체이다.

150년 된 건물로 들어가서 점심을 먹었다. 긴 세월의 시장경쟁을 이겨낸 식당이어서 음식 맛은 이방인의 입맛도 녹여낼 듯 훌륭하다. 치즈를 발라 구운 난은 마치 크리스피 피자처럼 바삭하고 담백하다. '치킨마살라 비르야니'는 세계 도처에서 흔히 먹는 볶음밥을 감미롭고 풍미 가득한 고급스러운 맛으로 격상시킨다. 물론 오로지 미각과 후각에만 집중하여 음식 맛을 음미해야 한다. 허접한 주변을 둘러보거나 터무니없이 싼 가격을 보면 객관적인 평가에 혼란이 생길 수 있다. 우리에게는 매우 만족스러운 맛과 향, 식감이었지만 겉모습만 사진 찍어 올리는 사람들 눈에는 실망스러운 식당일지도 모른다.

식사 후에 마이단공원 길을 걷는다. 인구밀도가 높기로 유명한 콜카타의 중심 번화가에 68,000석의 크리켓경기장과 바로 옆에 축구장, 경마장, 공원을 포함하는 녹지가 있다. 가장 번화한 도심의 완전한 평지에 있다.

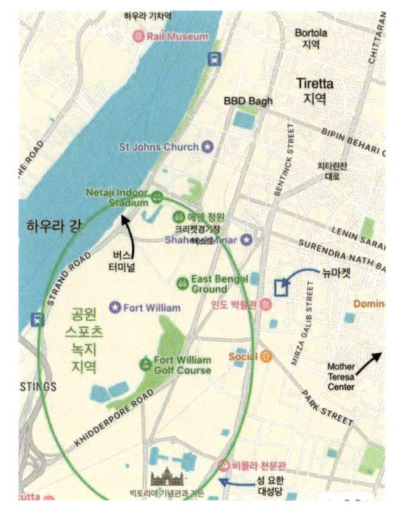

우리는 흔히 우이동계곡이나 남한산성공원처럼 높은 곳에 공원을 조성한다. 평평하고 가까운 장소는 높은 가격에 분양하여 공공성이 없어진다. 마이단이나 뉴욕시의 센트럴파크처럼 사람들이 쉽게 자주 이용할 수 있는 도심의 평지는 정녕 공공장소가 될 수 없을까?

바로 옆에는 대리석 건물인 빅토리아 기념관이 드넓은 잔디 위에서 웅장한 자태를 뽐내고 있다. 물론 100여 년 전 빅토리아 여왕을 기리기 위해 세워진 건물이었고 지금은 박물관이다. 바로 인접하여 고딕 양식의 성 요한 대성당이 보인다. 왜 이렇게 예전 식민지 시대의 대형 건축물들이 버젓이 중심지에 많을까?

갠지스강의 하류인 후글리강이 콜카타를 관통한다. 건너 쪽의 하우라와 연결하는 교량이 몇 개 있지만 교통량이 많아 정체가 늘 심하다. 대신 강을 건너는 용도의 대형 선박이 분주하게 왕래한다. 물론 비용이 상상하기 어렵게 저렴하다. 하우라 기차역과 샬리마 기차역이 강변에 접해 있는 것이 선박의 역할을 자연스럽게 보여준다.

피치 못할 경쟁 사회에서 순위를 매기는 것은 어찌할 수 없는 노릇이다. 지원자가 넘치면 합당한 방법으로 순위를 매겨서 자른다. 유명 맛집에 대기 줄이 길면 식사를 마친 이들이 나올 때마다 두 명 또는 네 명씩 입장시킨다. 등급을 여러 개로 나누어 가격을 매기는 소고기는 부위별로 가격 차이가 엄청나다. 부위에 따라 열 배 이상 차이가 나기도 한다.

인도에서 기차는 중요한 교통수단이다. 대부분 수십 대의 차량이 길게 연결되어 있는데, 등급이 무척 다양하고 운임도 차이가 크다. 저렴한 좌석인 2S와 침대칸 중에서도 가장 저렴한 SL등급에는 선풍기만 있다. 주간 좌석인 CC칸과 야간에는 좌석을 침대로 변신하여 사용하는 칸은 냉방이 된다. 위아래로 침대 수에 따라 1A, 2A, 3A로 구분한다. 각 차량마다 수용인원과 설비가 다르니 가격에 큰 차이가 나는 것은 당연하다. 차량 양 끝이 막혀 있어 다른 칸으로 옮겨 다닐 수도 없다.

우리나라는 기차 자체가 별도의 이름을 갖고 등급과 요금이 다르다. 운행 속도가 다르며 우선권도 있다. 빠른 기차가 통과하기 위해서 느린 기차는 기다려야 한다. 그런데 인도 기차는 우리와는 다른 문화를 극명하게 보여준다. 내부에는 요금이 천차만별로 등급이 많지만 동일한 기차 이름으로 모두 연결되어 함께 움직인다.

콜카타의 명소에 테레사수녀를 기리는 봉사기관이 있다. 봉사활동이 최단기인 하루부터 장기까지 다양하다. 자원봉사를 마치면 봉사단 수료증을 발급해 준다. 다른 곳의 봉사기관에 비해서 지원자가 월등하게 많  다는 통계가 있는데, 설마 노벨상의 후광이 아니라 테레사수녀의 높은 봉사정신 때문이라 믿는다.

인구가 워낙 많아서 여행 중에 구걸하는 걸인을 자주 만난다. 부담 없는 돈을 주면 되기에 별문제가 없다. 그런데 우리에게 생소한 면이 눈에 띈다. 구걸하는 자세가 매우 당당하다. 손을 내밀지만 눈빛은 '나 때문에 네가 선행을 하여 극락이나 천당에 갈 수 있도록 내가 도와주고 있다.'라고 말하는 듯하다. 힌두교의 내세관이나 다신 체계를 전혀 모르는 우리는 다가오는 눈빛을 어떻게 해석해야 할지 난감했다.

적선이란 단순히 남을 돕는 것이라고 믿었는데 갑자기 의문이 들었다. 내가 걸인보다 우월한 경제 수준에 있는 것이 온전히 내 노력 때문일까? 이런 상태는 계속 지속될까? 잠시 생각해 보니 두 가지 근본적인 질문에 모두 '아니요.'일 듯싶다. 그렇다면 예상외로 느꼈던 걸인의 눈빛이 타당한 듯하다. 어서 빨리 적선을 많이 해야겠다. 어려운 상태의 상대를 보고 그를 돕고자 하는 측은지심은 인간의 본성이다.

'콩 한 알도 나눠 먹는다.'라는 옛말이 있다. 얼마나 아름다운 말인가! 큰 재산을 모두 움켜쥐려는 것은 돼지의 본성이라 생각한다. 적선이란 상대를 위한 면도 있지만 자신이 아름다운 인간이 되기 위한 자발적인 행위이다. 여행 중에 가슴 아픈 것은 어린아이들이 쓰레기더미를 뒤지며 무언가 쓸모 있는 것을 찾고 있는 모습을 자주 보게 되는 점이다. 아이들은 아무런 잘못이 없다. 흔히 말하는 운명이라는 회피성 표현에서는 조금만치의 책임감도 찾아볼 수 없다. 약자를 보호하는 사회적 장치의 미비가 한탄스럽다.

길 위의 단상

콜카타 길을 잠시 걸으면 집 부근에서 지난 10년 동안 느낀 생소함보다 더 많은 신기한 광경을 보고 체험할 수 있다.

2. 향과 노래, 푸자가 가르쳐 준 행복

빠듯한 일정에 찾아갈 곳이 많은 우리에게 침대기차는 시간을 아끼는 지름길이다. 열 시간 이상 달려야 하는 곳이 많은 넓은 인도에서는 어디에나 침대칸이 있다. 호텔 침대만큼 편할 수는 없지만 새 시트가 담긴 봉투를 받아 다리를 죽 펴고 누울 수 있다는 점에 만족한다.

오토릭샤를 타고 마이단공원과 200년 된 순백색 기념탑인 샤히드미나르를 거쳐서 크리켓경기장이 있는 에덴공원 사이로 가면 강변 선착장이다. 탑승권을 사고 잠시 기다리면 큰 바다를 항해할 듯 보이는 대형 선박이 소리 없이 다가온다. 잠시 후에 하우라 기차역과 버스터미널이 붙어있는 반대쪽 선착장에 멈춘다. 계단 몇 개를 오르고 길을 건너면 바로 기차역이다.

이렇게 복잡하고 거대한 도시에서 이처럼 이동이 쉽다. 어디에서나 오토릭샤가 있고 어디로나 갈 수 있기 때문이다. 가격도 무척 저렴하다. 간혹 외국인이라고 올려 부를 수도 있겠다. 우연히 도로에서 잔뜩 화가 나있는 한국인 여행자 부부를 봤다. 하얀 피부의 훤칠한 30대였는데 뜨거운 길거리에서 릭샤 기사와 언쟁을 한다. 200루피를 불러 150루피에 네고를 했는데, 내릴 때 다시 200을 달라고 우긴다고 지나치는 우리에게 하소연을 한다. 50달러나 유로가 아니고 50루피면 약 800원이다. 이런 소액으로 시간을 허비하며 길에서 다투다니 어이가 없다.

우리는 왜 바라나시를 방문할까? 이유는 분명하다. 10억 명이 훌쩍 넘는 힌두교 신자들의 성지로 수많은 순례자들이 몰려든다. 특히 마지막을 앞둔 신자들이 가장 행복한 임종을 맞이하는 곳이다. 또는 사후 이곳에서 장례를 치르는 것을 소망한다. 살면서, 임종에 가까울 때, 그리고 사멸할 때 가장 행복하게 선택하는 장소에는 과연 어떤 비밀이 있을까?

그러나 비밀은 늘 신비롭고 확실하지 않다. 화장터의 연기, 푸자 의식의 향 연기와 횃불의 열기 속으로 들어가 본다. 수많은 현상을 직접 보고, 듣고, 냄새를 맡고 부딪치지만, 수많은 인파와 요란한 의례형식에 휩쓸릴 뿐 비밀의 열쇠는 보이지 않는다.

누구에게나 일생은 행복을 추구하는 여정이다. 그중 핵심인 인생의 마지막을 가장 행복하게 이끌어주는 마법 같은 비밀이 신성한 바라나시에 있다. 그러나 비신자가 일회성 방문으로 비밀을 찾거나 이해하려는 것은 욕심일 듯하다. 그래도 비밀의 문에 조금이라도 다가가기 위해서 핵심적인 의례인

푸자 의식에 참여해 보자.

바라나시의 밀집 지역은 자연스럽게 갠지스 강변을 따라 길게 형성되어 있다. 강변 따라 제사 장소인 가트가 연속 이어지고 주변은 계단으로 되어 있어 참관이 쉽다. 우리는 가트 가까운 곳에 숙소를 예약했는데 처음에는 무척 애를 먹었다. 시장과 건물들이 미로 같은 좁은 길로 연결되어 큰 숙소인데도 찾아갈 수가 없었다. 릭샤에서 내려 두리번거리는데, 어디선가 꼬마가 나타나더니 길 안내를 한다.

짐을 풀고 숙소를 나서려니 워낙 미로여서 아리아드네의 실타래가 필요할 듯했다. 좁은 길이 꺾일 때마다 메모를 하고 사진을 찍었다. 5분가량 미로를 통과하니, 마찬가지로 좁지만 거의 휘지 않는 시장길이 10분  가량 계속된다. 끝나는 곳에서 가트로 연결된다. 물론 가트의 입구는 매우 넓다. 이렇게 좁고 복잡한 길도 단지 세 번째 만에 익숙해진다. 이틀째에는 몇 달 지낸 듯 손쉽게 들랑거렸다.

수많은 힌두교 의식 중에서 비신도에게 어필할 수 있는 것이 아르티푸자일 듯하다. 이것은 장례의식이 아니라 감사와 기복 의식이기 때문이다. 제단에서는 횃불을 이용한 경건하며 힘찬 군무가 무대처럼 펼쳐지고, 경쾌한 악기 연주가 분위기를 띄워 야외 오페라와 유사한 느낌도 있다.

수많은 신도와 관람객들이 몰려드니 긴 계단에서 가까운 쪽에 앉으려면

일찍 도착해야 한다. 해 질 무렵 시작할 때는 계단은 물론이고 강 위의 보트에도 만원이다. 제단에서 가까운 곳에는 배로 가득하여 빈틈이 없다. 연주 음악, 여러 명의 젊은 브라만 사제들의 엄숙한 군무, 어둠 속에서 계속 움직이는 횃불, 향로의 연기와 열기는 수많은 참관객을 몽환적인 황홀경으로 이끄는 데 부족함이 없다. 신도들은 작은 디아에 불을 붙이고 정성을 모아서 탑을 쌓는다. 이를 전해 받아 든 사제들은 신께 제사를 올리며, 디아 향로를 높이 들어올리기를 수없이 반복한다.

마침내 정성스러운 제례가 완성되었는지 확인할 차례다. 이것이 무엇일까? 당연히 신의 축복이다. 신의 축복만큼 우리가 희구하는 것이 또 있을까! 드디어 절정의 순간에 이른다. 신의 대행자인 사제들이 축복의 상징인 붉고 노란 꽃가루를 신도들에게 뿌려 하사한다. 신도들은 감읍하며 하늘을 우러러본다. 뿌려진 축복을 받아 얼굴과 몸에 문지른다. 신도들이 디아라는 정성의 작은 불꽃을 올리고, 축복이라는 신의 선물 징표로 꽃가루를 받아서 온몸에 바르는 제례는 지극히 상호 소통적이다. 바치며 참여하고, 받음으로써 은총과 축복을 확인하며 믿음을 확신한다.

한 시간 이상 진행하는 아르티푸자 의식에는 관람 제한이 전혀 없다. 신자와 비신자, 내국인과 외국인 등 어떤 구별도 없고, 단지 먼저 와서 원하는 곳에 앉으면 된다. 디아를 구입하여 본인의 소원을 담아 올리는 것도 자유다.

여행 중에 몸에 탈이 나면 낭패이다. 미생물에 관한 지식이 없는 우리는 식수 관련 주의사항을 명심했다. 샤워나 양치 후에도 생수로 입을 헹궜다. 좋아하는 과일주스 대신에 뜨거운 커피와 짜이만 마셨다. 그런데 오염이 극심하다는 바라나시 강물에 신도들은 몸을 담그고, 심지어 머리까지 집어넣었다가 나오곤 한다. 성수라며 작은 플라스틱 통에 물을 담아오기도 한다. 물론 현지인들은 풍토병의 면역력이 크라 생각한다. 그러나 종교적 신념이 수인성 질병을 막아줄 수 있을까?

시크교도들의 성지인 암리차르에 있는 황금사원의 사각형 대리석 연못인 암릿 사로바르 물도 신자들에게 성수이다. 사각형의 한쪽 면에는 탈의실이 있고, 남녀 신도들이 각각 물속에 들어간다. 하지만 다른 쪽에서는 성수라고 물을 떠 마신다. 이곳은 제한된 구역이니 갠지스강보다는 수질 관리가 이뤄질 테지만, 수많은 사람들이 입욕하는 고여 있는 물을 마시다니. 종교의 힘이 대단하게 느껴진다.

3. 아그라에서 깨달은 새옹지마

바라나시 마니카르니카 가트 화장

숙소에서 가까운 마니카르니카 가트는 화장터로 유명한 곳인데도 관광객들이 별로 없었다. 예식체계를 갖춘 아르티푸자와 달리 재래식 화장이다. 계단식 가트에서 사제 대신에 근무자들이 화력 조절을 하는 수준이다. 커다란 장작더미 안에 하얀 천으로 둘러싼 시신을 놓고 다시 장작을 올려서 화장하니 주변이 온통 연기로 자욱하다. 물론 모든 사람이 돌계단으로 잘 조성된 유명한 가트를 이용하는 것은 아니다. 신분이나 경제력 등의 차이 때문인지 많은 화장은 아무런 시설이 없는 가트 아래쪽의 강변 모래밭에서 진행된다. 아마도 빈자들의 화장인 듯하다. 그래도 바라나시이고 갠지스강 바로 옆에서 화장을 했으니 망자는 지극히 행복하게 해탈했을 듯싶다.

숙소로 돌아와 4층 방에서 갠지스강을 바라본다. 번잡한 화장터와 분주한 작업자나 참관자들은 모두 앞 건물에 가려서 보이지 않고 부연 연기만 조금 보일 뿐이다. 백사장과 강물은 아무 흔적도 없이 그대로다. 단지, 수많은 건물의 지붕, 난간, 창틀에서 작은 원숭이들이 뛰어다니며 놀고 있다. 땅 위에서 인간들이 살고, 그 위 공간은 원숭이들의 세상인 듯하다.

다시 야간기차를 타고 아그라로 간다. 아그라는 무굴제국의 전반기 수도였기에 무굴제국의 대표 건축물인 타지마할과 아그라 요새가 있다. 현재는

아름다운 타지마할의 도시다. 샤자한 황제와 그의 애처 뭄타즈 마할을 위한 호화로운 무덤 건축에 따른 재정 낭비 등은 잘 알려져 있다. 더욱 쇼킹한 것은, 그의 아들에 의한 폐위와 아그라 요새에 유폐되어 죽을 때까지 창문을 통해서만 타지마할을 쳐다봤다는 슬픈 스토리도 유명하다.

   타지마할은 아주 멀리서 보아도 균형 잡힌 조형미로 평온함을 준다. 가까이 갈수록 담백한 가운데 높은 품위를 발산하여 눈이 부시다. 아주 가까이에서 살펴보면 세밀한 문양과 상감 조각들이 모두 살아 움직이는 듯 보인다. 이리 보면 차가운 대리석이고 저리 보면 정교하게 살아 숨 쉬는 보석이다. 그래서 타지마할은 오랜 역사를 지닌 인도 건축예술의 위대한 작품이다.

여기서 그칠까?

아니다. 인도의 모든 우수함, 아름다움, 추함, 누적된 사회문제 등을 덮어버리는 대표 랜드마크로 세계인의 뇌리에 새겨져 있다. 수많은 문제를 덮어주니 인도의 축복이다. 건축 당시에 과다한 비용으로 재정난을 불러왔고, 황제는 아들에게 폐위당하는 고통을 겪었다. 그러나 지금은 수많은 관광객을 끌어모으는 보물이 되었다.

모든 것을 제치고 단지 한두 개가 전체를 대표하는 것이 랜드마크이니 상징성의 대표다. 이집트를 거론하거나 생각하면 저절로 피라미드가 연상되어 나타나는 현상이다.

프랑스를 말할 때 무엇이 가장 먼저 떠오를까?

톨레랑스, 프랑스 혁명, 단두대, 나폴레옹? 많은 인물, 역사, 예술, 문화 등 관련 단어들이 떠오를 수 있다. 훌륭한 사례나 인물들이 많겠지만 딱 하나를 제시하라면 에펠탑이 될 듯하다. 물론 반대도 많겠다. 무엇을 선택하든 하나로 전체를 대표하기에는 부족하거나 부적절하다는 반론이 있으리라.

독일의 상징으로 많은 대상이 있겠지만 나치 휘장을 단 히틀러가 그중의 하나 아닐까? 강력한 연상에 의해 선택할 수밖에 없기에 히틀러를 떠올린다면 자랑거리가 많은 독일 국민 전체에게 비극이다.

세계인에게 한반도의 상징은 무엇일까? 남산 타워, BTS, 휴전선과 DMZ, 세종대왕, 경복궁? 단 하나로 한반도를 대표하여 상징하기에는 부족하게 느껴진다.

좋든 싫든, 선이든 악이든 상관없이 가장 많은 사람들이 가장 먼저 떠올리는 대상이 상징물이며 랜드마크이다. 탁월하고 바람직스러운 성격을 가진 것이 대표로 선택된다면 구성원들에게 축복이다. 인도에는 빈부 격차, 신분 갈등, 환경 문제 등이 많지만 아름다운 타지마할이 대표적 상징물이 되는 기쁨을 누린다. 훌륭한 점이 많은데도 불구하고 나치즘이나 단두대처럼 부정적인 요소가 대표성을 갖는 것으로 각인되는 경우에는 해당 구성원들의 불행이다.

미국에는 다양한 자랑거리가 있지만 국가적으로 풍요의 상징인 뉴욕시에 있는 '자유의 여신상'을 지속적으로 홍보하고 부각하려 노력한다. 세계인들이 미국을 생각할 때마다 자유와 풍요가 저절로 연상되도록 애를 쓴다. 미국의 상징물이 코카콜라나 맥도널드 햄버거가 아니라 가장 고귀하며 바람직한 이념인 자유, 평등, 복지가 되기를 바라는 방법이다. 매우 현명하다.

이와 반대로, 스스로 비하하는 '헬조선', '이게 나라냐' 등의 자해적인 표현이 있다. 제발 이런 저급한 자세를 버리고, 자긍심을 갖고 함께 나아가기를 바란다. 미국에서는 총기난사 사고 하나만 보더라도 학교, 공원, 쇼핑몰 등 장소를 가리지 않고 빈번하게 발생한다. 네 명 이상의 사상자가 발생하면 총기난사 사고로 집계하는데, 평균 매년 300회 이상이다. 끔찍하다. 이런 난제들이 많지만 풍요와 자유, 평등을 비전으로 내세우며, '자유의 여신상'을 국가의 상징으로 표방한다.

우리의 현실은 어떤가? 폭력사고도 간혹 발생한다. 그러나 밤중에도 누구나 주저하지 않고 편의점, 빨래방, 무인카페에 갈 수 있는 안전한 사회이다. 이런 모습에 외국인들이 놀란다는 CNN 보도도 있다. 자긍심은커녕 작은 흠집을 탓하며 나라 전체를 싸잡아서 스스로 비하하는 우매한 자들이 많다.

4. 카슈미르에 평화가 올까

델리는 고대 인도부터 현재까지 짧은 시간을 제외하고 줄곧 수도였다. 무굴제국의 전기에 아그라로 수도를 옮겼지만 델리로 돌아왔고, 영국 식민지 시절에도 콜카타로 수도를 옮겼다가 다시 돌아왔다. 그래서 델리에는 유적이 많다.

공항에 도착 후, 짧은 지하철이 뉴델리 기차역에서 끝나고 밖으로 나오면 델리의 진면목을 보게 된다. 수많은 인파, 복잡한 도로, 분간하기 어려운 방향이 혼란스럽게 다가온다. 그러나 당황할 필요 없다. 왜일까?

오토릭샤를 잡아타고 원하는 곳 어디로든 갈 수 있기 때문이다. 택시처럼 과속할 수 없으니 릭샤는 안전하다. 물론 에어컨이 없고 매연에 취약하다. 거리가 멀거나 품위 있는 이동을 원하면 택시를 타면 된다.

인도 여행에서 델리를 늘 거치기 때문에 이번에는 경유만 하고 곧장 북쪽의 카슈미르로 가기로 했다. 카슈미르는 인도 북부뿐만 아니라 파키스탄의 동북부와 중국의 서쪽 끝을 포함하는 넓은 지역이다. 히말라야산맥의 서쪽이 끝나면서 카라코람산맥과 연결되는 고산지역이다. 접경하는 세 나라의 주장이 달라서 세계에서 국경분쟁이 가장 심한 곳이다. 이 중에서 인도가 실효지배 중인 카슈미르에 가는 셈이다. 고도가 높아 따뜻한 여섯 달 동안은 길이 열리지만 나머지 여섯 달은 눈으로 육로가 막혀서 항공편만 가능하다.

이곳에서 차로 가는 가장 유명한 여행길 세 개가 있다. 마날리와 레(Leh), 레에서 누브라 계곡과 판공초호수, 레와 스리나가르를 잇는 길이다. 상상하기 어려운 구비길이 많다. 대부분 한쪽은 절벽이고 반대쪽은 끝없는 낭떠러지다. 트럭과 버스가 다니는 고개에서 차선의 고도가 5,000m이면 도로 부근의 이름 없는 평범한 산들은 높이가 얼마나 될까? 상상은 자유다.

알프스 최고봉인 몽블랑의 초입에 있는 샤모니는 프랑스 산기슭 마을로 몽블랑 조망과 트레킹, 다양한 레포츠를 즐기려는 관광객으로 붐빈다. 산악인들의 성지라 불리는 샤모니는 실제 1,035m 기슭에 있다. 멋진 조망을 위해서는 케이블카를 타고 에귀디미디 전망대에 올라야 한다.

몽블랑보다 조금 낮지만 뾰족한 삼각뿔 모양의 마터호른은 미봉으로 유명하다. 이탈리아와 스위스 국경에 있어, 남쪽의 체르비니아 마을이나 북쪽의 체르마트는 조망의 명소다. 발코니에서 커피를 마시며 산을 조망할 수 있는 객실 가격은 놀랄 만큼 높다. 2년 전에 체르비니아와 체르마트를 잇는 케이블카가 개통되어 빙하 위로 지나는 케이블카는 국경도 지난다. 탑승을 위해 여권 지참이 필수다.

여행자들은 대부분 여행사 프로그램을 이용하여 누브라 계곡, 판공초

호수, 초모리리, 잔스카 트레킹 등에 그룹으로 참여한다. 그러나 우리는 주어진 현지 여건 그대로 따르는 것을 좋아한다. 그것이 여행의 본질이라 생각한다. 그래서 현지의 마을버스를 이용하는데 마음대로 일정을 짤 수는 없다. 마을에 따라 날마다 또는 1주일에 세 번 운행 등으로 제한이 있기 때문이다.

우리는 레에서 시외버스를 타고 카르덩라 고개를 지나 훈더 마을과 판공 초호수로 갔다. 문제는 교통편이 자주 있지 않아서 계획이 필요하다. 분쟁지역인 레의 북쪽 지역을 방문하려면 미리 여행허가증을 발급받아야 한다.

라다크에서 우리가 탄 시외버스는 몽블랑 정상보다 훨씬 더 높은 고갯길을 지나간다. 굽이굽이 이어지는 아찔한 길에서 풍광도 멋지다.

라다크에서 1주일을 지낸 후에 다시 장거리 버스를 타고 스리나가르로 출발했다. 가파른 주변 산세와 비탈길은 여전하지만 도로 상태가 양호하여 차체 흔들림이 훨씬 적다. 최근까지도 중간 지점인 카르길에서 숙박하고 새벽에 다시 출발했다는데, 어떤 이유인지 다른 마을로 바뀌었다. 드라스에서 멈춘 지 다섯 시간 후, 어두운 새벽 4시에 버스는 다시 출발하여 스리나가르로 향한다. 고도가 꽤 낮아져서 녹지가 많고 양 떼도 자주 보인다. 고도가 바뀌니 수목 생태계가 다르고 농사와 목축업 등 생계 형태도 변한다. 종교 시설이 곰파에서 모스크로 바뀌고, 인종에 따른 얼굴 생김새와 수염 및 복장 등 모든 것이 한꺼번에 변한다. 모든 것이 서로 영향을 미쳐서 함께 엮여 있기 때문이다.

길 위의 단상

세상의 법, 정치, 종교 등은 모두 평범한 사람을 위한 것이다. 인간의 기본권을 무시하고 사람을 억압하는 것은 죄악이다.

5. 화려한 시카라에 슬픔이 있다

레에서 카르길 사이의 고속도로 주변에는 마을이 별로 없다. 대신에 군부대가 많다. 최근 개통한 조지라 터널을 지난 후에는 고도가 훨씬 낮아지면서 초지가 많아진다. 초록 식물 없이 누런 바위와 산이 계속되던 라다크를 떠났음을 보여준다. 주변에 방목하는 양 떼와 노숙하는 목동들의 텐트도 흔

하다. 도로와 함께 달리는 강가에 마을도 보인다. 군부대는 더욱 많다. 이 부근이 카슈미르 국경분쟁 지역임을 여실히 보여준다.

그러나 이 지역은 인도에서 가장 인기 있는 피서지이다. 고도가 높아 여름에 무척 시원하다. 개발이 늦어 천혜의 풍광을 즐길 수 있다. 2025년 초에 소나마르그 터널이 개통되어 위험 구간이 많이 해소되었다. 2025년 4월 중순에 무장단체가 총기난사 사태를 일으킨 파할감 지역도 유명한 휴양지역이다. 사태 2주 후에는 5차 인도-파키스탄 전쟁이 발발했다.

국경분쟁은 서로 주장이 달라서 다툼이 있다는 피상적인 선을 넘는다. 테러와 국지전이 반복되면서 사사건건 충돌한다. 특히 국경문제는 한 치의 양보가 어려운 민감한 사안이고, 서로의 주장이 너무 달라서 타협의 가능성이 없다. 그래서 군사력만 증가한다. 인접한 지역에서 서로에게 크나큰 불행이다. 사랑, 평화, 용서, 자비를 표방하는 종교 사이의 갈등이 비극으로 치닫는다. 덕목 뒤에 숨어있는 권력과 투쟁의 본질이 의심스럽다.

군사적 긴장감이 고조되면 곧바로 관광객이 급감한다. 특히 외국인은 거의 없다. 이곳 관광의 핵심인 달호수도 완전 침체다. 호수에는 단지 현지인들의 배만 움직일 뿐, 화려한 관광용 시카라는 모두 묶여있다. 우리가 머문 호텔도 둘째 날 오전에 인도인 단체가 떠난 후에는 적막했다. 우리를 포함하여 객실 두 개 외에는 모두 비어 있다. 그래도 조식과 석식을 운영하는데 큰 식당에서 우리 둘만 식사하여 부담스러웠다.

달호수 가까이에 무굴제국 시대의 대규모 정원이 있다. 거대한 규모와 곳곳의 건축물은 300년 이상 융성했던 제국의 위세를 보여준다. 이곳은 인도에서 드물게 여름에도 덥지 않고 겨울에도 영하로 내려가는 날이 거의 없다. 마치 '봄의 도시'라는 쿤밍과 비슷하다. 그래서인지 꽃이 흔하다. 달호수의 새벽 수상시장은 꽃과 야채를 거래하느라 북적인다.

레에서도 그랬지만 이곳도 저녁 식사를 8시부터 시작하여 불편했다. 너무 늦은 시간 아닐까? 지역의 전통이라지만 호텔에서는 세계의 표준 식사 시간을 고려할 만도 한데 전혀 그리하지 않았다. 첫날 저녁 식사 시간 전인 6시에 넓은 로비와 식당 공간을 이용하여 사진 전시회가 있었다. 호텔에 숙박한 단체 손님들이 델리에서 출사 나온 사진동호회였다. 전시회라기보다 그들의 프로그램을 마무리하는 자체 행사에 가깝다. 패널에 붙여서 세워둔 작품과 프로젝터로 보여주는 두 가지 전시였다. 관객은 회원들 외에는 우리 두 명이 전부인 듯싶다.

작품 내용은 그들이 출사한 소남마르그 유원지의 아름다운 풍광, 달호수, 시카라, 무굴 정원에 집중됐다. 사진 촬영 기술에 무지한 나는 큰 관심이 없었지만 작품들이 모두 아름다웠다. 이방인의 의견도 필요할 것 같아서 나는 '작품이 훌륭하지만 현지 주민들의 슬픔이 보이지 않는다.'는 코멘트를 남겼다. 관광 수입을 올려야 하는 시카라들이 작품에서 모두 멈춰 있었기 때문이다.

암리차르는 예상했던 대로 시크교도들의 도시다. 그 중심에는 당연히 황금사원이 있다. 특히 조명효과를 극대화한 야간에 보는 황금사원은 강렬했다. 수많은 신자들이 두 손을 모아 경배하거나 회랑에 기대어 쉰다. 탈의하고 성수에 입욕하거나 무료 식사를 위해 식판을 들고 기다리기도 한다.

시크교 암리차르사원에서 핵심은 가장 신성시 여기는 '구루 그란트 사히브' 경전이 있는 중앙의 황금사원이다. 내부를 경배하기 위한 긴 줄이 거의 움직임이 없다. 끝없이 긴 행렬이지만 신자들은 묵묵히 기다린다. 우리는 바로 옆의 비신자를 위한 줄에 서서 신속하게 입장하고 나왔다. 가장 안쪽의 내실에서는 열 명가량의 지도자들이 암송, 찬송, 악기연주를 하고 있다. 이 소리가 사원 전체에 울려 퍼진다. 짐작건대 신자들은 입장하여 내부에서 의식을 진행하는지 진행 속도가 매우 느렸다.

6. 라자스탄의 다채로운 색깔

침대기차를 타고 자이푸르역에 도착했다. 하룻밤의 이동이지만 매번 마음이 설렌다. 이유가 뭘까? 우리는 여행 출발 전에 모두 AC2 클래스로 예약했다. 통로 쪽 두 명은 별도의 커튼이 있으니, 양쪽으로 네 명이 공간을 함께 사용하는 셈이다. 우리는 아래 칸이 편한데 일찍 예약하면 선점할 수 있다. 우리 위쪽 두 자리에 어떤 승객이 탈까 궁금해진다. 아무 말 없이 휴대폰만 보다가 잠을 자는 사람도 있지만, 일반적으로 인도인들은 다변가로 말이 많은 편이다. 관심을 보이기 위해 질문을 하면 대화가 더 길어진다. 사온 간식을 꺼내서 건네기도 한다. 상상하기 어려운 온갖 사기행각 이야기가 횡행하여, 우리는 핑계를 대고 둘 중 한 사람만 먹는다.

　기차 여행이 설레는 둘째 이유는 변화다. 녹색을 볼 수 없는 황량한 라다크의 고산준봉에서 바로 인접한 남쪽 주 펀자브로 오니 끝없이 넓은 평원이 펼쳐진다. 대평원은 인도뿐만 아니라 서쪽 파키스탄으로 이어진다. 얼마나 넓으면 인구가 세계 5위인 파키스탄에서 절반 이상 국민이 펀자브 평원에 거주할까? 강이 많아서 수자원도 풍부하고 우리 농촌과 유사하게 논농사가 많아 쌀 생산량도 많다. 식량이 풍부하니 자연스럽게 음식도 유명하다. 인도 전역에서 가장 흔히 볼 수 있는 것이 펀자브 식당이다.

　라자스탄은 매우 넓은 주이고 우리나라 면적의 세 배를 훨쩍 넘는다. 이렇게 큰 라자스탄을 한마디로 표현하기 어렵다. 그러나 가능하다. 건조지역이다. 숫제 서쪽으로는 타르 사막이 넓게 펼쳐진다. 강이 많은 펀자브의 대평원에서 하룻밤 기차 이동으로 성격이 전혀 다른 지역으로 들어왔다. 이러하니 어찌 설레지 않을 수 있을까?

흔히 광활한 라자스탄을 네 가지 색으로 표현한다. 핑크의 자이푸르, 파란색의 조드푸르, 백색의 우다이푸르, 노란색의 자이살메르와 타르사막이다. 일반적으로 핑크색이 가벼워 보일 수도 있으나 자이푸르에서는 전혀 그렇지 않다. 델리에서 비교적 가깝고 매우 복잡한 대도시이기 때문에 한 가지 특징을 집어내기 어렵다. 이때 핑크가 신의 한 수가 되었다. 핑크는 인도에서 친절과 환영을 의미하는 색이다. 상대적으로 개발이 더딘 광대한 라자스탄으로 모든 사람을 환영한다는 의미가 있다. 궁전, 관공서, 대형빌딩을 모두 핑크색으로 칠했다. 건조한 라자스탄은 기본적으로 어디나 누런색이다. 여기에 붉은색을 가미하여 강조하니 그리 부자연스럽지 않다.

핑크시티에서 가장 돋보이는 건물은 하와마할이다. 대로에 가깝게 있는 5층 궁전은 압도적인 인상을 준다. 거대한 앞면을 자세히 보면 수많은 창과 바람 통로가 있어 '바람의 궁전'이라 불린다. 뜨거운 인도의 건축에서 통풍은 중요했으리라.

같은 라자스탄이지만 자이푸르에서 조드푸르로 이동하면 훨씬 더 건조해진다. 도시를 벗어나면 사막에 가깝다. 이곳에서 120m 높게 솟아오른 사암 언덕에 축성한 메랑가르 요새는 웅장하다. 엄청난 규모의 건축물인데 자세히 보면 어찌나 정교한지 놀랍다. 창틀 하나, 벽돌 하나마다 색감과 장식의 디테일 수준은 상상하기 어렵다.

성 위에서 내려다보는 조드푸르, 바로 블루시티이다. 뜨거운 열기 속에서 펼쳐지는 푸른색 물결이다. 뜨거운 햇빛을 반사시켜 시원한 느낌을 주니 파란색이 도시 전체로 확산됐다. 유사하게 그리스의 산토리니뿐만 아니라, 튀니지 북부에 있는 시디부사이드와 모로코 북부의 쉐프샤오엔도 파란색 도

시로 널리 알려져 있다.

라자스탄의 남쪽에 있는 우다이푸르는 두 개의 별명을 갖고 있다. 다섯 개의 커다란 인공호수 근처에서 번성하여 호수의 도시라 불린다. 특히 피촐로호수와 파테호수 인근이 도시의 중심지다. 궁전과 대형 건물들이 백색 대리석과 석회암을 이용하여 하얀 색조를 기본으로 한다. 도시 전체가 호수와 하얀 건물로 차분한 느낌을 주기 때문에 화이트시티란 별칭을 가진다.

라자스탄의 서쪽은 온통 타르사막이다. 흔히 자이살메르를 황금빛 도시라고 하는데, 이는 지나친 과장이다. 위에서 언급한 세 도시를 제외한 모든 라자스탄의 도시와 풍광은 노란색 모래 색깔이다. 사막투어는 이미 몇 군데서 경험했기 때문에 생략한다. 흔히 자이살메르를 방문하는데, 북쪽의 비카네르와 비교할 필요가 있다. 자이살메르는 작은 오지마을이다. 반면에 비카네르는 열 배 이상 큰 도시이며, 타르사막의 모든 것을 제공한다. 매년 이틀 동안만 열리는 낙타축제 기간에 여정을 맞추기는 어렵겠지만 문화체험 프로그램이 다양하다.

다양한 문화가 있는 거대한 라자스탄을 단지 색상으로 구분하는 것은 일면일 뿐이다. 현지 여성들이 일상복으로 입는 사리만 보더라도 다양한 색상이 서로 혼합된 경우가 흔하다. 단순히 몇 가지 특징을 나열하여 하나에 꿰맞추려는 시도는 다양성이라는 인도 문화 특성과 정면으로 충돌한다. 그것은 오히려 가지런하게 정리하기를 좋아하는 우리의 습성에 가깝다.

7. 구자라트가 주는 교훈

라자스탄에서 구자라트로 가는 기차에서도 호기심과 기대로 가득하다. 혹자는 덜컹거리는 침대기차가 불편한데도 여행기에서 억지로 미화한 것으로 여길 수도 있겠다. 전혀 그렇지 않다. 몇 가지 이유가 있다.

첫째, 보통 40~50개의 차량이 있는데, 우리가 타는 AC2는 겨우 세 개가량이다. 같은 공간을 3층 침대로 구성한 AC3은 다섯 개 정도이다. 이외 식당 칸, 다양한 용도인 GN칸이 여러 개 있고, 가장 많은 객차는 선풍기만 돌아가는 SL등급이다. 이런 상황에서 시원한 AC2칸에 올라타서, 세탁한 시트와 베갯잇이 담긴 봉투를 펼치며 어떤 불평을 할 수 있을까. 감사하는 마음뿐이다.

둘째, 움직이는 객차에서 덜컹거림은 어쩔 수 없다. 이를 소음과 불편으로 받아들이면 자신만 답답하다. 긍정적인 면을 찾아보자. 진동이 거의 없는 비행기에서 에어포켓을 만나면 순간 하강하거나 흔들리는데, 이것은 불쾌함을 넘어 공포다. 기차의 진동은 오히려 안마의자의 마사지에 가깝다.

세 번째는 앞에서 언급한 생태계의 변화다. 짧은 잠에서 깨어나서 맞이하는 전혀 다른 세상이 신비롭다. 어젯밤까지 건조한 라자스탄이었는데, 오늘 아침에는 구자라트의 커치 지역에 넓게 펼쳐지는 란(Rann) 소금습지가 나타난다. 라지스탄의 사막이 인도양을 만나면서 광활한 염수 습지를 만들어 신기한 생태계를 보여준다. 건기에는 아라비아 바다의 일부가 말라 소금사막을 이룬다. 여기에도 적응한 동식물이 살고 있다.

거대 도시인 아메다바드 기차역에 도착하여 택시를 타고 사바르마티강 근처에 있는 호텔로 왔다. 택시 기사가 다음 날 온종일 본인의 차로 저렴하게 안내를 하겠다고 제안한다. 우리는 관광명소를 찾는 것이 아니라 다른 계획이 있다고 거절했다.

점심도 먹을 겸 부근에 있는 시장을 찾았다. 큰 도시여서 그럴까? 시장의 규모가 대단히 크다. 근처의 트럭에는 콜리플라워가 가득 실려 있고 트럭에서 짐수레로 옮겨서 어디론가 운반하고 있다. 시장 안쪽 길에

있는 길거리식당에서 점심을 먹었다. 양고기 커리와 파라타가 값에 비해 맛이 훌륭하다. 식사를 마치고 우연히 본 옆집에 사진관이 있는데, 독특한 점이 보인다. A4 한 장에 약 1,000원이다. 촬영을 하면 즉석에서 여권용 사진을 비롯하여 여러 종류의 증명사진이 빼곡하게 들어 있는 사진 전지 한 장을 준다. 이를 본인이 직접 가위로 잘라간다. 이제는 종이 사진을 제출하는

경우가 거의 없지만 우리는 주저하지 않고 촬영했다.

아메다바드는 간디의 고향이다. 그가 오랫동안 기거하고 무저항 불복종 운동을 펼쳤던 사바르마티 아쉬람을 방문했다. 익숙한 간디의 청빈한 모습이 흑백사진으로 남아있다. 이곳이 인도의 면공업 중심지인데 그가 직접 돌렸다는 나무 물레는 인상 깊었다. 이것은 인도 국기에도 새겨져 인도인의 마음에 영원히 남아있다.

간디가 100년 전인 1925년 10월 22일에 기고했다는 '사회 7대 악'의 울림은 여전히 크다. 아니, 사회의 폐습이 커지고 심해지니 점점 더 예리한 경고로 다가온다. 간디의 SSS(Seven Social Sins)는 다음과 같다.

1. 노동 없는 부 (Wealth without work)
2. 윤리 없는 쾌락 (Pleasure without conscience)
3. 인격 없는 지식 (Knowledge without character)
4. 도덕 없는 경제 (Commerce without morality)
5. 인간성 없는 과학 (Science without humanity)
6. 희생 없는 종교 (Worship without sacrifice)
7. 원칙 없는 정치 (Politics without principle)

남의 잘못을 비난하기 위해 정확히 지적을 했다가, 불과 얼마 지나지 않아서 자신의 행동에 비난이 그대로 돌아오는 경우가 흔하다. 웃지 않을 수 없다. 간디는 이미 100년 전에 일곱째 경고에 다음처럼 부연 설명을 달았다. '국민을 위하지 않고 개인의 영달을 위한 정치는 나라를 망하게 한다.'

우리나라에 정치인은 많다. 개나 소나 정치를 갈망한다. 그러나 간디의 경고를 피할 수 있는 진정한 정치인이 과연 몇 명이나 될까?

복잡한 사회문제를 이보다 짧고 정확하게 지적할 수 있을까? 아마도 간디는 사심이 전혀 없었기 때문에 명쾌한 진단을 할 수 있었으리라. 이미 100년이 지났지만 여전히 예리하며 품격이 높다. 이것이 미래의 비전이고 지도자의 능력이다.

다음 날 아침에 기차가 뭄바이 근교로 진입한다. 역사가 오래된 메트로폴리탄을 짧은 시간에 살펴보려 하는 것은 지나친 욕심이다. 욕심을 버리고 자연스러운 느낌만 받아들이기로 했다. 숙소에 짐을 내려놓고 브런치를 먹기 위해 뭄바이 거리로 나왔다. 넘치는 인파는 그야말로 다양한 인간상의 온갖 모습을 보는 듯하다. 예상외로 중후하고 멋진 느낌을 풍기는 건물들이 많다.

카페에 앉아 가벼운 식사를 하며 창밖으로 지나가는 사람들을 무심히 바라본다. 이때 사티아 나델라, 선다 피차이, 아르빈드 크리슈나, 샨타누 나라옌 네 명이 함께 진지한 이야기를 나누며 붐비는 거리를 걷고 있는 환상이 겹쳐진다. 깜짝 놀라 아이스커피를 한 모금 마시며 진정한다. 그러나 창밖에는 나델라와 피차이를 빼다 박게 닮은 이들이 무수히 많다. 진정이 되지 않는다.

이들 네 명은 모두 인도 태생으로 인도에서 대학을 졸업했다. 이후에 미국에서 취업하여 승진하고, 마침

내 최고경영자가 되었다. 그들은 아무런 연고가 없지만 세계 최고의 IT 기업인 마이크로소프트와 구글에서 CEO를 10년씩이나 유지하고 있다. 과연 이들 네 명으로 그칠까? 지금 뭄바이를 바삐 걷고 있는 젊은이들이 장래 굴지 회사의 CEO가 될 듯 느껴진다.

길 위의 단상

불편과 고난 속에도 희망의 씨가 있다. 난제가 산적한 인도에서 화려한 유적과 밝은 미래의 싹을 본다.

8. 남인도의 햇살에서 배운 느긋함

거대한 뭄바이는 복잡하고 부산스러웠다. 악평이 아니라 밀집한 대도시의 자연스러운 속성이다. 다행스럽게도 도시의 저력과 권위가 함께 느껴졌다. 도심의 고전미와 현대적인 발전상은 남쪽으로 갈수록 화려하더니, 뭄바이만의 아폴로 항구에서 극치를 이룬다. 넓은 공원에 인도문이 우람하게 서 있다. 지극히 단순한 대문의 구조이지만 거대하고 안정된 자세, 인도 전통 양식, 바다와 접하는 위치가 적절하여 지나치는 인도인들에게 자긍심을 고취시켜 주는 것 같다. 바로 옆에는 122년 전에 개관한 최고급 타지마할호텔이 있다. 당시 타타그룹 회장이 영국인 관리에게 당한 모멸감을 슬기롭게 극복한 스토리는 유명하다.

아잔타석굴과 서로 가깝게 있는 엘로라석굴의 규모와 문화적 수준은 세계적으로 유명하다. 넓은 인도대륙에서 비교적 근거리에 왔지만 방문하지 못하여 안타까웠다. 대신 뭄바이 항구 앞의 엘러펀타섬에 있는 힌두교 석굴사원에 갔다. 섬은 작지만 6~8세기에 조성된 석굴의 규모는 크다. 내부가 깊어서 자연채광이 부족한데 인공조명은 없다. 자연채광만으로는 조각상, 벽면과 기둥 등을 자세히 볼 수 없어 아쉬웠다.

인류문화유적지에서 흔히 보는 반달리즘의 만행을 여기서도 발견하여 놀라웠다. 타인의 종교에 대한 무조건적인 비난이나 파괴가 자신의 믿음에 대한 확신의 결과일까? 자신의 믿음만 지당하게 옳고 타인의 믿음은 미신으로 여기는 것은 우매하며 해괴하다. 모든 불화와 싸움이 여기서 시작한다. 타 종교에 대한 증오를 조장하는 자칭 지도자들은 종교인의 탈을 쓴 악마들이다.

다시 기차를 타고 남쪽으로 이동하여 아침에 고아(Goa)에 도착했다. 뭄바이가 주도인 마하라슈트라의 남쪽에 고아주가 있다. 마하라슈트라와 비교하여 고아는 면적과 인구가 약 1%에 불과하다. 그런데도 동등하게 별도의 주가 된 이유가 있을까?

당연히 있다. 고아만의 특수성이다. 인도는 영국으로부터 1947년에 독립

했다. 그런데 고아는 무려 450년 동안 포르투갈의 식민지였다. 인도 독립 이후에도 포르투갈이 시대착오적인 고집을 부린다. 독립 14년 후인 1961년에 인도가 고아를 점령하여 뒤늦게 독립을 쟁취했다.

작은 고아는 생존전략으로 휴양지 표방을 내세웠다. 특별한 자연경관이나 유적이 없지만 아라비아해와 만나는 비치와 야자수가 끝없이 계속된다. 인도 전역의 높은 주세에 비해 고아는 낮게 책정했는데, 관광지가 아닌 휴양지 정책은 성공적인 평가를 받는다.

그런데 방문자들이 유념할 사항이 있다. 특별한 활동 없이 오로지 태양과 파도, 바람과 야자수를 벗 삼아 유익한 시간을 보내는 것은 쉽지 않다. 독서나 사색을 하거나 명상과 마음 챙김으로 내면의 대화를 나누는 시간처럼 어려울 수 있다. 사실 아무것도 하지 않고 벽만 쳐다보며 수행하는 것보다 더 어려운 일이 있을까? 그래서 관광보다 휴양이 어렵다. 쉬라고 하면 사람들은 당황하며 곧 싫증을 낸다. 쉬기가 그리 쉽지 않다. 진정한 휴식을 즐기기 어렵거나 화끈한 놀이를 원한다면 고아를 패스하는 것이 나을 듯하다.

고아의 파나지 해변을 떠나 마지막 여행지인 남인도 케랄라주의 코치로 향한다. 거대한 인도대륙의 다양한 면을 한 번의 여행으로 파악할 수는 없다. 인도는 지역에 따라 언어가 다양하기로 유명하다. 가장 기본은 인도아리아어족과 드라비다어족으로 나눈다. 드라비다어족이 인도 남부 네 개 주에 해당하며, 케랄라주가 그중 하나다.

　흔히 볼 수 있는 고푸람은 남인도 드라비다 양식의 다층 탑 형태의 건축물이다. 힌두사원 입구에 세움으로써 문 역할을 한다. 힌두 신화와 신들의 이야기를 보여주는 조각과 문양으로 장식한 종교적 상징물이다. 흔히 원색을 이용하여 지극히 화려해서 이목을 끌지만, 예술성보다는 종교적 서사에 치중하여 과장된 느낌을 주기도 한다.

　코치는 항구도시여서 교량과 선박으로 인근 섬과 연결된다. 이름과 달리 여의도를 섬으로 여기지 않듯이 이곳의 섬들도 선박이 시내버스처럼 자주 운항하여 섬 같지 않다. 물론 교량도 많다.

　코치에서 남쪽으로 한 시간 거리에 알레피 마을이 있다. 이곳은 지대가 낮아서 호수와 배가 다니는 수로 바로 옆에 마을과 도로가 있다. 연중 강수량이 많은 지역인데 장마철에는 어떻게 될지 궁금했다. 바로 옆에 바다가 있어서 비가 많이 와도 수면이 오르지 않는 걸까? 이곳은 차보다 배가 더 많은 듯하다. 관광용으로 배에서 숙식을 하며 투어를 하는 하우스보트도 많다.

　짧은 일정에 시간을 아끼기 위해 침대기차를 이용했다. 새벽에 눈을 뜰 때마다 새로운 풍경, 색다른 문화, 그리고 의외의 장소가 나타나니 마음이 설렜다. 또한 고아의 해변과 알레피의 하우스보트에서는 아무것도 하지 않는 여유로움을 배운다. 정신없이 바빠 뭔가를 했지만 정작 별 의미가 없는 경우가 많다. 아무것도 하지 않을 때 나의 내면과 속삭인다. 나중에 인도를 다시 방문한다면 이번 여행과 정반대로 몇 곳에 오래 머물면서 다양한 면을 살펴보고 싶다.

길 위의 단상

단체 여행상품은 출발부터 도착까지 계획한 세부 일정에 따라 진행된다. 계획이 조금이라도 틀어지거나 예상치 못한 일이 발생하지 않도록 철저하게 관리한다. 반면에 19세기 프랑스 시인이며 소설가인 테오필 고티에는 '현대인의 가장 큰 불행 중의 하나는 예상치 못한 일, 모험의 부재이다.'라고 한탄했다.

#3. 메콩강
흐르는 강물 따라 피어난 희망

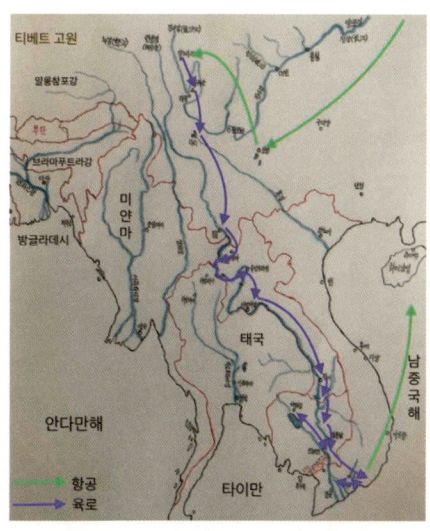

산업혁명이나 IT 혁명이 가져온 변화도 크지만 까마득한 과거에 나타난 농업혁명의 변화는 엄청났으리라 여겨진다. 식량을 얻기 위해 떠돌아다니며 수렵과 채집 생활을 하던 인류가 신석기 시대에 곡물 재배와 가축 사육을 시작한 것이 농업혁명이다. 지역에 따라 긴 시기에 걸쳐 이뤄졌으니 혁명이 아니라 농업을 기반으로 한 정착 생활의 발전이라는 표현이 적절할 듯하다.

메콩강은 여러 나라를 지나며 흐르고 유역의 많은 주민들에게 큰 영향을 미친다. 우리는 강을 따라 이동하면서 오래전부터 여러 매체를 통해 들어왔던 강변의 생활과 이에 따른 독특한 문화의 특징을 보고 싶었다.

1. 다섯 강과 샹그릴라

세계의 지붕이라는 티베트고원은 높기도 하지만 어느 고원보다 더 넓다. 여기에 수많은 호수와 강이 있다. 그중에서 동쪽으로 흐르는 다섯 개의 강이 유별나게 유명하다. 가깝게 흘러도 높은 산과 깊은 계곡 때문에 고원에서는 서로 만나지 못한다. 고원을 벗어나면 가는 길이 더 멀어진다.

수많은 지류를 포함하는 황하와 장강은 중국 대륙을 흐른다. 아주 근접하게 흐르던 란창강은 메콩강으로 바뀌어 베트남의 남쪽 끝으로 간다. 역시 가까이 흐르던 누강은 살윈강으로 이름이 바뀌어서 미얀마의 동쪽으로 흘러 안다만해로 흘러간다.

지형이 매우 험난한 히말라야산맥의 북쪽을 수평으로 가로지르며 동쪽으로 흐르는 강이 얄룽창포강이다. 티베트지역을 지나 인도에서는 브라마푸트라강이라 부른다. 다시 방글라데시의 중앙을 남북으로 관통하다가 저지대 하류에서 인도에서 흘러온 갠지스강과 합류한다. 여기서부터 거대한 삼각주를 형성하여 벵골 만으로 흘러든다.

각기 다른 지역과 국가를 대표하는 다섯 개의 강은 모두 티베트고원에서 발원하여 가깝게 흐른다. 이후 각 행선지에서 많은 지류를 모아 큰 강을 이룬다. 유역에서 농공업용수, 물길 교통망, 어업 등 여러 면으로 주민들에게 큰 혜택을 준다.

메콩강의 상류에서 가깝고, 평소 가보고 싶었던 윈난성의 샹그릴라로 향했다. 샹그릴라는 소설에서 외부와 단절된 낙원으로 묘사된 가상의 지명인데 이상향의 대명사가 되었다. 중국은 산악지대에 있는 윈난성 디칭 티베

자치주의 도시를 샹그릴라로 개칭하여 홍보했다. 고도가 매우 높은 곳으로 우리는 쿤밍에서 비행기로 곧장 날아갔다. 작은 마을이라 공항이 한산하다. 주변의 설산을 둘러보니 소설 속의 아름다운 이상향이라기보다는 훨씬 더 외진 황량한 곳이다.

숙소는 전통 2층 목조건물로 우람한 통나무를 사용하고 있지만 내부는 현대적 시설로 편리하다. 차갑고 건조한 바람이 마을 곳곳에 있는 룽다를 세차게 흔들어댄다. 펄럭이는 타르초가 요란한 소리를 내고 먼지도 날려서 시야를 가린다. 게다가, 고산증으로 속이 거북하고 머리가 흔들거린다. 샹그릴라 이상향이 갑자기 찾아온 이방인을 환영하지 않는 것 같다. 그런데 객잔 여주인이 건네준 뜨거운 전통차를 천천히 마시니 마음이 차분해진다. 오늘은 동네만 둘러보며 쉬기로 한다.

숙소가 두커종고성(獨克宗古城)의 바로 옆이라 관광의 중심인 월광광장이 가깝다. 광장 주변에는 티베트 양식의 건축물들이 어우러져 그럴싸하지만 넓은 이곳에 여행객이 너무 적어서 안타깝다. 이 지역의 고유견인  지 엄청나게 큰 개가 있는데, 아마 유료로 함께 사진을 찍는 모델인 듯하다.

광장 바로 뒤의 야트막한 언덕에 대불사가 있다. 오르는 길의 주변에 타르초가 많아서 마치 티베트에 온 것 같다. 사찰은 작고 조용한데 의외로 거대한 황금색 불탑이 있다. 아래에 손잡이가 있어서 돌리는 형태이다. 거대하여 우리 둘의 힘으로는 꿈적도 하지 않는다. 광장을 내려다보며 사진을 찍고 있던 중에 중국인 10여 명이 왔다. 우리도 이들에 끼어서 불탑을 겨우 돌렸다.

고도가 3,200m가량이어서 하루가 지나야 적응이 되었다. 그 후 이곳에서 인기 있는 송찬림사와 나파해 초원을 둘러보는 투어에 참가했다. 송찬림사는 가까운 위치인데 티베트의 사찰 같은 느낌이다. 투어의 속성으로 피상적인 관찰에 그쳐서 안타깝다. 내부에서 지나치는 승려들과 대화는커녕 눈마주침도 거의 없다. 그렇다고 장시간 머물 수도 없으니 깊은 이해에 도달할 방도가 없다. 여기까지 왔지만 거실에 앉아서 랜선여행을 하는 것과 어떤 차이가 있을까? 지식이 없으면 살펴보아도 이해가 어렵다는 사실을 절감한다. 여행보다 훨씬 중요한 것은 사전 지식과 이해다. 준비 없이 방문하여 현지 문화를 손쉽게 알고자 함은 콩밭에서 두유를 찾고, 돈사에서 삼겹살 구이를 찾는 꼴이다.

나파해는 고원 분지에 자연스럽게 형성된 습지초원이다. 넓은 초원에서

샹그릴라 북쪽에 있는 쑹찬린스 (松贊琳寺)

소와 말들을 방목하고 철새들이 오간다. 우기에는 호수가 바다처럼 넓어져서 나파해라 부르지만 바다와 전혀 상관없다. 고산으로 둘러싸인 초원이라 근처의 포장도로 외에는 인위적인 면을 찾아볼 수 없다.

단지 광활한 초원과 자연스러운 호수가 장엄하다. 비슷하게 보이는 유명한 알프스의 호수와는 느낌이 전혀 다르다. 마치 열대우림에서 만져보는 코코아나무의 열매와, 벨기에의 명품 초콜릿 가게에서 판매하는 포장된 상품의 차이라 할까?

샹그릴라의 서쪽 25km 지점에서 진사강이 흐르며 곧 호도협에 이른다. 바로 옆에 평행한 협곡으로 란창강과 누강이 흐르지만 높은 산맥이 그 사이에 있어서 서로 만날 수가 없다. 이것이 바로 윈난 3강(싼장빙류)이다. 바로 옆에서 흐르는 세 강은 각각 장강, 메콩강, 살윈강이 되어 아주 멀리 헤어진다.

길 위의 단상

형제자매도 장성하면 흔히 멀리 헤어져 지낸다. 인생에서 이웃사촌, 직장 동료, 가까운 친구는 형제 못지않은 동반자이다.

2. 리장에서 배운 환대의 힘

새벽에 샹그릴라에서 리장으로 내려가는 버스를 타기 위해 서둘러 터미널로 갔다. 진사강의 호도협과 옥룡설산 트레킹 코스가 리장에 도착하기 한 시간 전 지점에 있다. 옥룡설산 차마고도 트레킹은 도중에 객잔에서 유숙하는 이틀 코스이다. 먼저 트레킹 시작점에서 하차하여 입산 표를 구매한다. 불필요한 여행 가방을 버스에 남겨두면, 기사가 트레킹 코스 끝에 있는 '티나 게스트하우스'에 맡겨준다. 세계 어느 곳에서도 이런 맞춤형 서비스를 제공하여 고객에게 감동을 주는 경우를 보지 못했다.

둘째 날 오후 2시 무렵에 1박 2일 트레킹을 마치고 티나에 도착했다. 가지런히 놓여 있는 가방 중에서 우리 것을 보니 반갑다. 여기서 리장으로 내려가는 버스를 기다리며 늦은 점심을 먹는다. 사실 티나에서 하루도 묵지 않으면서 짐 보관 서비스를 받은 셈이다. 기사의 친절과 티나 객잔의 배려가 지역 전체에 대한 평가에 큰 영향을 줄 것 같다.

버스를 타고 티나에서 내려오는데, 어제 훨씬 높은 차마고도 길을 걸을 때도 알지 못했던 공포와 스릴을 느낀다. 아래쪽 진사강의 거친 물결을 보지 못하고 위쪽의 설산 봉우리만 쳐다본다.

리장고성은 무척 아름답고 잘 꾸며져 있다. 여행자들이 몰려들 수밖에 없게 매력적이다. 규모도 매우 클뿐더러 여행자가 원하는 수준 이상의 다양성을 갖추고 있다. 까다로운 성격의 손님도 만족시킬 수 있을 듯하다. 한산

했던 샹그릴라와 달리 리장은 관광객으로 넘친다. 그들의 표정에는 행복과 즐거움이 가득하다. 과연 어떤 매력 때문일까? 행복은 주관적이어서 견해가 다양하리라. 그렇지만 리장은 자연과 인공, 거대하고 세밀함,

전통과 현재, 분주한 낮과 화려한 밤, 골목의 개울과 거대한 설산, 투박한 전통시장과 세련된 맛집 등 상반되는 것이 모두 공존한다. 이런 리장의 완벽함이 어디에서 출발했는지 궁금했다.

리장고성은 내부의 관광자원도 풍부하지만 외부 자원도 막강하다. 고성 한쪽에 전통시장이 있는데 큰 규모에 상품도 다양하다. 꾸미지 않은 주민들의 실생활을 접할 수 있다. 조금 떨어진 시내에 위치한 흑룡담공원도 아늑해서 천천히 걷거나 벤치에 앉아만 있어도 행복해질 수 있는 경관이다. 마치 자주 방문한 것처럼 편안했다.

시내에서 불과 20분 거리에 있는 케이블카를 타고 빙하 근처까지 높이 올라갔다. 곧바로 웅장한 설산을 접한다. 바로 아래에는 이런 배경 속에서 진행하는 대규모 전통 야외극이 있다. 무대부터 객석까지 수백 명  이 말을 타고 달리는 압도적인 공연 규모에 놀란다. 물론 자연경관을 천천히 둘러보며 나시족 전통마을에서 다양한 체험을 즐길 수도 있다.

여행상품이 다양하고 훌륭한 내용을 갖춰 고객이 감동하니 리장은 성공할 수밖에 없다. 손님이 적다고 한탄할 것이 아니라 손님들이 좋아할 여러 이유를 만들어야 함을 보여준다.

한국 여행자들 사이에서 인기가 높은 게스트하우스에서 머문 적이 있다. 사흘 동안 머물면서 인기의 이유를 찾아보았다. 근처 숙소에 비해서 낡은 건물이고 중심지에서 멀어 불편하다. 특히 길고 좁은 골목 안에 있어 택시

접근이 불가능하고 초행길에 찾아가기도 어렵다. 그러나 주인은 확실한 장점을 제공한다. 저렴한 비용이다. 또한 깨끗이 사용하는 조건으로 자유롭게 취사를 할 수 있는 주방이 있다. 조리의 자유를 제공하여 장기고객을 확보한다. 식료품을 사다가 본인 입맛대로 음식을 만들어 먹는 장기투숙객들이 많다. 숫제 김치와 깍두기를 직접 만들어 먹기도 한다.

청결은 한국인의 장점이다. 머무는 동안 주방과 식탁에서 빵 부스러기 한 톨도 볼 수 없었다. 한국 사람만 투숙하는 것이 아니지만 워낙 완벽하게 청결을 유지하니 다른 나라 손님들도 따를 수밖에 없다. 심지어 고양이 출입을 막는다고 마지막 이용자는 창문을 모두 닫고 퇴실해야 한다는 규칙이 문에 적혀있다. 이런 여행자들이 여행 정보에 큰 영향을 미쳐 파급효과도 크다. 이 숙소는 거의 항상 만실이다. 빈방이 나올 때까지 근처 숙소에 머물면서 기다리는 경우가 많다고 한다.

리장에서 즐겁게 지내는 동안 메콩강에서 멀어졌다. 다음 행선지는 도심에 란창강이 흐르는 징훙이다. 다만 거리가 멀어서 교통편이 간단하지가 않다. 먼저 기차를 타고 따리로 간다. 따리도 크고 멋진 도시라 고성도 멋있고 볼거리가 많다. 리장에 가지 않았다면 이곳이 최고라고 여겼을 듯하다. 얼하이와 함께 주변의 풍광도 빼어나다. 특히 대단한 인물인 양리펑의 고향이 아닌가!

다시 따리에서 버스를 타고 보이차의 고장인 푸얼시로 간다. 널리 알려진 명성에 비하면 깊은 산속에 있는 마을이다. 차나무를 많이 재배하니 어쩔 수 없는 환경이다. 드디어 징훙에서 란창강을 만난다. 상류지만 물길이 커서 커다란 화물선들이 강 따라 왕래한다. 국경이 가까우니 이제 곧 란창강이 메콩강으로 바뀐다.

　징훙은 태국계인 다이족이 많다. 건물 양식과 옷에서 느껴지는 감각이 마치 깔끔한 방콕 같다. 건물 입구에 코끼리 상이 많고, 화려한 다이족 고유의 상을 입은 여성들이 많다고 해도 징훙은 중국이다. 둥근 타이 글자가 간판에 병기되어 있지만 한자가 훨씬 크게 적혀있다.

　여기서 라오스로 출발하는 버스는 대부분 휴식과 평화의 상징인 루앙프라방으로 간다. 그러나 우리는 국경을 통과하여 곧 도착하는 무앙나모에서 내린다. 이유는 단 하나. 메콩강을 따라 배로 천천히 이동하는 '메콩 크루즈'를 체험하기 위해서다.

　여기는 너무 작은 마을이라 마을버스를 타고 가까운 루앙남타로 갔다. 긴 이동에 지쳐서 그럴싸하게 보

이는 숙소에 들어가서 쉰다. 국경에서 가까운 곳이라 고도가 높은 산악지대다. 부근에서 그나마 분지가 넓어서 가장 큰 마을이 된 듯하다. 아쉽게도, 평화로운 마을이라는 일반적인 칭찬 이외에 보탤 것이 거의 없다. 내일 아침 식사 후에 버스를 타고 서쪽 훼이싸이로 이동해야겠다.

3. 편리함보다 체험을 선택하다

훼이싸이는 라오스와 태국의 북부를 잇는 국경 도시이다. 예전에는 건너편 치앙콩에서 작은 배로 5분이면 국경인 강을 바로 건넜다. 그런데 부근에 큰 교량이 건설된 이후로 외국인은 배를 타고 국경을 건널 수 없다.

루앙프라방까지 가는 버스가 훨씬 빠르고 편리하기 때문에 우리처럼 배를 타려고 라오스 북부에서 훼이싸이로 오는 여행객은 거의 없다. 대부분은 태국 치앙센에서 골든 트라이앵글 투어를 마치거나 치앙마이와 치앙라이를 거친 여행자들이 라오스 여행을 시작하기 위해 치앙콩에서 교량을 건너온 경우이다. 메콩강이 양국의 경계를 따라 흐르다가 라오스로 들어오기 때문에 여기서 루앙프라방까지 가는 '메콩강 크루즈' 선착장이 라오스 쪽에 있다.

빨리 가는 소형 스피드보트도 있지만 크루즈 성격으로는 이틀 동안 천천히 움직이는 슬로우보트가 제격이다. 기다란 형태의 보트는 대형 시내버스처럼 2+3 좌석이 빽빽하다. 선장이 앞에 타고 맨 뒤에는 매점, 화장실, 짐칸, 시끄러운 기관실이 차례로 있다. 물길을 이용하는 교통수단이란 점에서 인근 주민들에게 일종의 버스인 셈이다. 그런데 도중에 타고 내리며 짧게 가는 주민들은 적고, 출발지에서부터 종착지인 루앙프라방까지 가는 외국 여행자들이 대부분이다.

오전 11시에 출발한다고 입간판에 페인트로 적혀있다. 그러나 중요한 것은 치앙콩에서 몰려드는 손님들이다. 100명가량 탑승하는데 이들이 배를 타지 않으면 출발할 수 없다. 30분 정도 늦는 일이 흔해도 재촉하지 않는다. 앞으로 계속 배에서 지낼 시간이 길기 때문이다.

차라리 긴 시간 동안 무엇을 할지가 중요하다. 옆 승객들과 어떻게 지내고 주변에서 무엇을 관찰하여 여행의 소득으로 챙길 수 있을까? 간식은 무엇으로 때우고 무료함은 어떻게 극복할지가 당면과제다.

일생 처음인 메콩 크루즈를 계획하고 이곳까지 왔을 때는 설렘이 있지 않았을까? 그렇지 않고는 훨씬 빠르고 저렴한 버스 대신에 느린 배를 선택할 이유가 없다. 편안한 버스가 아니라 슬로우보트를 선택한 진정한 이유가 무엇일까?

그것은 체험 때문이다. 좋은 화질의 멋진 사진들이 많다. 예로, 내셔널 지오그래픽에서는 사진 전문가들이 특수지역에서 놀랄 만한 사진을 많이 촬영한다. 편하게 거실 소파에 누워 아마존 정글이나 사하라사막의 세부적인 면을 자세히 감상할 수 있다. 그런데도 땀 흘리고 모기에 시달리면서 왜 여행을 갈까?

아무리 경이로운 영상도 결국 이미지일 뿐이다. 이미지 속에는 자신의 계획이나 실행, 후회와 추억, 고달픔, 기쁨, 냄새, 중력, 가려움과 속 쓰림, 뜻하지 않게 만난 친절, 외로움이나 공포 등 어떤 것도 없다. 오로지 화질을 결정하는 수많은 픽셀만 있다. 그러나 체험에는 보이지 않는 이 모든 것이 고스란히 배어있다. 사라질 듯 어렴풋할지라도 가슴과 뇌 어딘가에 숨어있다. 그렇다. 사소하고, 시답지 않고, 심지어 불만스럽고 짜증 나는 것이라도 멋진 것과 함께 여행에서 체험하고 싶다. 불만스러웠던 경험은 체험과 추억을 더욱 맛깔나게 만드는 양념이 되기도 한다. 사소하거나 짜증 나게 했던 일이 기억을 더 생생하게 만들고 나중에 더 큰 추억으로 남는다.

기막히게 감동적인 여행지의 고급 식당에서 비싼 음식을 먹던 기억은 일상으로 돌아온 이후에 기쁨이 될까? 아니면 평소 일상에서 먹는 식사를 오히려 초라하게 만들어 우리를 짜증 나게 할까? 세계 여러 곳에 있는 유명 미슐랭 스타 식당의 가격은 놀랄 만큼 높다. 특별한 장소에서 절경을 감상하며 좋은 음식을 즐기려는 소비자가 많을수록 자연스럽게 높은 가격이 형성된다. 귀한 식재료, 셰프의 창의적 요리, 품격 높은 장소, 세계적 인증과 평판으로 가격이 매겨진다. 더구나 초고가 상품에는 흔히 명품전략을 사용한다. SNS를 매체로 자신의 허영심을 지인들에게 노출하려는 소비자가 많아질수록 터무니없이 비싼 가격이 형성된다. 그럼에도 남들의 칭찬과 환호를 갈망하며 사진을 찍어 올리는 허황된 사람들이 분수에 넘치는 매장에 줄을 선다. 어처구니없는 가격이 적정가격으로 탈바꿈된다.

가격이 비싸다는 불만은 제공하는 가치와 향유하는 가치의 괴리이다. 고급 식자재, 요리 솜씨, 주변 환경과 연출된 분위기, 이용자의 허세 등의 가치를 소비자가 충분히 받아들이지 못하면 불만이 생긴다. 모든 가격에는 실제 가치에 허세의 가치가 더해지는데, 갈수록 SNS 영향으로 허풍의 가치가 증가하는 듯하다.

메콩강의 슬로우보트 크루즈 후기를 보면 무료하고 불편했다는 불만이 많다. 그들이 과연 바쁜 사람들이거나, 아니면 이틀 동안 편안한 여행을 즐길 정도의 요금을 지불했을까? 만약 애당초 바쁜 사람이면 빨리 갈 수 있는 버스를 선택했어야 한다. 누가 보트를 선택했던가? 바로 불평을 하는 그들 자신이다. 불편한 여행수단? 이틀 동안 배를 타는 값이 22만 라오스 킵이다. 우리 돈으로 대략 15,000원이니 시간당 1,000원이다. 1,000원에 가방을 맡기고, 좌석을 배정받아 여행을 하면 충분하다. 어떻게 더 많은 서비스나 안락함을 바랄 수 있을까.

크루즈에서 무료함을 느끼는 것은 시간 관리를 못한다는 반증이다. 할 일이 없으면 누구든지 어디에서나 무료하다. 풍경을 보면서 생각을 정리하고 여행 일지를 기록하면 어떨까. 음악을 듣거나 명상으로 마음을 다스려볼 수도 있다. 타 문화에 관심을 두고 모르는 옆 사람과 대화를 하며 다른 의견을 경청하는 기회를 갖는 것도 바람직하다. 바쁜 일상에서 벗어났으니 무념무상에 빠져보는 것도 좋다.

200년 전에 찰스 다윈은 22세에 비글호를 타고 탐험을 떠나 4년 9개월 만에 귀국했는데, 메콩 크루즈는 겨우 이틀이다. 그런데도 지루하다고 자신이 선택한 결과에 투덜댄다. 평생 다시 찾기 어려운 크루즈 환경이니 긍정적인 활동을 시도하는 것이 좋겠다.

예전에 베트남 전쟁 중에 포로로 잡혀 구금된 미군 사례가 많다. 최악의 사태에 슬기롭게 대처하여 건강하게 귀국한 스토리가 적지 않다. 그중에서 잘 알려진 사례가 '상상 속의 마음훈련'이다. 온갖 벌레 속에서 뒤척이기도 힘든 좁은 공간에서 7년을 보낸 생환자는 전쟁 전에 가끔 즐기던 골프를 날마다 즐겼다고 진술했다. 비록 몸은 꼼짝할 수 없었지만 구부정

히 누워서 오로지 상상 속에서 걷고, 자세를 취하고, 스윙을 했다. 마음속으로 필드의 바람을 느끼고 새 소리를 들었다. 사지를 펼 수도 없지만 정교한 타격을 위해 최선의 스윙 템포와 리듬을 생각했다. 7년 동안 비좁은 곳에 구금되어 아무도 만나지 못한 채, 취침시간 외에는 계속 골프스윙을 연마하고 몰두했다. 종전 후 그는 드디어 집으로 돌아왔다. 7년 동안 날마다 투덜댔다면 생환할 수 있었을까?

4. 라오스, 매력에는 양면이 있다

월요일 아침이면 휴대폰 알람을 꺼버리고 10분만 더 자고 싶다. 출근길에 늦을까 봐 마음 졸이는 5분은 정말 아슬아슬하다. 우리는 자주 5분이나 10분 싸움에 허덕인다. 그런데 보트에서 웬 시간의 풍년인가! 길고 긴 시간의 사치다. 이리 쓰고 또 저리 보내도 시간이 남는다. 바쁜 일상을 돌이켜보며 쓴웃음을 짓는다. 그래, 부족과 넘침은 한 끗 차이야.

미국 남부에서 초대형 크루즈 선박을 타고 쿠바에 갔던 때가 떠오른다. 크루즈 비용에는 식음료 전체가 포함되어 있는데, 규모가 큰 뷔페식당 두 곳이 24시간 내내 운영한다. 수영장 옆에 있는 아이스크림 코너의 아가씨는 지나칠 때마다 퍼준다. 다이어트를 계속 중얼거리면서도 각종 음식이 목구멍으로 넘어간다.

중간층에 배 주변으로 쿼터 마일 조깅 데크가 있다. 캐리비안 망망대해를 바라보며 무심하게 트랙 위를 열심히 뛴다. 과잉 칼로리를 태우려고 애를 쓰지만 쉽지 않다. 수많은 고급 음식이 모두 공짜라는 유혹을 이겨내는 것은 돼지가 다이어트를 하는 것처럼 어려웠다. 연일 계속 흡입하는 음식은 매일 힘들게 뛰는 조깅에도 불구하고 나를 통통한 돼지로 만들었다.

훼이싸이에서 보트를 타기 전에 준비한 라오스 바게트 샌드위치, 에너지바, 땅콩, 배에서 사 먹은 컵라면과 과자 등은 그야말로 빈자의 식사다. 24시간 운영하는 크루즈 뷔페에서 수시로 먹는 푸짐한 음식은 돼지의 향연이다. 둘 중에서 어느 것이 나을까?

시간의 부족과 넘침, 싸구려 음식과 억제가 힘든 과식, 업무와 회의로 빈틈없는 일정과 무한의 자유 등 극도로 상반되는 면을 슬로우보트에서 경험하고 비교해 본다. 극단적인 대비에서 장점을 취하는 슬기가 필요하다.

루앙프라방은 고요와 평화의 도시다. 어느 골목을 걷고 어떤 카페에서 주변을 살펴보든, 항상 조용하고 깔끔하다. 적막하지 않은 고요, 부산하지 않은 다정함이 도시 전체를 품고 있다.

푸시산에 오르거나 근교의 꽝시폭포에 가도 분위기가 별반 다르지 않다. 새벽에 탁발 행렬을 보거나 해 질 무렵에 배를 타고 화려한 석양을 즐겨도 분위기가 비슷하다. 역시 루앙프라방은 휴식과 명상의 도시다. 해가 지기 전부터 시작하는 야시장은 다양한 소품들을 구경하는 사람들로 다소 흥겹다. 특히 먹거리 쪽은 요란스럽다. 성찰과 명상에 빠지더라도 식사 시간은 여럿이 함께 즐거워야 한다.

취향에 따라 다르겠지만 우리에게 가장 큰 호감을 준 두 가지가 있다. 하나는 큰길 사이로 나 있는 작은 골목길이다. 마트에 잔뜩 쌓여있는 두부처럼 아파트의 집들은 획일적이다. 그러나 이곳은 집집마다 조금씩 다르게 꾸민 정원, 아담하며 다양한 주택 모습이 산뜻하며 정답다. 깔끔하게 정리된 주변, 새 소리 외에는 고양이와 강아지마저 조용한 분위기가 더없이 아늑하다.

둘째는 강변을 걸으면서 언제나 들를 수 있는 카페다. '다정하다.' 이 한마디 외에 덧붙일 단어가 필요할까? 들어서면 다정한 미소에 저절로 푸근해진다. 다정한 분위기와 향취에 휩싸이고 빠진다. 우리나라에도 카페가 많은데 어떤 차이가 있을까? 우리는 멋진 아바타 로봇이 손님을 기계적으로 응대하며 판에 박힌 라떼 아트를 그려 주는 꼴이다.

반면, 여기서는 커피의 향기, 작은 쿠키 조각, 옆에 흐르는 강물, 다정한 인간미가 트레이에 함께 나온다. 무엇을 거래하든 인간의 다정함이 빠지면 공장에서 대량 생산하는 싸구려 라면이나 캔 커피가 된다. 라면을 먹고 캔 커피를 마시더라도 중요한 것은 다정한 마음과 풍요로운 인간성이다.

남쪽으로 이동하여 방비엥의 방갈로 숙소에 머물렀다. 다양하게 꾸민 꽃밭과 넓은 풀밭이 인상적이다. 루앙프라방보다 작은 마을이라 더 한적하다. 그러나 젊은이들을 대상으로 하는 프로그램이 많아서 젊은 여행자들이 압도적으로 많다. 우리는 굳이 카약이나 튜브를 타고 강을 따라 흘러가는 놀이를 하지 않았다. 이미 메콩강물은 우리 기억에 넘치게 많다. 더구나 숙소의 자연환경이 매우 좋아서 맨발로 풀 위를 걷는 것만으로도 행복했다.

비엔티안은 수도답게 크고 번잡했다. 물론 거대 도시는 전혀 아니다. 그렇지만 라오스의 장점인 고요와 평화 대신에 어수선하고 지저분한 큰 도시의 단점을 흉내 내고 있다. 안타까웠다. 둘러본 메콩강변의 야시장은 매점이 무척 많지만 싸구려 중국 물건들이 주인 행세를 하고 있다. 루앙프라방 시장처럼 인근 소수민족들이 만들거나 재배한 상품과 다르다.

   시내 중심에 있는 빠뚜싸이 독립기념문에 올라가서 시내를 둘러본다. 그리 높지 않지만 조망에 불편하지 않다. 그러나 뭄바이 인도문에서 보았던 장중함이나 정교한 디테일을 찾기 어렵고, 앙코르와트 구조물과 석조 부조의 정밀성과도 비교할 수 없다. 오랜 식민지 시대를 청산하고 현재도 막강한 나라에 둘러싸인 라오스 사람들이 독립정신을 잘 새기면 좋을 듯하다.

   비엔티안에서 남쪽 팍세까지는 장거리 이동이라 침대버스를 이용했다. 통로 좌우로 네 명이 자는 좁은 침대가 2층으로 되어있다. 한참 달리다가 밤중에 한 곳에서 오래 쉰다. 우리도 식당에 들어가서 늦은 저녁 식사를 했다. 다시 중간에 쉬었는지 기억에 없다. 잠에 빠졌다가 눈을 떴을 때는 이미 새벽이고 팍세에 도착했다. 정신없이 버스에서 내리는데 뚝뚝 기사가 우리를 붙잡는다. 다가와서 가방을 들어주니 뚝뚝만큼 편한 교통수단이 있을까! 넓지 않은 팍세에서 기사가 달리더니 금방 호텔 문 앞에서 내려준다. 탱큐!

   팍세는 메콩강변에 있지만 동쪽으로는 산지다. 그리 크지 않지만 남부지역의 대표 도시다. 볼라벤고원 부근에는 커피농장이 많고 생산량이 많다. 그러나 압도적으로 규모가 큰 베트남의 커피산업에 묻혀서 힘을 쓸 수가 없다. 라오스는 동서로 인접한 베트남과 태국의 경쟁 대상이 되지 못한다. 두 나라 그리고 멀리 중국에서 많은 공산품이 밀려 들어오니 당해내기 어렵다. 어디에서나 볼 수 있는 라오맥주 외에는 다른 공산품이 보이지 않는다. 겉으로는 한없이 평화로운 라오스지만 커다란 비극이 기저에 깔려있다.

라오스의 마지막 여행지인 사천섬으로 이동한다. 그중 하나인 돈뎃섬으로 들어갔다. 비슷하게 보이는 숙소 중 식당을 겸하는 곳의 방갈로에 머물렀다. 조그만 다섯 개 구조가 서로 독립적인데 손님이 우리뿐이라 미안했다. 다른 식당에 가지 않고 이곳에서만 계속 사 먹었다. 가격도 엄청 저렴하다.

사실 사천섬이란 지명을 들었을 때 허풍이라고 생각했다. 뚝섬과 여의도가 섬이 아니듯이 강 가운데 있는 이곳에 섬이 있을 수 없다. 그러나 이런 지리적 사실은 여행자에게 전혀 중요하지 않다. 얼마나 주변을 즐기며 다양한 문화를 체험하는지가 관건이다. 도로가 없어 배를 타고 이동하며 물고기를 잡아 생계를 유지하니 모두 섬인 셈이다. 섬에서 농사도 짓고 섬 사이에 폭포도 있다. 우리는 유유자적한 이곳에서 물과 바람을 즐긴다. 아주 평화스럽다.

많은 것들이 강물처럼 흐른다. 세월도 흐르고 새도 날아간다. 공기가 흐르듯 옆자리 직원도 이직하거나 새 인생을 찾아 떠난다. 친구도 이민을 가거나 저세상으로 간다. 흘러가는 강물이 기약 없듯이 우리들의 흔한 약속도 모두 부질없는 듯하다. 나중보다 지금 서로에게 잘하라고 사천섬의 메콩강 물이 끊임없이 소곤거린다.

> **길 위의 단상**
>
> 강물은 모든 것을 포용하듯 흘러 들어온 것과 함께 흐른다. 여기서 어부는 물고기를 낚아 올린다. 엄청난 정보의 흐름 속에서 나는 무엇을 건져 올리고 싶을까?

5. 혼돈의 시장, 눈을 뜨다

시판돈 강물에 부레옥잠이 수없이 떠내려간다. 한번 떠난 부레옥잠을 다시 만날 수 있을까? 물론 또 다른 옥잠이 내려오겠지. 지나간 어제는 다시 올 수 없다. 또 다른 날인 내일이 오지만 완전히 같을 수 없다.

흘러가는 강물만 이틀째 보고 있으니 모든 것이 흐르는 듯 여겨진다. 우리는 단 이틀 머물지만 평생을 강에서 지내는 주민들은 어떤 생각일까? 숙소 주인은 우리를 잠시 땅에 걸려 있다가 다시 흘러가는 부레옥잠으로 여기겠지.

사천섬 여러 곳에 흩어져 있던 여행자들이 육로를 통해서 캄보디아로 가기 위해 다시 모여든다. 다들 머문 날짜가 다르겠지만 작은 배를 타고 떠났던 나카송 선착장으로 돌아왔다. 바로 옆에 있는 버스 정류장에 모여 국경을 통과할 준비를 한다. 이때 한 남자가 나타나더니 서류를 나눠준다. 버스 기사는 아닌데 누굴까? 잠시 후에 작성한 종이를 수거하더니 여권까지 모은다. 도대체 누군데 이런 공터에서 중요한 여권을 맡길까?

미리 약속이 된 듯 다들 자연스럽게 여권과 돈을 건넨다. 짐작에 동네 어깨들이 신속한 서류처리와 통관을 보장하는 대신에 급행 수수료를 걷는 모양이다. 마치 로마법처럼 이곳의 관행으로 여겨진다. 쓸데없는 의심을 물리치고 우리도 여권과 돈을 준다.

여행자들은 대부분 서양 젊은이들인데 문신을 하거나 피어싱을 한 청년들도 많다. 출입국사무소가 아닌 길거리에서 여권과 돈을 수거하는 것은 관행이나 현지 사정으로 볼 수도 있지만 부정거래임이 확실하다. 보통 히피나 피어싱은 관례에 순종하기를 거부하는 성격으로 알고 있던 나는 놀랐다. 어떤 이유인지 그들은 전혀 거부 의사를 보이지 않고, 오히려 우리보다 순종적이다. 만만한 것에만 심술부리고, 피곤할 성싶은 일에는 순종하는 듯 보인다.

출국 수속을 마치고 약 200m 거리에 있는 캄보디아 입국사무실로 갔다. 대기자가 대략 서른 명가량인데 창구를 열지 않아서 하염없이 기다린다. 더운 땡볕에 지쳐서 모두 그늘을 찾아 흩어진다. 의례 그런 듯 나무 그늘 아래에는 간단한 먹거리를 파는 행상인도 있다. 심지어 땅바닥 장작불 화로에서 음식을 만드는 상인도 있다.

우리는 화가 나서 어쩔 줄 몰랐다. 우리나라에는 잠시 걷는 횡단보도에도 그늘막이 있다. 입국하려는 외국 손님을 이렇게 땡볕 아래 천대하다니, 캄보디아 공무원들의 자세를 비난하며 흥분했다. 그러다가 그늘에 흩어져 있는 다른 대기자들을 보고 놀랐다. 모두 제 할 일을 하며 무표정하게 기다린다. 먼지 날리는 땅에서 몹시 꾀죄죄한 음식을 사 먹기도 한다. 우리처럼 분개한 표정이 전혀 아니다.

어찌 된 일일까?

우리는 마땅히 화를 내야 할 상황이라고 믿는데, 훨씬 젊은 청년들은 세상 모든 일에 달관한 듯 전혀 개의치 않는다. 혼란스러운 마음에 치미는 화를 겨우 억제하고 있는데, 갑자기 사무실 문이 열린다. 뜻밖에 수속은 간단하고 신속했다. 금세 모두 나와서 다시 버스를 탔다.

우리는 국경을 지나서 만나게 되는 첫 번째 마을에서 하루 머물기로 했다. 그곳은 스텅뜨렝이다. 버스 기사에게 미리 말했더니 한 시간 후에 내려준다. 다들 깜퐁참이나 프놈펜까지 가는지 내리는 사람이 우리 외에 없다. 그런데 스텅뜨렝 시내가 아니라 외곽에 있는 큰 도로에서 내려주었다. 그렇게 흔하던 뚝뚝이나 택시는 보이지 않고 오토바이만 지나다닌다. 할 수 없이 주민 오토바이 두 대를 세워서 각각 얻어 타고 왔다.

스텅뜨렝은 메콩강과 세콩강이 합류하는 곳에 있지만 세콩강에 가깝다. 시내 중심에 아주 길게 중앙공원이 있는데 세콩강에 있는 선착장에서 끝난다. 그곳에 끄룻 원형교차로가 있다. 끄룻은 비슈누 신이 타고 다닌다는 새 이름이다.  이곳에서는 선착장이 중요하기 때문에 끄룻 교차로가 스텅뜨렝의 중심지다. 우리는 부근 숙소를 선택했다. 넓은 입구는 창고 역할을 하고, 숙소는 2층부터 있다. 중심지의 넓은 길에 있어서 수시로 화물을 보관하고 옮기는 듯하다.

다음 날 아침 일찍 프놈펜으로 가는 버스를 탔다. 선착장에서 배를 타고 도중에 있는 마을을 모두 거쳐서 프놈펜으로 가는 방법도 있다. 승객과 화물이 섞여 있는데 실제로는 화물선에 가깝다. 당연히 버스보다 훨씬 느리지만 현지 실정을 생생하게 직접 체험하는 '리얼 메콩 크루즈'가 된다. 우리는 짧은 구간만 배를 이용하고 다시 버스를 타는 절충안도 고려했다가, 결국 한 번의 버스로 프놈펜까지 가는 편한 길을 선택했다. 나중에 짧은 구간마저 배를 타지 않았던 것을 두고두고 후회했다.

프놈펜은 큰 도시다. 오늘 달린 길이 캄보디아에서 주요 고속도로 중의 하나인데도 편도 일차선이라서 도중에 멈춰있는 경우가 많았다. 프놈펜에 가까워지자 정체가 더 심했다. 예상보다 시간이 훨씬 더 걸렸다.

커다란 시장 옆에 있는 버스터미널 부근은 극심한 혼돈을 보여준다. 프놈펜의 복잡하고 혼란스러움이 이방인에게 압박감을 준다. 혼란도 체험일까?

'기술보다 체력이 우선이다.'라는 체육지도자의 말이 떠오른다. 체력이 바닥 나면 기술을 발휘할 수 없다. 마찬가지로 여행도 체력이다. 체력이 뒷받침 되어야 여행도 즐겁다. 중고교에서 영어나 수학보다 체육과 말하기를 더 중요하게 다루는 진정한 교육은 언제쯤 실현될 수 있을까?

지친 우리는 고개만 돌려서 가까운 호텔을 찾았다. 체험보다 휴식이 급선무였다. 두어 시간 정신없이 잤을까? 밖을 내다보니 벌써 어둠이 깔리고 있다. 부근 시장이 불빛으로 화려하다. 어둠은 숨길 것을 가리고 불빛은 필요한 것만 부각시킨다. 그렇게 지저분하게 보였던 시장이 이제는 아름답게 변해 있다.

이렇게 변한 이유가 뭘까? 수많은 불빛의 마술일까! 아니면 피곤을 씻어내고 잠으로 생기를 되찾은 내 눈이 변해서일까?

이건 또 뭐야! 예쁘게 변한 과일 시장 옆에서 연기가 피어오른다. 냄새도 구수할 듯하다. 낮에 없었던 먹자수레들이 시장 옆에 진을 치고 있다. 사람들도 엄청나게 많아졌다. 혼잡하기는커녕 다정하게 느껴진다. 갑자기 배가 고파졌다. 그래, 오늘 식사는 바로 여기야!

6. 미소가 미소를 불러오다

앙코르와트의 높은 수준은 오랫동안 인도차이나반도의 주도권을 쥐었던 크메르제국의 번성을 증명한다. 인류문화 최고의 걸작을 남겼으니 당시에 얼마나 융성했는지 짐작하고도 남는다. 그러나 제국이 멸망한 이후 크메르인들은 쇠락했다. 특히 1975~1979년 사이에 폴 포트가 이끄는 크메르 루주가 자행한 학살 사태는 너무나 끔찍하다. 전쟁이 아니라 이념에 미쳐서 자국민의 25%를 학살했다. 극단적인 공산주의 이념에 빠져 집단으로 악마가 된 꼴이다. 희생된 200만 영혼이 용서할 때까지 가해자 측은 고개를 들 수 없다.

인간의 행복을 위한다는 이념 아래 외골수로 잘못 빠져서 스스로 함정에 파묻힌 꼴이다. 특기할 사항은 여타 모든 이념에 심대한 경고를 남긴 점이다. 200만 명의 유골이 주는 경고다.

앙코르와트 유적을 보기 위해 세계 도처에서 관광객이 몰려든다. 우리도 프놈펜에서 시엠립으로 왔다. 유적을 이루고 있는 수많은 작품을 보면 정교함과 높은 예술적 수준을 헤아리기 어렵다. 진정 감탄스럽다. 캄보디아를 넘어 세계 문화유산으로서 제대로 보존할 필요가 절실하다. 누구에게나 전체를 개방하기 때문에 도저히 묵과하기 어려운 비상식적인 행태를 자행하는 경우가 있다. 덥다는 이유로 유적 부조에 기대어 휴식을 취하거나, 심지어 유적물 위에 누워서 잠을 자기도 한다. 꿈속에서 당시 크메르 장인들과 대화를 나누는 걸까? 유적지 내에서 음식물 섭취나 오물이 묻은 손으로 문화재를 만지는 행위가 너무 흔하다. 풍요로운 현대인의 몰지각성을 본다. 설명과 단속을 위한 가이드를 증원하고, 하중을 고려하여 입장객 수를 제한하거나, 보수를 위한 재원 확보를 위해 입장료를 국제 수준으로 인상할 것을 제안하고 싶었다.

앙코르 톰 경내에 위치한 바이욘사원에는 수많은 얼굴 조각상이 있다. 높은 탑의 네 면에서 온 세상에 미소를 보낸다. 보면 볼수록 신비하고 매력적인 미소다. 크메르 미소를 보고 사람들은 마음에 행복이 넘쳐서 다시 미소를 전파한다. 미소는 더 많은 행복과 평화를 만들어 세상에 퍼진다.

얼굴 피드백 가설(FFH)은 많은 연구에서 확인되었다. 다양한 사례가 많은데 그중에서 가장 단순한 것으로, 미소를 상징하는 그림만 보고 있어도 마음이 조금이나마 편해진다고 한다. 바이욘사원의 자애로운 미소처럼 행복한 얼굴을 보고 있으면 실제로 기분이 좋아지는 경향이 높다. 웃음처럼 긍정적이며 바람직한 감정 표현을 더 적극적으로 하여 자신과 타인의 행복감을 높이고 부정적인 감정을 완화시킬 수 있겠다.

프랑스 테니스 선수인 몽피스는 2025년 1월, 만 38세에 뉴질랜드 오클랜드 대회에서 우승하여 ATP 최고령 우승기록을 세웠다. 평소 잘 웃고 팬을 자주 웃기는 선수인데, 우승 직후 인터뷰에서 다음처럼 말했다.

"나는 테니스를 사랑한다. 연습도 즐긴다. 그래서 힘든 연습도 쉽다. 몸 관리도 쉽다."

세계 톱클래스를 유지하는 선수의 연습량은 엄청날뿐더러 부상 방지와 최적의 신체 관리가 쉬울 리 만무하다. 엄청난 훈련으로 인해 부상이나 수술, 재활 기간도 의외로 길다. 선수 생활의 절반 이상을 병원과 재활로 보낸 이들도 있다. 그런데 몽피스는 즐겁다고 한다. 그는 얼굴 피드백 가설을 활용하여 덜 힘들다고 스스로 유도하는 것일까?

스포츠 세계에는 다양한 기록이 많다. 선수뿐만 아니라 감독, 팬, 경기 시설, 상금 액수, 관련 상품 등 종류도 다양하다. 미국 노스캐롤라이나대학교 여자 축구팀 감독(1979~2024년)이었던 앤슨 도런스의 기록을 보자. 그는 스물한 번이나 전국 우승 트로피를 획득한 지도자이다. 미국 대학의 각종 스포츠팀 지도자로서 최고의 기록이다. 한 번도 쉽지 않은데, 스물한 번이라니! 그는 어떤 마법을 부렸을까?

우연히 특출한 선수가 있어서 2~3회 우승을 할 수는 있다. 그러나 21회는 거의 불가능한 숫자이다. 엄청난 결과를 가져온 필연적인 요인이 무엇일까? 그것은 팀 지도자나 대기업 운영자, 군대 지휘관은 물론이고 소규모 자영업자도 관심을 갖는 특급 영업비밀이다. 그러나 도런스가 밝힌 비밀은 너무나도 평범했다.

그는 다음처럼 말했다. 첫째, "재능 있는 선수는 많다. 그러나 위대한 선수가 되도록 노력하는 것이 결정타다." 특히 20m 왕복달리기 기록을 강조했다. 충실한 훈련과 정신적 강인함의 지표로 삼는 이 기록을 선수 전원에게 항상 공개했다.

둘째, 선수들과의 대화를 중시한다. 그의 대화는 반복적인 말이 아니라 그가 엄선한 열두 가지 짧은 글이다. 매년 세 개씩 암송하도록 한다. 4학년이 되어 졸업할 때는 열두 개를 모두 줄줄 읊는다.

첫째 글: '징징대지 않는다(We don't whine).'

매우 짧고 내용도 단순하다. 원래 짧은 글일수록 효과가 높은 법이다. 온갖 핑계를 대거나 남 탓을 하거나 엄살 부리지 말라. 모든 것은 너의 훈련에 달렸으니 부족하면 더 많이 훈련해라. 얼마나 단순 명쾌한 비밀인가!

마지막 열두 번째 글: '계속 발전하길 바란다(We want our lives to be never-ending ascensions).'

정말 당연한 말이다. 축구뿐만 아니라 인생의 모든 면에서 끝없는 발전을 원한다. 누구나 그런 노력을 한다면 결과에 상관없이 성공한 인생이라고 확신할 수 있을 것이다.

두 가지 모두 암송하기 쉽다. 수시로 말하면서 자기암시로 활용할 수 있다. 만트라처럼 반복적으로 읊으면서 마음을 가다듬고 훈련에 임하면 효과가 높을 것 같다. 도런스의 핵심가치는 잘 알려져 있으니 관심 있는 독자는 나머지 열 개도 검색하기 바란다. 자기발전에 도움이 될 듯싶다. 미소가 미소를 불러오듯이 징징대는 것은 온갖 핑계와 엄살을 불러온다. 도런스는 무엇보다 먼저 이를 경계한다.

7. 삶이란 광산에서 찾은 조언과 빛

타인에게 조언을 주기 어렵다. 화자와 청자의 입장이 달라서 말의 의미가 달리 전달되기 때문이다. 조언은 대부분 다음 셋 중의 하나가 된다.

첫째, 말을 아껴서 짧게 진실한 조언을 했는데 듣는 이가 받아들일 생각이 없는 경우다. '웬 참견이야!'처럼 값진 조언을 거부하는 것이다.

둘째, 조언을 받아들이는 양호한 경우다. 그러나 이때에도 서로 경험과 배경이 달라 의미가 일치하기 어렵다. 골프 레슨에서 가장 흔한 조언은 "힘을 빼고 치세요."이다. 짧은 말이지만 많은 사항이 함축되어 있다. 초보자는 힘을 쓰면 일찍 손목이 풀려서 캐스팅이 된다. 힘을 쓰면 강한 임팩트가 만들어질 것 같지만 착각일 뿐, 실제로는 찰싹 치지 못하게 된다. 경험이 적은 초보자는 짧은 말이지만 이해하지 못하고, 이해를 못하니 당연히 실행할 수 없다.

셋째, 사람들은 의외로 참견하기를 좋아한다. 조언을 하는 배경에는 쓸데없는 자기 자랑이 숨어있다. 불필요한데도 조언이란 미명으로 간섭을 한다. 가장 흔한 예는 시어머니의 며느리 간섭이다. 시대가 변하고 상황이 다른데 과거를 들먹인다. 조언이 아니라 불화의 씨앗이다.

나는 도런스의 핵심가치 열두 개를 대학생을 지도하는 그의 상황에서 음미하고, 나아가 나 자신의 상황에도 적용해 보았다. 모두 진실로 값진 지혜들이다. 예로, 다음 조언을 들 수 있다.

'긍정적인 자세를 취한다(We choose to be positive).' 폭염이 계속되는 여름에 지쳐서 늘어져 있을 수도 있고, 오히려 더울 때만 할 수 있는 이벤트를 만들 수도 있다. 쉽게 하는 불평보다 조금이라도 개선할 수 있는 대안을 찾아보자.

시엠립을 떠나 이제는 메콩델타를 향해 가는 투어의 마지막이다. 샹그릴라에서 시작하여 몇 군데를 들러 오는 동안 앞으로 인생에 도움이 될 수 있는 무엇을 얻었을까? 여행을 하며 여행이 보여주는 조언을 얻었을까? 여행 중에 만나는 풍경이나 마을은 말이 없고 단지 보여질 뿐이다. 만난 사람들도 인사와 덕담을 하지만 조언은 없다. 아무 말이 없는 여행에서 '여행의 조언'을 발굴하는 것은 여행자의 몫이다. 먹고 즐기는 관광은 쉽지만 진정한 가치를 찾는 여행은 어려울 수 있다. 여행 후에도 나에게 즐거움과 도움이 될 수 있는 가치를 찾고자 한다. 이것이 삶의 확장이다.

프놈펜에 막 도착해서 보았던 숙소 앞의 시장은 복잡했다. 처음 느낌은 혼란과 불편이었다. 그런데 숙소에서 휴식을 취하고 몇 시간 후에 본 시장은 무척 다정하고 사랑스러웠다. 곧바로 시장 속 비좁은 자리를 차지하고 저녁 식사를 즐겼다. 몇 시간 사이에 시장이 바뀌었을까? 내 눈이 변했을까? 모두 그대로인데 내 마음이 달라진 것이다. 내 마음 따라 세상이 바뀐다. 지옥이 되거나 천국이 될 수도 있다. 똑같은 대상이 악마가 되거나 천사가 되기도 한다.

현실에서 지옥이나 악마는 없다. 단지 우리의 마음만 괴롭고 힘들다. 상대를 악마로 여겨도 상대는 변함없이 그대로인데, 내 마음만 피폐해져 나만 괴롭다. 주변에 천국이나 천사도 없다. 자신의 마음이 너그럽고 행복하여 그렇게 보이며 여겨질 뿐이다.

다시 돌아온 프놈펜에서 뚜엉슬랭박물관에 갔다. 크메르 루즈 정권의 악명 높은 S-21 학살현장이다. 잔악무도한 폴 포트 정권이 자행한 처참한 비극을 보여주는 많은 유물을 전시하고 있다. 50년 가까운 세월이 지난, 당시 현장의 전시물이지만 차마 눈을 뜨고 볼 수 없는 것이 많다. 이보다 더 잔혹할 수 있을까? 자국민을 대량 학살했던 그들의 정신상태가 몹시 궁금해졌다. 집단으로 미치지 않고 이럴 수는 없다. 극도의 집단광기다. 이념의 광기에 소름이 끼친다. 개인이 아닌 집단이다. 거대한 집단이 위험해질 때 미리 방지할 방법은 없을까? 너무나 심각한 문제다.

프놈펜에서 메콩강 하류 삼각주로 이동하는 교통편을 여행사에 문의했다. 상품 중에서 가장 그럴싸한 일정은 다음과 같다. 스피드보트를 타고 통관을 하고, 다시 큰 배로 바꿔 타고 인근 도시인 쩌우독으로 간다. 여기서 메콩델타의 독특한 문화를 살펴본 후에 버스로 호치민에 가는 일정이다. 그러나 쩌우독은 작은 지류에 있고 메콩델타의 너무 위쪽이다.

우리는 간편하게 버스를 타고 호치민으로 간 다음에 별도로 미토 투어를 신청했다. 호치민은 껀터, 사덱과 함께 메콩델타의 대표도시로, 지역 특성이 유사하기 때문에 투어의 내용도 비슷하다. 아기자기하게 꾸민 하루 투어인데 체험할 가치는 충분하다. 먼저 큰 강에서 이뤄지는 물류이동과 수상시장, 퇴적 하중도인 토이손이나 탄롱을 둘러본다. 작은 지류로 들어가 열대 숲과 습지 생태계를 관찰한다. 특히 유별난 조류, 화려한 열대 난, 갯벌의 색다른 어패류가 단골이다. 작은 전통마을로 이동하여 점심을 먹고 공연을 감상한다. 니파야자로 덮인 현지 물길에서 작은 보트로 이동하면서 관찰하는 모든 것이 새롭다.

뚜얼슬렝 대학살 박물관

베트남은 새롭게 등장한 인도차이나대륙의 대표주자다. 예전에는 크메르제국, 아유타야왕국, 미얀마가 패권을 다퉜는데 이제는 크게 바뀌고 있다. 크메르제국은 오래전에 멸망하고, 현대에 들어서 크메르 루즈로 인해 다시 철저히 망했다. 재건을 바라기보다 진정한 참회가 먼저다. 오랜 강자인 미얀마는 끝없는 군사정권으로 인해 멸망의 길에서 헤매고 있다. 순박한 주민들에게는 크나큰 재앙이다. 안타까운 현실이지만 미얀마 스스로 이겨내야 한다. 누구도 도와줄 수 없다. 주변에는 미얀마를 이용할 야욕만 있을 뿐 진정으로 도와줄 이웃 국가는 없다. 냉혹한 현실이다. 태국도 유사하다. 늪의 깊이가 다를 뿐이다. 국민들이 합심하여 현실을 타개하고 발전을 모색해야 한다. 주민들의 행복과 국가의 융성을 바란다.

길 위의 단상

강물은 마침내 하구에 이르러 비옥한 삼각주를 남긴다. 메콩강 여행을 마친 우리는 어떤 지혜를 얻었을까?

#4 남태평양
바다 너머 숨겨진 행복을 찾아서

스키 활강은 엄청난 속도에 따른 스릴도 크지만 회전을 가미하면 속도와 회전의 묘미를 함께 즐길 수 있다. 좌우 회전을 키우면 깊은 경사에서도 어려움이 없다. 기문을 통과할 때의 파워와 순발력을 함께 감상할 수 있다. 좌우뿐만 아니라 상하의 변화를 주기 위해 모굴을 더한다. 프리스타일에서는 숫제 점프대를 추가하여 여러 바퀴를 회전하는 공중기술도 보여준다. 스노보드 종목도 유사하다. 하프파이프는 원통형 파이프를 반으로 자른 구조물에서 다양한 묘기를 겨룬다.

아주 어렸을 적에 서핑 영화를 본 적이 있었다. 서핑이란 단어도 처음인데 그렇게 큰 파도가 규칙적으로 밀려오는 것도 처음 보았다. 긴 해변에서 수심이 차츰 얕아지면 아래쪽은 진행 속도가 느려지고 위쪽은 빨라진다. 진행 속도의 차이로 인해 큰 파도를 형성한다. 이런 곡면은 해변을 따라 기다란 원통 모양을 만들다가 잠시 후에는 모두 무너져 내린다. 곧이어 새로운 파도가 밀려온다.

커다란 원통 모양의 파도 속에서 서퍼는 보드를 타고 곡면을 따라 질주한다. 마치 스키나 보드를 타고 설면을 내달리는 것과 유사하다. 하프파이프는 아래쪽 절반인데 서핑의 커다란 파도는 3/4 이상이다. 이뿐만이 아니다. 하프파이프 경기장은 고정된 시설물이어서 예측 가능하다. 그러나 파도의 곡면은 순식간에 변한다. 불과 몇 초 지나면 무너져 사라진다. 서퍼는 큰 파도가 밀려오다가 터널이 생기는 순간을 포착하고, 순식간에 터널 안쪽의 경사면을 타고 질주한다. 한쪽부터 파도의 터널이 흰 포말로 무너져 내린다. 바로 뒤쪽에서 파도가 무너지며 쫓아온다. 전력질주해서 터널을 따라 이동한다. 인간이 도전할 수 있는 행위에서 이보다 더 다이내믹한 형태가 있을까?

어릴 때 본 서핑 영화에서 청춘 남녀의 아름다운 사랑 이야기는 나에게 다가오지 않았다. 대신 거대한 파도가 만드는 물길 터널을 질주하는 서퍼의 날렵한 동작은 머리와 가슴에 깊이 새겨졌다. 이후에도 서핑과 관련된 영화가 가끔 나왔다. 서핑을 실제로 본 적은 없지만 역동적인 장면의 사진을 볼 수 있었다. PC를 상상도 할 수 없던 그 옛날에 사진을 오려서 모으는 것이 나의 즐거움이었다.

서핑 덕분에 더운 여름을 별 어려움 없이 보냈다. 직접 할 수는 없지만 모아 둔 서핑 사진을 꺼내 보고 즐겼다. 상상만 해도 다리와 팔에 힘이 들어가며 흥분되었고, 파도에 휩쓸려 물에 빠진 듯 허우적댔다. 바닷물을 삼킨 듯 짠 내가 났다. 그러면 냉수만 마셔도 뜨거운 여름이 즐거웠다.

남태평양! 이 단어를 듣자마자 지상낙원이 저절로 떠오른다. 왜 그럴까? 낙원은 하늘과 상상 속에 있는 것이지 이 땅에 있을 리 없는데, 나만의 환상일까?

드넓은 비치에 줄지어 있는 야자수! 선베드에 누워서 느긋하게 쉬는 여유로움을 상상한다. 답답하게 꽉 막힌 현실이지만 제멋대로의 상상은 자유다.

이제, 떠나자. 남태평양으로!

1. 호주, 짧은 역사에 담긴 매력

　세상일은 인과관계로 엮어지지만 간혹 우연성을 배제하기 어렵다. 혹자는 우연이 더 강하게 작용한다고 여길 수도 있겠다. 호주 여행은 여러 도시에서 시작이 가능하다. 그런데 항공권을 구매할 때 마침 한 항공사에서 멜버른 노선의 할인을 제공했다. 새로 멜버른 구간을 취항한 기념행사이다. 우리는 망설임 없이 멜버른에서 여행을 시작하기로 했다.

　멜버른은 세계에서 역사가 가장 짧은 도시 중의 하나지만 예상외로 탁월한 여행지였다. 좋은 여행지란 본인이 관심 있는 항목의 가성비가 높은 곳이리라. 이 지역이 세상에 알려진 것은 겨우 200년 전이지만 이 기간에 이룬 인류 문명사는 지대하다. 멜버른은 이것을 쇼케이스처럼 집중적으로 잘 꾸며놓았다.

야라강변의 Hamer Hall
뒤로 아트 센터의 첨탑

　거대 도시가 아니어서 찾아갈 곳이 집약적이다. 명소가 마치 각 블록마다 있는 듯하다. 그러나 도시 전체가 여유롭다. 야라강을 끼고 있는 도심에는 큰 공원이 많아서 '정원의 도시'라고 불린다.

　생활수준이 높고 도시가 깔끔하다. 호주는 타 국가의 저렴한 노동을 이용하는데, 예로 워킹홀리데이를 매우 폭넓게 활용하고 있다. 이는 최저시급을 의미한다. 우리나라 근면한 청년들이 호주 생활을 체험한 비율이 유난히 높은 이유다.

뾰족한 철골 상징물로 널리 알려진 다목적 아트센터는 국립 갤러리와 함께 있다. 시원한 분수대와 내부에 설치한 빛 구조물이 인상적이다. 바로 옆에 있는 원형 헤이머홀은 2,500석의 대형 콘서트홀이다. 강변을 걸으며 오펠리아의 독특한 조각상을 본다.

강변 따라 다양한 도보다리가 많다. 도시의 미관에 도움이 될 독창성을 추구하는 노력이 보인다. 그러나 한결같이 철골을 강조하여 일률적인 느낌이 들었다. 성능과 단순함을 지향한다고 해석할 수도 있겠다. 아래로는 야라강 크루즈선이 한가롭게 지나간다. 프린스 다리를 지나면 근교로 연결되는 플린더스 기차역이 있다.

아트센터에서 길을 건너면 드넓은 알렉산드라공원이 펼쳐지고, 다양한 볼거리와 휴식공간이 많다. 뮤직보울 야외공연장이 독특하지만 다정하게 보인다. 전몰장병을 기리는 전쟁기념관, 식물원, 호수공원이 매우 넓다. 바로 남쪽으로 알버트공원과 포크너공원이 연속되어 있으니 그야말로 '정원의 도시'이다.

공원에서 도보다리로 강을 건너면 1956년 하계올림픽 이후에 복합스포츠단지 역할을 하는 올림픽파크가 나타난다. 북쪽으로 인접하여 거대한 '멜버른 파크 테니스 복합시설'이 있는데, 그랜드슬램 호주오픈 경기가 열리는 곳이다. 기아차가 오랫동안 스폰서를 담당해서 우리에게 익숙하다.

로드 레이버, 마거릿 코트, 존 케인 아레나 세 개는 모두 개폐식 지붕의 전천후 복합경기장이다. 단독 경기장인 기아 아레나도 있다. 윔블던, 롤랑가로스 프랑스오픈, US오픈과 함께 4대 그랜드슬램을 유지하고 있으니 위세가 등등하다. 투자와 홍보에 국가적인 노력을 하고, 선수 육성이나 스포츠 외교 등의 위상에 따른 결과다. 우리나라는 가장 낮은 등급의 ATP 대회조차 없으니 비교하기 어렵다.

여기서 철도 위로 지나는 도보육교를 걸어가면 원형 크리켓경기장이 있다. 수용인원이 10만 명이니 큰 규모를 짐작할 수 있다. 경기장이 커서 야라공원도 넓을 수밖에 없다. 그런데 바로 옆으로 붙어있는 피츠로이공원이 조금 더 넓다. 이 모든 것이 도심에서 아주 가깝다. 과천의 렛츠런파크나 하남에 있는 미사경정공원처럼 멀리 있지 않다. 외지에서 찾아온 관광객들도 도심에서 시행하는 무료 트램을 이용하여 금방 찾아갈 수 있는 곳이다. 반면에 주민들의 주택은 멀리 교외에 있다. 우리의 실정과는 무척 다르다.

도심을 흐르는 야라강은 멜버른의 태생부터 현재까지도 핵심 역할을 하고 있다. 야라 산책로와 플린더스 워크가 강 양쪽으로 조성되어 있다. 큰길은 아니지만 진정한 시민들의 통로다. 바쁜 직장인들의 지름길이면서 도심의 산책로이고, 관광객들의 도심 속 탐방로, 강을 건너는 연결로 등의 감초 역할을 한다. 강 유람선 선착장, 강변 식당, 오픈 카페, 작품 전시 공간 등을 품고 있어 항상 붐빈다. 야라강공원을 지나면 자연스럽게 '메인 야라 트레일'로 이름이 바뀌고 길은 계속된다. 이름만 아니라 도심의 고층 빌딩 사이로부터 어느덧 주변에 공원이 많은 환경으로 변한다. 산책뿐만 아니라 시민들의 가벼운 운동 공간이 되어 동쪽으로 계속 이어진다.

2. 화려함과 행복에서 어느 것을 볼까

멜버른에서 시드니로 날아갔다. 멜버른보다 훨씬 넓고 교통편이 다양해서 이동에 효과적인 조합이 필요하다. 근거리를 연결하는 배와 기차도 활용한다. 지도에서 시드니의 위치를 보면 천혜의 항구란 생각이 든다. 태즈먼해가 내륙으로 들어와서 많은 굴곡을 만드니 자연스러운 방파제다. 곧 패러매터강으로 이어지지만 물길이 커서 선박 항해에 지장이 없다. 시드니 중심에 인접한 록스 지역에는 거대한 크루즈선박이 접안한다.

호주가 짧은 역사에도 불구하고 높은 수준의 선진화를 이룬 배경이 무엇일까? 적은 인구에 비해 대륙의 무한한 지하자원이 큰 요인이다. 호주는 철광석을 비롯하여 각종 자원을 보유하고, 생산과 수출을 하는 자원부국이다. 또한 넓은 땅과 풍부한 자원을 바탕으로 목축업도 막강하다. 청정 환경을 기반으로 생산하는 고품질 육류를 세계 곳곳으로 수출한다.

높은 물가에도 불구하고 호주의 많은 도시들이 살기 좋은 장소 리스트에서 상위에 오른다. 시드니의 명소들은 명불허전이다. 서큘러키, 달링하버, 블랙워틀 등 바다에 접한 항구와 만은 도시의 융성함을 여실히 보여준다. 윈야드를 중심으로 한 중심업무지구의 금융, 수출, 제조 등의 가시적인 통계는 잘 알려져 있다. 높은 최저시급, 물가 통계와 연동되는 생활수준도 부인할 수 없다.

서큘러키에서 출발하는 페리를 타고 건너편에 있는 북시드니로 향한다. 커라바, 웨이버턴 등의 마을들이 연이어 보이는데 한결같게 고급스러운 저택들이다. 직장인과 관광객으로 붐비는 복잡한 시드니에서 격상된 느낌이다. 관광지인 오페라하우스의 떠들썩한 번잡함에서 벗어나 안온한 평화가 바로 건너편에 있다.

명소 주변은 들뜬 관광객들로 가득하여 번잡스럽고, 건너편 주민들은 조용히 오페라를 감상하는 듯하다. 여행자들은 유명한 하버브리지를 조망하며 사진을 찍지만 주민들은 무심히 건너다닌다. 다리를 지나는 기차와 자동차, 배로 건너는 물길, 물 밑으로 연결되는 터널 등 교통도 원활하다. 진정 행복한 부유촌은 관광객들이 찾지 않는 교외에 있다. 잠시 다녀가는 여행객들은 살펴보기 어렵다. 머무는 시간이 짧은 관광객은 어쩔 수 없이 겉만 보고 간다. 세계적으로 알려진 명소만 둘러보기에도 무척 바쁘다.

실상을 보기 위해 조금 더 멀리 가본다. 사실 시드니는 관광지도에 표시된 중심지만이 아니라 부근의 서른세 개나 되는 지방자치단체의 연합을 의미한다. 페리를 타고 도착한 왓슨스베이는 큰 바다에서 시드니로

Gap Bluff 공원 절벽 길
Watsons Bay

들어가는 입구에 있다. 기다란 반도 끝에 있는데 선착장에서 언덕 위로 올라가니 반대쪽은 아찔한 절벽이다. 멀리 바다 조망이 시원하다. 이 부근 역시 깔끔한 동네다. 흠잡을 데가 없다. 꼬투리를 잡아내려고 세심하게 살펴보지만 오히려 무색하다. 바다와 절벽, 언덕의 거대한 자연이 앞마당과 뒤뜰을 이루는 평화로운 마을이다. 비치의 요트 선착장, 언덕의 포장된 산책길, 잘 다듬어 놓은 절벽 트레일 등 자연 속의 인공시설도 매우 편리하다.

시외버스를 타고 본다이비치로 간다. 여름 성수기가 아니어서 방문객이 적다. 넓은 백사장에는 천천히 걷는 사람들뿐이다. 선베드도 치워져 있고 본다이비치 영상물에서 유명했던 인명구조대도 없다.

한가한 비치를 걷다가 식당가로 들어가니 의외로 손님이 많다. 점심 후에 바다를 내려다보는 언덕 위의 잔디밭으로 올라간다. 누워있는 사람들이 모래사장보다 여기에 더 많은데 거의 주민들 같다. 비치 타월이 없는 우리는 벤치에 앉아 조망을 즐긴다. 기대했던 유명한 빅 웨이브는 없고 작은 파도만 밀려온다. 페리와 버스를 타고 왔는데, 오던 길이 아닌 우회로 돌아갈 때는 기차를 탔다.

길 위의 단상

호주 원주민의 희생 위에 건설된 신세계 유토피아 - 수상의 진정한 사과, 진심 어린 반성, 원주민 후손의 용서, 그리고 화해로 이어진다.

3. 보석 같은 산호초는 환상일까

거대한 호주의 서부와 북부는 적은 인구에 비해 광대하다. 큰 대륙에서 단지 동부만 살펴보고 가까운 누벨칼레도니로 떠나려니 아쉽다. 일정 때문에 후일을 기약한다. 그래도 새로운 환경을 기대하며 남태평양의 작은 섬으로 날아가니 설렘도 커졌다.

누벨칼레도니는 프랑스 자치령이라 새로운 나라는 아니다. 그러나 완전히 새로운 지역으로 옮겨간다. 비행기가 섬에 다가갈 때 상공에서 내려다본 풍경이 지금도 생생하다. 섬 주변의 산호초와 밖으로 여러 겹 둘  러싼 바다의 물빛이 환상적이다. 왜 바다에 떠 있는 보석이라 표현하는지 이해할 수 있었다. 산호초 주변의 맑은 물은 여러 층으로 신비로운 색깔과 다양한 형태를 드러낸다. 마치 섬 주변에 엄청나게 많이 풀어놓은 여러 색깔의 터쿼이즈를 파도와 바람이 가볍게 흔들고 있는 듯하다. 기체가 하강하자 보석은 더욱 오묘한 빛을 가까이서 보여준다. 프로펠러 비행기는 곧 활주로에 미끄러지듯 착륙한다.

비행기에서 내리자 지면의 열기가 온몸에 전달된다. 넓은 활주로에 비행기가 몇 대 없다. 북적이는 일반 공항과 달리 이번 비행기에서 내린 손님들이 마치 전부인 것처럼 청사 안은 한산하다. 멀리서 온 손님을 환영한다는 듯이 수속이 매우 빠르다. 곧 가방을 찾고 밖으로 나온다. 우리는 공항버스를 타고 생소하게 느껴지는 시내로 들어왔다. 이곳은 한낮에 시에스타가 있을까? 아무리 인구가 적다해도 소위 수도의 중심인데 거리가 텅 비어 있다.

누벨칼레도니의 중심 섬인 그랑드테르의 면적이 경기도의 두 배이다. 남쪽 끝에 인구 9만 명인 누메아가 있다. 전체 인구가 30만 명에 미달하니 이

외 지역과 다른 섬은 모두 인구 희박지역이다.

 남태평양에서 야자수 아래의 산호초 비치는 낙원의 상징이다. 뜨거운 태양, 오후에 내리는 시원한 스콜, 필요하면 언제나 작살 하나로 잡아오는 생선, 풍부한 야자열매와 열대과일을 즐기는 여유롭고 평화로운 삶이 있다. 아이들은 친구들과 모래밭에서 뒹굴다가 바다로 뛰어 들어가 대자연을 만끽한다. 자연이 진정한 스승이다. 친구들과 놀면서 자연의 섭리를 터득하고 배우며 성장한다. 어른들도 주변의 자연을 활용하며 욕심 없이 지낸다. 주요 식량인 생선은 앞바다에 풍부하고, 타로와 얌 같은 뿌리채소는 뒷마당에서 얻는다. 열대과일과 코코넛은 주변에 늘 풍족하다. 심지어 니켈, 크롬, 망간 등 광물자원도 풍부하다.
 이렇게 살기 좋은 낙원인데 왜 인구가 적을까? 인구가 적다기보다 수도 누메아 인근과 해변에 있는 마을과 위락시설을 제외하면 거주민이 없다. 왜

스트레스 많고 살기 어렵다는 우리나라, 방글라데시나 인도보다 인구밀도가 훨씬 낮을까?

   우리가 머문 호텔은 섬 일주도로에 접한 앙스바타 비치에 있었다. 슬리퍼를 신고 길만 건너면 넓은 모래사장이다. 슬슬 걸어가면 산호초 바다가 있다. 비행기에서 봤던 바다는 신비롭게 빛나는 보석이었는데 실제로 와서 보니 마치 남해 같다. 물론 백사장에는 모래보다 산호 조각이 훨씬 더 많다. 그러나 바다에 들어가도 무릎에도 차지 않는다. 땡볕에 아무리 걸어가도 계속 얕은 물이라서 포기하고 돌아온다.

   드넓은 비치에 우리 둘만 다정하다. 바로 옆 사람들이 300m 거리 밖에 있으니 발밑에 기어다니는 조그만 게보다 더 작아 보인다. 얼마나 오랜만에 즐기는 홀가분한 자유일까? 평생 처음일 듯하다. 이 넓은 공간을 독차지하다니 넘치는 사치다.

   그러나 즐거움은 잠시에 그친다. 자유와 사치는 곧 쓸쓸함과 그리움으로 바뀐다. 얼마나 고대하던 자유와 사치인데 안개처럼 사라지다니 어이가 없다. 그런데 넓은 사막에서 혼자 놀 수는 없다. 차라리 인산인해로 발 디딜 틈도 없는 해운대 백사장이 다정하다. 멀리 들어가도 무릎 깊이도 되지 않는 산호초보다 금방 내 키보다 더 깊어지는 동해안이 그리웠다.

   인근에 있는 더 작은 섬들이 독립국이 되었다. 누벨칼레도니도 독립하려고 노력했지만 프랑스는 아직도 내정 자치권만 허용하고 있다. 마다가스카르 동쪽에 있는 레위니옹 섬은 인도양에 굳건하게 솟아있는 프랑스 영토이다. 이처럼 누벨칼레도니도 태평양에 기다랗게 누워있는 프랑스의 영토일까?

카나키라 불리는 원주민들의 생활수준은 평균보다 낮다. 주로 도시권 밖에 거주하여 문명의 혜택도 적다. 인구통계는 원주민의 비율이 계속 낮아지는 추세를 보여준다. 프랑스 정부는 이를 오래전부터 잘 알고 있는 듯하다.

우리는 현지 여행사에서 투어를 신청하여 관광명소를 몇 군데 찾았다. 도로 사정이 열악하고 자연적 상태 그대로인 산악지역이 많아서 찾아갈 수 있는 곳이 매우 제한적이다.

관광객들이 찾는 리조트 지역은 특별히 개발한 제한지역이다. 고급 위락시설이 모여 있는 곳에는 원주민이 없다. 우리가 찾아간 장소도 원주민이 사는 마을이 아니고 지역투어를 위해 조성한 시설이다. 투어는 숲속 라군 물놀이, 전통음식 식사, 간단한 공연 관람, 열대 조류와 화초로 꾸민 정원 방문이다.

남태평양에서 큰 섬에 속하는 누벨칼레도니의 독립은 카나키만의 문제가 아니다. 지구 어디에서나 국토와 주권문제는 심각하다. 무엇보다 원주민들의 생활수준과 문화혜택부터 나아지기를 바란다.

4. 바누아투, 보이지 않는 행복

누벨칼레도니에서 며칠 지낸 후에 바누아투로 간다. 가까운 섬 사이를 오가는 프로펠러 비행기를 통해서다. 하늘 위에서 보는 작은 섬들과 주위의 산호초, 근방의 바다 물빛은 언제나 아름답다. 저 아래에 바누아투의 낙원이 펼쳐져 있을 것 같다.

국제공항이 작아서 마치 동네 마트에서 빠져나오는 듯하다. 도로에 차량이 적어 잘 달린다. 숙소 앞길은 지도에 고속도로로 표기되어 있지만 평범한 시골길이다. 바누아투는 전체 83개 섬 중에서 10여 개가 유인도이다. 전 국민이 30만 명가량이니 제주시의 인구에도 못 미친다. 수도인 포트빌라는 인구 5만 명의 조그만 마을이다.

이렇게 작은 나라에 왜 갈까? 이 질문에 동감한다. 제반 조건이 너무 달라 그곳의 장점을 배워서 우리에게 적용하기 어렵다. 그러나 세계 인구통계를 살펴보면 바누아투처럼 인구가 적은 UN 회원국이 의외로 많다. 10만~100만 명 사이의 인구를 가진 나라가 무려 40개나 되며, 1만~10만 명이 사이에 28개국, 심지어 1만 명이 채 되지 않는 '이상한 나라'도 몇 개 있다.

많은 주요 지표에서 세계 상위지만 우리나라 국민들이 느끼는 행복은 그리 높지 않다. 일본도 그렇다. 그런데 왜 각종 지표에서 거의 바닥에 가까운 이 나라 국민들은 행복하다고 말할까? 어떻게 세계 행복 순위 조사에서 1위를 할 수 있을까? 궁금하다. 누구에게나 가장 중요한 행복! 직접 살펴보고 경험하여 확인하고 싶었다. 이것이 우리가 바누아투에 온 이유이며 떠날 때까지 살펴보고 풀어야 할 숙제다.

숙소에 짐을 풀고 나와 길을 따라 걷는다. 행복을 찾기 위해 주변을 잘 살펴보기 위해서다. 포트빌라에서, 아니 바누아투 전국에서 가장 큰 시장이 나온다. 기둥을 높게 세우고 커다란 지붕만 있어 건물이라 부르기 어렵다. 나무 탁자에 과일과 야채를 올려놓은 상인들이 많다. 주변 시멘트 바닥에 좌판 상인도 있는데 상품이 그리 많지 않다.

시장 옆에 있는 식당에 들어갔더니 관광객은 보이지 않고 모두 현지인이

다. 섬나라에 왔으니 생선을 먹어야겠다. 생선 메뉴는 튀김과 구이뿐이다. 생선구이를 주문하자 우리의 밥에 해당하는 날롯과 랍랍이 같이 나온다. 식당 옆이 넓은 태평양이니 바로 건져 온 생선일까?

식당 옆에 여행사가 줄지어 있다. 바로 옆 바닷가에는 소형 호화 요트 여러 척이 정박한 채 청소를 하며 출항 준비를 한다. 건너편에는 작은 이리리키(Iririki)섬이 있다. 섬 전체가 복합 리조트이다. 작은 배가 왕복 운행하고 있어 섬으로 갔다. 둘러보니 별천지다. 완전히 관광객만을 위한 별도의 낙원이다. 공항에서 바로 이리리키로 와서 머물다 떠난다면 비록 여권에 바누아투의 입국과 출국 도장이 찍히겠지만 결코 바누아투에 가보았다고 말할 수 없을 듯하다. 지저분한 포트빌라의 도로변과 달리 이곳은 먼지 하나 없는 듯 깔끔하다. 유니폼을 입은 현지인 종업원들이 넘치게 많다. 콜만 하면 무엇이든 바로 해결하고 영수증 리스트에 비용을 올리는 모양이다.

누구나 생각을 바꾸기 어렵다. 관광객은 현지의 서민생활과 색다른 관습을 애정 어린 눈으로 관찰하기보다는 이미 본인이 동경 속에서 확고하게 품고 있는 환상적인 모습을 찾아 확인하고 싶어 한다. 아름다운 낙원을 찾아서 멀리까지 온 관광객들은 낙원과 이상을 확인하고 만족하기보다는 환상과 동떨어진 현실 세계를 맛보고 실망하기 쉽다.

이런 관광객들의 요구를 이해하고 높은 만족도를 위한 인위적인 조치가 있다. 현지 주민의 실생활과 차단된 별천지 형태의 고급 리조트를 조성하는 것이다. 내국인의 취업률과 GDP 향상에도 기여한다. 그러나 행복의 이유를 파악하고 싶은 우리는 리조트가 아닌 현지인들 속으로 들어가야 하는데 쉽지 않다. 다음 날 섬 투어를 했다. 섬이 많지만 이곳 에파테섬에만 그럴듯한 순환도로가 있어 관광명소 몇 곳의 접근성이 좋다. 중간에 먹은 점심도 제법 현지 음식을 가미하여 만족스럽다.

세계 행복 순위 조사에서 1위라니 웬걸? 아무리 살펴봐도 그럴듯하지 않다. 현지인에게 물어보고 도처에서 찾으려 해도 행복의 단서가 보이지 않는다. 오히려 빈곤, 실업에 따른 나태, 일부 불결한 환경, 무질서한 도심 등 행복과 무관하거나 반대

의 양상이 도처에 보인다. 숫제 없는 행복을 야트막한 홍보 수단으로 활용하기 위해 주민들이 일치단결하여 행복 순위를 꾸며댔을까? 진정한 행복을 찾아 이해하는 데 미숙한 우리는 바누아투의 행복을 알아내지 못했다.

더운 여름에 힘들게 땀 흘리며 설악산 대청봉에 올라 사방을 둘러볼 때, 지독한 독감에 걸려 1주일 넘게 끙끙거리다가 어느 날 시원하게 코가 뚫려 숨쉬기 편해지던 순간, 아내가 고생한 끝에 순산하여 아이를 안고 파리한 얼굴에 엷은 미소를 지을 때 행복했다. 그때마다 우리의 능력, 명예, 재산 등은 아무것도 변하지 않았다. 우리의 행복을 세상 누구도 잘 알지 못한다.

잠시 머무는 여행객인 우리가 바누아투 사람들의 행복한 마음을 찾으려 한다. 현지인들의 마음이나 관심사와 동떨어진 경제력, 학력, 포장도로율, 에어컨 유무, 상수도 보급률, 실업률 등의 수치를 들이댄다. 그들과의 심리적 교류나 인간적 관심, 애정도 없이 단지 외지인, 여행자, 관찰자의 입장에서 행복한 마음을 읽겠다고 한다. 행복한 마음은 보이지 않고 관찰하기도 어렵다. 이마에 손을 대야 체온을 느끼고, 손목 혈관을 만져봐야 겨우 맥박을 느낀다. 이런 최소한의 접촉도 없이 마음 안쪽에 숨어 있는 행복한 심리상태를 파악하기는 불가능하다. 유리된 리조트에 머물며 겨우 이동 중에야 차창으로 현지인을 쳐다본다. 행복 관찰은 애초에 불가능했다. 의심했던 '행복도 1위'는 사실일지 모른다. 현지인들이 세계 1위의 행복을 느끼며 살아가길 진심으로 바란다.

다음 날 피지로 가는 프로펠러 비행기를 탔다. 하늘 위에서 보는 바누아투의 작은 섬들과 주위의 산호초, 근방의 바다 물빛은 변함없이 아름답다. 비록 그들의 행복을 알아보지 못했지만 모두 행복할 듯하다. 저 아래에 낙원이 펼쳐져 있는데도 찾지 못했다. 우리들의 눈과 마음이 세속적인 면에 치우쳐 있고 일정도 너무 짧다.

피지는 바누아투 인구의 세 배인 90만 명이며, 국토도 조금 더 넓다. 그곳 국민들의 행복을 확인하려면 이를 알아볼 수 있는 내 마음의 눈부터 먼저 갖춰야겠다.

길 위의 단상

행복은 결코 남태평양 산호초 섬에 있지 않다. 우리 마음속에 있다.

5. 피지에서 히비스커스와 인사하다

요즘은 집 옆 마트에서도 쉽게 보는 피지 생수는 멀리 태평양에서 온다. 물맛 좋다는 동네는 세계에 많지만, 상품으로 만들어 여러 나라에 수출하는 경우는 흔치 않다. 용기에는 파란 바탕에 FIJI 글자와 커다란 히비스커스 꽃만 있다. 심플하지만 색상의 대비로 강렬한 인상을 준다. 불라! 인사하는 꽃이 다정하다.

어떻게 작은 섬에서 경쟁력 있는 제품을 생산할까? 피지 중심인 비치레부(Viti Levu)섬은 태평양에 솟아오른 화산섬이다. 주민들은 해안에 거주하고 내부는 1,000m 산악지대이다. 이곳은 독특하게 아르테시안 대수층이라서 자연 수압으로 취수한다. 천연 화산 광천수라고 홍보하는 제품이 세계 곳곳에서 팔린다.

FIJI 네 글자와
붉은 히비스커스 꽃이
인사하는
심플한 디자인

자세히 살펴보면
태평양 무공해 지역
피지 섬
천연 화산 분출 암반수
제품이라고 홍보

#4 남태평양 141

숙소에 도착하여 방에 들어가니 히비스커스가 환영을 한다. 침대 시트 위, 세면대 옆에서도 붉게 웃는다. 반가운 마음에 떠날 때 꽃잎 하나를 가져와 즐겨 보는 책갈피에 끼웠다. 이제는 색을 잃고 연한 밤색으로 변했지만 오랜 세월을 이겨내며 우리와 함께 나이 먹어간다.

해변이어서 우리 숙소 주변에 작은 호텔들이 많다. 특히 젊은 손님들이 대부분이라 밤이 더 화려하고 요란하다. 낮에는 충전 중인 휴대폰처럼 다들 해먹 위에서 낮잠을 즐기거나 풀장 옆 선베드에 말없이 누워있다. 그러나 해가 기울면 분위기가 바뀐다. 줄지어 있는 가로등, 매달린 데코 등, 상가의 조명과 네온사인이 밝아지면서 피지의 밤이 익어간다. 다들 백사장이 가까운 식당 여러 곳에서 흥겹게 식사를 한다. 물에서 바로 나온 청춘들은 수영복 차림인데 자연스럽다. 혹시 그렇게 생각하지 않는다면 자리를 옮기거나 자신의 정신적 노화를 탓해야 한다.

식사의 즐거움은 워밍업에 불과하다. 해가 지기 전부터 식당 주변의 바에서 경쟁적으로 음악이 흘러나온다. 바 앞쪽 모래밭에 탁자를 배치하여 분위기를 잡는다. 비치는 넓지만 손님들이 그리 많지 않아 푸껫의 파통비치나 발리의 꾸따 해변에 비할 바는 못 된다.

청년들 한 무리가 백사장에 쌓아 놓은 캠프파이어에 점화하고 불꽃을 쏘아댄다. 바에서 준비한 듯 보인다. 그 순간 모든 바에서 볼륨을 크게 올려 화답한다. 이것이 트리거다. 이제부터는 경쟁적으로 친구들끼리 또는 숙소별로 무대에 오른다. 기름이 캠프파이어 불꽃을 키우듯이 각종 주류와 음악이 청춘들 가슴에 도화선 역할을 한다. 아래쪽 장작에 불이 붙으면 저절로 타오르듯이 댄스 배틀은 흥겨워진다.

멀리 바다는 보이지 않고 파도 소리만 들린다. 나이를 핑계로 뒤에 앉아

맥주를 마시던 우리는 조용히 빠져나와 해변을 걸었다. 낮과 달리 바람이 무척 시원하다.

피지에서는 관광산업이 중요하기 때문에 풍광 좋은 해변에 대형 위락지구가 수없이 많다. 다국적기업이 리조트 개발에 투자를 하고, 세계 각국에서 관광객이 몰려온다. 그러나 100년 전에는 달랐다. 당시에는 설탕의 수요가 많았고 기후가 적합한 피지가 유리한 지역이었다. 사탕수수 농사와 설탕 제조가 무척 중요했는데 일손이 모자라니 인도에서 많은 노동자들이 들어왔다. 노동 계약이 끝난 6년 후에도 그들은 돌아가지 않았다. 이런 이유로 현재 인도계 인구가 약 40%나 된다.

공정무역처럼 공정여행에 관심을 두는 여행자들이 늘고 있다. 소득수준이 낮은 지역에서는 특히 중요하다. 간단히 표현하면, 방문한 지역의 주민들이 이익을 얻게 하려는 것이다. 외국 자본의 거대기업이 운영하는 호텔보다 지역 주민이 직접 운영하는 소규모 호텔을 찾는 것도 그런 이유에서다.

산책에서 돌아와 아침 식사를 하는데 웃음이 나온다. 행복이나 즐거움도 항상 함께 지내는 사이에서 달리 느끼게 되면 불협화음이 될 수도 있다. 그래도 나 혼자 즐겁다.

이곳에 오기 전에 만타레이에 관한 자료와 동영상을 너무 많이 본 걸까? 천장에서 만타들이 헤엄치는 듯하다. 긴 꼬리가 달린 사각형 신체가 거대하다. 단순한 모양이지만 천천

Manta Ray
출처 - PADI.COM

히 움직이는 모습이 부드럽고 율동적이다. 다른 어종에 비해서 우아하고 품위가 있다. 엉뚱한 생각이지만 마치 고매한 철학자가 열정적인 탱고를 우아하게 이끄는 모습 같다. 만타의 매력에 빠지지 않을 수 없다.

어젯밤에 신나는 꿈을 꾸었다. 스쿠버잠수 중에 만타레이를 만났다. 깜짝 놀라 천천히 다가갔다. 도대체 무슨 일일까? 사라질까 염려하며 마음을 졸이는데 만타가 천천히 다가오더니 커다란 몸으로 나를 휘감으며 돈다. 나는 제자리에서 회전만 해도 만타는 둥글게 돈다. 마치 원숙한 남성 탱고 무용수가 여성 파트너를 리드하듯 보인다. 만타는 어마하게 큰 몸으로 나를 감싸듯 다가왔다가 멀어지기를 반복한다. 멀리서라도 한 번 보는 것이 모든 스쿠버들의 평생 꿈인데, 이게 웬일일까?

나는 나비와 함께 춤을 추며 놀았다는 장자가 되었다. 나비보다 수만 배나 거대한 만타레이와 함께 춤을 추었으니 장자의 꿈보다 훨씬 대단하다. 이러하니 아침 식사를 하면서 즐거운 마음에 웃음을 참을 수가 없었다.

6. 웅장한 자연 앞에서의 겸손

피지에서 뉴질랜드로 향한다. 비록 세 곳이었지만 이제 남태평양 산호초 섬을 떠나려니 아쉬움이 컸다. 이륙하면서 마지막으로 리프로 둘러싸인 아름다운 라군을 내려다본다. 역시 환상적이다. 이런 매력 때문에 현실을 낙원으로 둔갑시키나 보다. 아름다운 모습의 어떤 요인 때문에 사람들이 낙원으로 착각을 하는지 궁금했다. 특히 홍보와 광고 전문가들에게 중요할 듯싶다. 이런 요인을 잘 활용하면 평범한 상품에 '소유하고 싶은 상품'이라는 환상을 심어줄 수 있겠다.

따뜻했던 열대 섬에서 지내다가 추운 퀸스타운으로 왔다. 거리에서 만나는 모든 이들이 기쁨에 들떠있다. 멀리서 찾아온 이곳에서 진짜 행복을 찾을 수 있다는 생각만으로도 기쁜 듯하다. 스키리조트로 떠나는 차량도 많이 보인다.

우리는 예쁜 마을인 퀸스타운에 머문다. 주변의 산과 호수가 어울려 아늑하고 멋진 풍경이다. 부드럽게 부메랑처럼 휘어진 와카티푸 호반의 벤치에서 풍경 감상에 빠진다. 바람 따라 잔잔한 물결이 일고, 구름 따라 햇빛이 변해서 눈앞의 커다란 풍경화가 살아 움직인다. 오래 앉아 있어도 전혀 무료하지 않다.

한참 앉아 있으니 욕심이 생긴다. 이제 위로 올라가 보면 더 낫지 않을까? 곤돌라를 타고 전망대에 오른다. 역시 멋지다. 조망하며 정신없이 사진을 찍는다. 인생 최고의 풍경이 될 듯싶다. 만족스러운 마음으로 내려온다.

같은 마음으로 호수 유람선을 탔다. 기다란 호수를 따라 이동하니 멋진 풍경이 자꾸 바뀐다. 매 순간 바뀌는 탓에 눈과 마음에 미처 담지 못하고 사진 찍기에 열중한다. 변하는 풍광, 폭포, 울창한 숲, 새로운 작은 마을 등 모두가 매력적이다. 하루 일정으로 밀포드사운드 투어를 다녀왔다. 트레킹이 아니라 버스와 보트를 타는 겉보기 투어이지만, 남서해안에 있는 여러 피오르드의 진가를 상상해 볼 수 있는 기회였다.

아침 일찍 인터시티 버스를 타고 크라이스트처치로 출발한다. 여덟 시간 이상 달려야 한다. 그러나 중간의 풍광이 수려하고 독특하여 무료할 새가 없다. 도중에 멈춰 점심을 먹었던 테카포호수까지는 이동이 아니라 멋진 풍광을 감상하는 관광이다. 차창 밖으로 황홀한 풍경이 계속 변하는 파노라마다. 점심 후에 잠시 산책한 테카포호수도 와카티푸 못지않은 절경이었다. 산세가 부드러워 거친 자연 속에서 평온한 느낌이 든다. 점심 이후의 여정은 깊은 산속에서 벗어나 평화로운 목초지가 펼쳐진다. 뉴질랜드 목축산업의 규모는 엄청나다. 넓은 방목지를 이용한 대규모 방사형 목축이다. 가축의 복지를 고려하는 풍경이 부럽다. 우리나라는 사료의 부담이 계속 증가하여 어려움이 큰데 우리 실정과는 다른 이곳에서 어떤 장점을 배울 수 있을지 난감하다.

2010년의 지진으로 큰 피해를 입은 크라이스트처치는 아직도 비극의 흔

적이 남아있다. 지진대의 도시는 복구보다 대비가 더욱 중요하다. 바벨탑의 높이를 추구하는 욕심을 버리고, 자연스럽고 안전한 생활환경을 구축하는 지혜가 필요하다.

우리나라에서는 왜 동일한 용적률에서 건설단가가 증가하는 초고층을 선호할까? 편리, 안전, 자연, 상생 같은 기본적인 권리나 장점보다 부동산 수익이 압도적으로 큰 영향을 미친다. 맨해튼, 싱가포르, 홍콩 등 특수한 지역을 제외하고 전국에 주거용 고층건물을 짓는 나라가 지구에 또 있을까?

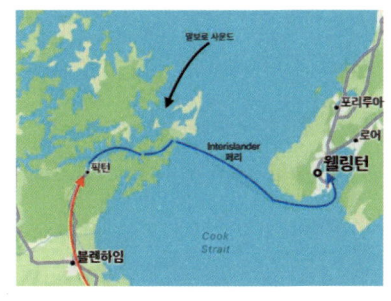

다음 이동은 버스와 페리를 타고 웰링턴으로 가는 장거리 노선이다. 일정에 여유가 있다면 중간에 있는 카이코우라 해변마을에서 쉬어가는 것을 추천한다. 큰 바다에 삐죽 튀어 나온 반도지역이라 한나절 쉬기에 적절하다. 작은 어촌마을인데도 여행자를 위한 숙소나 식당, 카페가 아주 많다. 마을 전체가 마치 고속도로 휴게소 역할을 하는 듯싶다. 이런 점에서 픽톤도 마찬가지다. 내륙 깊숙이 들어온 지점에 있는 항구인데 두 섬을 잇는 페리의 부두가 있다.

우리는 이른 아침에 시내 중심에 있는 인터시티 버스정류장으로 갔다. 여섯 시간 가까이 달릴 예정이다. 남섬은 산악지대가 넓게 분포되어 있는데 크라이스트처치 부근이 가장 넓은 평야지대다. 차창으로 보이는 풍경도 처음 두 시간은 농경지와 목축지다. 중간 카이코우라 부근에 산맥이 있어 도로는 해안에 붙어 달린다. 끝없는 바다가 계속된다.

왜 여행을 하며, 먼 길을 떠날까? 행복을 채굴하기 위함이라고 지난 여행 기록에서 언급한 적이 있다. 얼굴을 보며 대화를 나누어도 어려운데, 글을 통한 의사전달이 쉬울 리 없다. 채굴한다는 행복 자체가 보이지 않는다고 성토한다. 보여야 채굴할 텐데 행복이 눈앞에 분명하지 않아서 답답하다고 야단이다.

가장 중요한 핵심인 행복이 무엇일까? 다양한 요소가 있겠지만 부족함을 충족하는 것이다. 외롭고 쓸쓸하다면 무엇으로 부족함을 충족해야 행복할까? 다정한 대화나 친밀한 관계를 갖는 것이다. 무엇이든 넘칠 때는 이미 충만하여 행복함을 잘 모른다. 오히려 부족할 때 무엇인가로 채움으로써 행복을 느낀다.

물을 많이 마시면 물의 가치를 더 느낄까? 아니다. 만족은커녕 물중독이 될 수 있다. 물이 부족하여 갈증이 심할 때 물의 가치가 커진다. 부족한 곳으로 떠나보자. 정수기가 바로 옆에 있는 편한 공간에서는 항상 풍족하여 행복을 느끼기 어렵다.

물만 그럴까? 아니다. 공기가 희박해서 숨을 쉬어도 산소가 부족한 고산증이 오면 온갖 괴로움이 따른다. 어지럽고 더부룩하여 식욕이 떨어지고 무기력하다. 평소 부족함을 느끼지 못해서 감사하지 않던 공기의 존재를 실감한다. 숨을 편히 쉴 수 있기만 해도 고산증이 사라진다. 이에 감사하며 행복을 느낀다.

미국 대도시의 중심가는 특히 어두워진 후에는 걸어 다니기 어렵다. 차를 타고 지나갈 때도 문을 잠근다. 빨간 신호등에 정차할 때는 주위를 잘 살펴야 한다. 안전이 확보된 우리나라에서는 실감하기 어렵겠지만 밤중에도 두려움 없이 돌아다니는 자유가 행복의 기초이다.

부족하다고 느끼는 사항이 충족되어 갈 때 누구나 만족감과 행복을 느낀다. 스스로 채울 수 있으면 만족도가 더 높다. 부족해야 감사를 느끼기 쉽다. 그래서 여행하면서 여러 가지가 부족한 체험을 한다. 물 부족, 공기 부족, 정보 부족, 안전 부족 등 다양하다. 모든 것이 갖춰진 익숙한 곳은 오히려 불만이 자라기 쉬운 토양이다. 부족과 충만의 관계, 여기에 행복을 채굴하는 열쇠가 있다.

아직도 행복 채굴하기에서 행복이 분명하게 보이지 않는다면 핫팩 없는 겨울 산행, 간헐적 단식, 운동장 트랙에서 열 바퀴를 전력으로 달리기를 제안한다. 곧바로 따뜻함, 음식, 숨쉬기의 고마움을 느낄 수 있다. 행복 채굴은 그리 어렵지 않다. 부족함이 충족되는 것이 행복이다. 우리 주변에는 따뜻하지 못한 환경과 부실한 식생활에 숨쉬기도 어려운 사람들이 많다. 작은 충족에도 감사하고 행복을 느낄 수 있음을 기억하자.

길 위의 단상

높은 산으로 둘러싸인 테카포호수는 나지막한 언덕 가까이에 있어서 높고 낮음의 아름다운 조화를 보여준다. 청록색을 띠는 넓은 호수의 물빛은 신비롭다. 천하의 절경이지만 탐방객이 찾지 않으면 쓸쓸할 뿐이다.

7. 도시가 주는 다정함과 희망

페리를 타고 북섬으로 간다. 배에서 먹는 뷔페 식사는 의외로 만족스러웠다. 배가 커서 롤링도 없고 라운지 시설도 편하다. 뉴질랜드의 생활수준이 높고, 국가대표 페리이니 그럴 만하다. 그러나 망망대해로 나오자 점차 무료해진다. 아니, 따분하다. 단지 수평선만 보고도 즐거울 수 있으려면 대단한 상상력과 섬세한 감성이 필요하다. 그렇지 못한 나는 곧 혼자만의 대화에 빠진다.

여행보다 즐거움과 행복에 관심이 많은 나는 여행 이야기를 자주 하지 않는다. 여행은 발로 하지 입으로 하는 것이 아니다. 그런데 우리 여행에 관해 궁금한 지인들이 자주 묻는다. '왜, 멀리 여행가나요?'

나는 다양성이 중요하다고 믿기에 천편일률적인 것을 경계하며 싫어한다. 그러나 주변을 보라. 오랫동안 답 고르기에 익숙해진 많은 이들은 정형화된 답만을 찾는다. 조금만 벗어나면 모두 오답으로 취급한다. 독특하고 색다른 다양성을 싫어하며 획일화된 전형을 추구한다. 증명사진도 표준에 가깝게 변형하고, 태어난 얼굴도 표준 미인스타일로 고친다. AI가 보여주는 표준적인 답만 외운다.

대화의 기본은 자기 생각의 표현이다. 되도록 꾸밈을 자제하고 담백하게 말하거나 글로 적으면 된다. 각인각색이라 다양할 수밖에 없다. 논리적이며 독특한 면이 있으면 금상첨화다. 그리고 상대의 말을 진지하게 경청해야 한다.

그러나 현실은 반대에 가깝다. 아무런 언급 없이 클릭만으로 떠돌아다니는 유명한 사람의 말을 내세운다. 본인은 없고 타인만 있다. 심지어 누구나 보는 자료를 끊임없이 퍼 올리기도 한다. 정보의 남용이다. 귀중한 정보를 바로 삭제하는 쓰레기로 변질시킨다. AI가 제시하는 답을 마치 자기 생각인 것처럼 말하는 사람도 많다. 답은 상황과 조건에 따라 다르고 시간이 경과하면 자연스레 바뀐다.

집 주변만 맴돌면 날마다 보는 한정된 현상에 매몰되기 쉽다. 자연스러운 일이다. 왜 멀리 여행을 가느냐는 질문에 나는 댄 뷰트너의 소개로 답한다. 1960년생인 그는 26세에 세 명과 팀을 만들어 25,000km 자전거 여행을 떠난다. 알래스카 북쪽 해안에서 시작하여 중미를 거쳐 남미대륙 남단 끝까지 자전거로 달린다. 이후에 러시아 동서 횡단, 아프리카 남북 종주 사이클링을 한다.

먼 곳으로 자전거를 타고 달리며 뷰트너는 무엇을 보았을까? 많은 현상을 직접 체험했겠다. 여러 체험의 디테일을 추상하여 자기 생각을 형성한다. 반대로 여러 사실을 다루지 않고 클릭 한 번으로 보고 베낀 것은 단순한 상상이거나 지극히 위험한 생각이다.

그는 모은 경험을 장수 마을에 접목하여 회사를 설립하고 '블루 존스 (Blue Zones)'로 등록했다. 이후 수많은 뷰트너 키즈가 나오고 있다. 이들은 자전거, 바이크, 캠퍼를 타고 대륙을 달린다. 심지어 대형 버스나 트럭을 투어에 적합하게 개조하여 여러 명이 함께 즐긴다. 한 달가량 짧게 여행하는 오버랜드 트럭킹은 흔

한 여행상품이다.

우리는 다시 버스를 타고 북섬의 중앙에 있는 커다란 타우포호수로 갔다. 타우포 마을이 호수에 접해 있다. 호수가 매우 크지만 마을이 완만한 언덕에 있어 분위기가 포근하다. 다음 날 남쪽에 있는 통가리로 국립공원이 유명하여 투어를 신청했다. 여행사 차량을 타고 공원을 오른다. 멋진 조망이 가능한 전망대에서 내려 환상적인 모습을 가슴에 담고, 다시 차에 올라 다음 뷰포인트로 이동한다. 물론 짧게나마 산책과 트레킹의 기회도 있다.

모든 것이 저절로 해결되는 여행사 상품은 언제나 편리하고 짜임새가 높다. 도중에 만나는 트레일 난이도가 적절하고 무엇보다 주변 풍광이 아름답다. 화산지역의 다양한 변화가 많아서 크게 만족했다.

세계 도처의 산지와 공원에는 다양한 형태로 자기만의 여정을 즐기는 여행자들이 많다. 머리 위로 솟아오른 큰 배낭을 짊어지고 걷는 이, 소형 배낭만 메고 산책하는 여행자, 가볍게 조깅하는 러닝 애호가, 교통시설 이용을 최소화하며 자전거나 바이크로 이동하는 진심 여행자 등 다양하다.

마지막 여정은 대표 도시인 오클랜드이다. 우리나라보다 훨씬 넓은 국토에 인구는 우리의 11%뿐이니 인력이 부족해서 외국 이주민이 많다. 오클랜드의 첫인상도 다문화 대도시였다. 도로, 식당, 몰, 공원 등 어디에서나 다양성과 역동성이 느껴진다. 비록 터전이 약하고 아직은 여유가 없지만 이주민 특유의 근면성과 희망이 보인다.

그러나 모든 면에서 압도적인 호주와 시드니에 비교된다. 누구에게나 비교와 경쟁은 괴롭고 힘들지만 여러 면에서 피하기 힘든 속성이 크다. 꼬리를 내리고 뒤돌아서면 상대는 하이에나처럼 더욱 거세진다. 뉴질랜드와 오클랜드는 호주와의 경쟁에서 계속 뒤처질까? 아니다. 뉴질랜드의 요트산업을 보자.

태즈먼 해를 사이에 둔 두 나라 모두 태평양과 인도양을 건너서 세계와 교류한다. 이들에게 바다와 선박 기술은 중요하다. 뉴질랜드가 요트산업에 기울이는 노력은 대단하다. 오클랜드는 세계에서 1인당 보트 수가 가장 많은 '항해의 도시'로 알려져 있다. 게다가, 세계적인 항해 브랜드도 많이 보유하고 있다.

고층빌딩이 가득 들어서 있는 도심의 북쪽은 매우 넓은 와이테마타 항구 지역이다. 이어 서쪽으로 프린먼스 만이 있는데 매우 화려한 대형 요트들이 많이 모여 있다. 호화롭기 그지없다. 바로 옆 윈야드쿼터에는 요트 관련 회사와 제작 현장이 함께 있다. 여기서 고개를 왼쪽으로 돌리면 놀라지 않을 수 없다. 이렇게 많은 요트가 넓은 웨스트헤이븐 계류장에 가득하다니 감탄이 절로 나온다.

세계에서 가장 오랜 역사를 가진 경기가 무엇일까? 윔블던 또는 디오픈 골프대회일까?

아니다. 1851년에 시작한 아메리카컵 요트대회이다. 10년에 대략 세 번 개최한다. 가장 최근에 개최된 2017년 버뮤다대회에서 뉴질랜드가 우승했는데 이때의 열광과 감동은 대단했다. 모든 키위들을 한마음 한뜻으로 모았다. 뉴질랜드의 우승은 결코 우연이 아니다.

귀국 비행기를 기다리며 창밖으로 이착륙하는 비행기를 쳐다본다. 수백 톤의 무거운 비행기가 내려오고 떠오른다. 자연스러운 이착륙 장면에 갑자기 120년 전 라이트 형제의 최초 비행이 겹쳐진다. 12초 동안에 36m 거리를 날아가는 비행이었다. 이것은 머나먼 대륙에 다녀오는 여행을 동네 산책에 비교하는 것과 흡사하다. 어느 것이 더 의미가 있을까?

히말라야 설산의 일출은 멋있다. 그러나 동네 뒷산의 석양에서 더 큰 의미를 깨달을 수 있다. 생의 신비와 감사를 느끼고 깨달음을 얻는 것에는 장소가 중요하지 않다. 삶에서 체험하는 경이로움이 중요하다. 어느 날 문득 감사하는 마음이 생기거나, 미워했던 마음이 사라지고, 무관심했던 것에 대해 애틋함이 생기는 것도 모두 작은 기적이다. 일상 속의 기적을 스스로 인식하고 이를 받아들이려면 깨어있는 정신이 관건이다. 새로운 곳으로 가는 여행은 우리가 깨어있도록 약간 도와줄 뿐이다.

창밖을 보니 여전히 수백 톤이나 되는 비행기가 이착륙하고 있다. 주변에서 일상 속 기적은 계속된다.

길 위의 단상

오클랜드 시민들이 자주 찾는 와이타케레공원은 시내에서 서쪽으로 30분 거리에 있다. 울창한 숲속에 다양한 수준의 트랙이 있어 취향 따라 선택한다. 특히 수령 2,000년인 카우리 나무가 유명하다. 수종, 토양, 지형 등은 다르지만 우리나라 도시 근교의 등산길이나 산책길, 그리고 둘레길에서 자연을 즐기는 것과 마찬가지다.

2부

마음
여행

: 내면으로 향한 또 다른 여정

바깥세상이 남긴 흔적은
결국 내 안에서 울려,
희망과 회복의 길로 이어진다.

#5 무돌길 한 바퀴
걸음마다 품은 금수강산의 마음

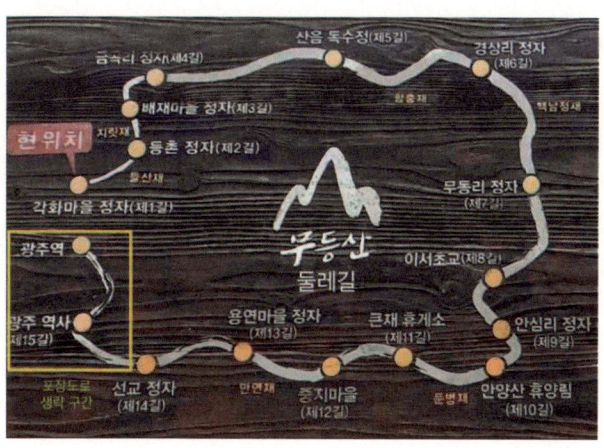

무등산은 광주시, 화순군 그리고 담양군의 경계에 있다. 무등산 둘레를 따라 걷는 무돌길은 열다섯 개 구간을 잇는 약 50km 길이다. 부산의 금정산 둘레길이나 대구의 팔공산 둘레길처럼 주민들이 좋아하는 주변의 문화와 역사, 볼거리 등을 연계하여 탐방로를 꾸몄다. 정상에 오르는 등산의 성격보다 산자락을 가볍게 걸으면서 다양한 모습을 살펴보고 즐기기 좋다.

성격은 유사한데 큰 규모로 조성된 경우도 있다. 제주 올레길, 서울 둘레길, 부산 갈맷길이 대표적이다. 산자락 길과 등산로가 주요 길이지만 공원 숲길이나 천변 길, 동네 산책길 등도 포함한다. 무돌길은 도시 근교에서 만나는 자연 친화적인 트레일인 점에서 홍콩 도심에서 가까운 여러 개의 둘레길과도 유사하다.

1. 발길이 머문 나의 최애 트레일

우리나라 국토를 가리켜 '삼천리 금수강산'이라 한다. 풀이하면 '전 국토가 고운 비단에 수를 놓은 것처럼 아름다운 산천'이다. 우리 것 중에서 가장 핵심인 국토를 귀하게 여기는 것은 당연하다. 어릴 적에 나는 애국심을 고취하는 일방적인 찬미라고 생각했다. 그러나 시간이 흐른 후, 세계 여러 곳에 가볼수록 고개가 끄덕여졌다. 끝없는 대평원과 사막이나 높은 고봉이 줄지어 있는 산맥과 다르게 금수강산은 오밀조밀 다정하게 우리를 품는다. 정글이나 황야와 달리 우리의 산과 계곡은 결코 사람들을 배척하지 않는다. 오히려 계절 따라 아름답게 변하는 모습으로 항시 우리를 부른다.

잎이 채 무성해지기 전부터 산천은 봄꽃으로 예쁘게 치장한다. 복숭아꽃, 살구꽃, 산벚꽃, 매화, 철쭉의 색색 물결은 장관이다. 봄꽃은 결코 오래 머물지 않는다. 보는 이들은 아쉬워하지만 사실은 그렇지 않다. 시차를 두고 서서히 변해가며 다른 수종이 새로운 꽃을 선보인다. 더구나 꽃이 지면 연한 녹색의 신록이 나타난다. 가까이 보면 봄꽃이 예쁘지만 넓게 보면 신록이 더욱 매력적이다.

어찌 봄꽃만 금수강산의 자수일까? 여름의 주인공은 꽃보다 녹음이다. 산천은 푸름으로 가득하다. 그 속에서 자귀꽃, 무궁화, 능소화, 초롱꽃, 배롱나무꽃들이 피어나 어울린다. 강렬한 여름 햇볕 아래 봄꽃보다 훨씬 오래도록 환한 얼굴을 보여준다.

가을 산천은 짧지만 울긋불긋한 단풍으로 연중 가장 화려하게 변신한다. 하찮다고 여기는 나뭇잎조차도 생의 임무를 마치는 마지막 단계까지 아름다움을 보여주는 자연의 신비를 볼 수 있다. 아마도 현명한 사람들 중에서 극히 일부만이 이렇게 아름답고 깔끔한 최후를 보여줄 수 있을 것 같다.

이렇듯 친근하고 다정한 금수강산이 우리를 감싸고 도처에 있다. 큰 도시든 작은 마을이든 가리지 않고 어디나 사랑받는 산이 많다. 다섯 개의 봉우리가 다정하게 자리 잡은 오봉산은 항상 정겹다. 가까이에 오봉천이 무심하게 흐른다. 물길과 평행으로 철도가 지나가고 추억이 가득한 옛길이 한가롭다. 오봉천을 따라 제방 길을 걸어가니 오봉산 봉우리도 따라온다. 앞에는 넓은 오봉들이 펼쳐져 있다. 수량이 풍부하여 예전부터 식량이 넉넉했다고 한다. 소출이 많으니 인심도 후덕했으리라.

만봉리에는 가까운 곳부터 먼 원경까지 수많은 봉우리들이 펼쳐져 있다. 만봉제 저수지의 위와 아래로 들판이 계속 이어진다. 집약농업을 하는 하우스 단지도 규칙적이다. 야트막한 산자락 쪽으로 버섯을 재배하는 통나무가 줄지어 있다. 작은 마을의 위쪽에는 전원마을이 넓게 조성되어 활기차게 보인다. 수많은 봉우리의 멋진 경관을 보며 맑은 공기를 맘껏 즐긴다.

2025년 2월 초순 무등산 설경

많은 산 중에서 주민들이 특별히 좋아하고 자랑스럽게 여기는 산이 있다. 즐거울 때도 쓸쓸할 때도 가리지 않고 찾는다. 부산의 금정산, 대구의 팔공산, 광주의 무등산이 대표적이다. 물론 다른 도시나 작은 마을에서도 예외 없다. 산을 둘러싼 도로는 여러 마을에서 오르는 길과 자연스럽게 연결된다. 산은 계절 따라 보여주고 내어주는 것이 다양해서 주민들이 꾸준하게 오른다.

우리는 인생의 어느 시점에서 삶을 되돌아본다. 새로운 마음가짐으로 자신에 대해 생각하는 시간을 갖게 된다. 내면에서 자신을 괴롭히는 욕심과 잡념을 비우고, 가치 있는 것으로 채우기 위해 순례길을 따라 걷기도 한다. 길을 걸으며 지금까지의 행적을 살펴본다. 생각 없이 지나쳤던 자신의 잘못을 반성하는 기회를 갖기도 한다.

칠곡의 가실성당과 한티순례길은 대표적인 탐방지이다. 안온한 분위기와 계절에 따른 아름다운 풍광에 푹 빠지면서 또한 기독교적 순례의 의미도 찾을 수 있다. 훨씬 먼 길이지만 연령과 상관없이 수많은 사람들이 산티아고 순례길을 떠난다. 발에 생긴 물집과 싸우며 한 달 전후가량 오래 걷는 길이다. 하지만 매우 흡족한 마음으로 기꺼이 스페인 북부 마을의 먼 길을 걷는다.

유사한 마음으로 일본 시코쿠섬의 오헨로 순례길을 찾는 이들도 많다. 88개 사찰 전부는 아닐지라도 일부를 순례하는 고행을 마다하지 않는다. 한적한 순례길과 사찰에서 구카이 대사의 발자취를 찾고, 마음속에 스며드는 그의 가르침에 귀를 기울인다.

멀리 있는 유명 관광지의 탐방로보다 우리 주변에 있는 산책로에 훨씬 애착이 간다. 자주 가볼 수 있기 때문이다. 무돌길의 열다섯 개 구간에서 마지막 두 개는 자주 지나다니는 시내 구간이다. 우리는 열세 개 길을 이틀이나 사흘에 나누어 걷는다. 첫날은 1길에서 시작해서 4길 또는 7길까지이다.

1일 차 걷기를 마무리한 후에 버스를 타고 귀가한다. 2~3일 차는 나머지 구간을 나누어 걷는다.

아파트 단지의 헬스장에 가보면 러닝머신이 가장 붐빈다. 주민들이 트레드밀에서 제각각의 속도로 달린다. 달리기의 인기는 언제나 꾸준하다. 전문적인 달리기 아카데미 회원이나 러닝크루 멤버로 활동하는 이들도 있다. 그렇지만 우리는 실내에서 달리는 것보다 산과 들, 숲길에서 산책하는 것을 선호한다. 자연스럽게 무돌길에 끌린다.

길 위의 단상

어느 도시의 둘레길처럼 무돌길도 동네 뒷산에 오르는 것처럼 가볍다. 게다가, 붐비지 않아서 나만의 보폭과 속도로 조절할 수 있어 좋다. 해와 달이 서로를 비교하지 않듯이, 남을 시기하지 않고 나의 삶을 가꾼다.

2. 비열한 모략에서 교훈을 얻다

무돌길은 각화동에서 시작한다. 이곳은 광주시의 외곽이지만 뚜렷한 특색이 있다. 첫째, 교통의 요충지다. 어느 곳도 호남고속도로의 시내 구간과 제2순환도로와 연결되어 무척 편리하다. 담양 방향으로 29번 국도가 뻗어 있어 예전부터 주요 통로였다. 그래서인지 최근에는 고층 아파트 단지가 숲을 이루고 있다. 시멘트 숲이 너무 높고 넓어서 매우 답답한 느낌을 주는 것이 아쉽다.

둘째 특징은 근접한 녹지다. 밀집한 주거지의 바로 옆이 개발제한구역이다. 주민들이 즐겨 찾는 산책길이 숲속에 거미줄처럼 연결되어 있다. 눈앞에 펼쳐지는 크고 작은 여러 산봉우리는 무등산 정상까지 이어진다. 실제로 숲길을 걷다 보면 400m 전후의 봉우리들이 계속 이어진다. 장원봉, 향로봉, 장군봉을 연이어 지나면서 정상을 향한 본격적인 등산을 할 수 있다.

고층 아파트 단지를 지나면 무돌길의 제1길인 싸리길 안내판이 보인다. 여기서 불과 몇 발자국 걸어가면 순식간에 산길로 접어든다. 바로 그곳에 제법 큰 각화저수지가 있다. 고층빌딩 숲에서 고개를 한번 돌리면 시골이나 산골 풍경이 된다. 시끌벅적한 도심에서 이렇게 가까이에 저수지가 있다. 분위기가 돌변하는데, 심지어 멧돼지를 조심하라는 안내판도 있다. 이런 급작스러운 변화는 그린벨트의 마법이다.

많은 사람들이 시멘트와 플라스틱에서 벗어나지 못한다. 하루의 대부분을 보내는 아파트와 사무실 빌딩은 철근 콘크리트이다. 도로는 아스팔트나 시멘트로 포장된 길이다. 매일 몇 잔씩 마시는 음료수의 일회용 컵과 빨대, 작은 생수통, 종일 사용하는 키보드와 필기구는 거의 플라스틱이다. 이렇게 인공적인 시멘트와 플라스틱에 파묻혀 지낼 수밖에 없으니, 정녕 자연은 멀리 있을까?

아니다. 결코 아니다. 시내버스에서 내려 몇 걸음 걸어가면, 사방에서 인공물을 거의 찾아볼 수 없는 각화저수지가 돌연 나타난다. 흙, 풀, 물, 나무와 새소리뿐이다.

정말 믿기지 않는다. 이렇게 믿기 어려운 것을 눈앞에 보여주고 믿게 만드는 것이 무돌길의 존재 이유다. 편한 복장으로 떠나보라. 집에서 가까운 무돌길로 가본다. 각화저수지가 아니어도 상관없다. 거기에는 자연이 가득할 뿐, 시멘트와 플라스틱은 없다.

자연이 멀리 있다기보다 우리가 자연을 외면하는 것이 아닐까? 말과 글로는 자연을 찾는다고 하면서 실제 행동과 삶에서는 자연을 외면하는 경우가 많다. 자연의 공기를 마시며 야외에서 운동하는 인구는 빠르게 줄고, 휴대폰과 게임기를 즐기는 시간은 엄청나게 늘고 있다.

태봉과 군왕봉 사이로 각화마을에서 청풍동으로 넘어가는 고개가 들산재이다. 숲길이 넓고 중간에 쉼터가 있어 천천히 걷기에 안성맞춤이다. 곧이어 나타난 편백 숲길에서 심호흡을 하며 걷다 보면 들산재 정상에 도착한다. 여기서 숲길이 여러 갈래로 나뉜다.

이정표를 보고 내려오면 다음 행선지인 신촌마을과 등촌마을이 보인다. 정겨운 풍광이다. 잠시 숲길과 사방이 나무뿐인 산속을 걷는다. 공간에 피톤치드와 향기가 넘쳐서 숨이 편하고 눈이 맑아지는 듯하다. 귀에는 자연과 우주의 맑은소리로 가득하고, 코도 오랜만에 매연이나 악취, 화학적인 냄새에서 해방된다.

등촌마을 돌담
제2길 조릿대길

숲의 정령들이 나타나서 함께 걷는 것 같다. 자연 속에 파묻힌 황홀함에 빠져서 선계에 들어선 착각마저 든다. 수많은 산봉우리, 평화로운 마을, 길게 이어지는 석곡천, 양쪽으로 펼쳐지는 들판과 농경지가 그림처럼 어우러져 있다. 평화로운 모습이다. 고개 위에서 이런 모습을 내려다보니 저절로 미소가 떠오른다. 갑자기 걷는 즐거움이 용솟음친다. 빨리 내려가서 마을로 들어서고 싶다.

아무도 살지 않는 설산고봉, 천 길 낭떠러지, 끝없는 사막에서의 붉은 낙조가 아름답고 황홀한 풍경이라는 생각은 착각이 아닐까? 그것은 일상생활을 벗어난 지극히 짧은 만족, 또는 평생 몇 번 느끼는 여행자의 감상에 불과하다. 진정성 있고 지속적인 아름다움은 삶 가까이에 있다. 무돌길도 우리와 가깝게 있다.

주식시장의 전광판이 정신없이 요동치는 날이 많다. 그래서 주가예측은 매우 어렵다. 1주일, 아니 하루의 초단기 예측도 쉽지 않다. 그러나 복잡하고 변동이 컸던 과거 1년 또는 5년의 주가 변동은 단 1초면 깔끔하게 도표로 볼 수 있다. 이것이 과거와 미래의 차이다. 한 시간 앞을 내다보기는 어렵다. 그러나 과거 데이터를 뒤져보는 것은 매우 쉽다. 과연 주가의 변화만 그럴까?

충신과 간신의 경우를 살펴보자. 역사책에는 서로 정반대인 충신과 간신을 일목요연하게 구별하고 있다. 누구에게나 매우 쉽다. 그러나 특정인의 언행을 잘 살펴보고, 그가 미래에 충신이 될지 또는 간신으로 판명될지 지금 당장 판단하는 것은 매우 어렵다. 거의 불가능에 가까운 어려운 판단이다.

이순신 장군은 으뜸가는 충신의 본보기였다고 지금은 누구도 의심하지 않는다. 그런데 왜 전쟁 중인 위기상황에서 원균의 모함으로 파직당하고 투옥되는 억울한 일을 당했을까? 많은 고위 신료들과 선조는 모두 멍청한 바보였을까?

아니다. 그들도 누가 충신이며 누가 간신배인지 구별하려고 노심초사 분석하고 격론을 펼쳤을 것이 뻔하다. 단지 모략과 진실이 온통 뒤범벅되었을 때 바른 판단을 당장 내리기가 매우 어려웠을 뿐이다. 지금 눈앞에 마주한 현실 상황은 깔끔하게 과거를 정리한 역사책과 다르다.

마수취안은 그의 저서『모략의 즐거움』에서 매우 추악하며 비열한 내용을 소개한다.

'정정당당하게 싸우는 것보다 훨씬 유효한 방법은, 중상모략으로 적을 모함하거나 속임수로 상대를 기만하여 혼란에 빠뜨리는 것이다. 상대가 꼼짝할 수 없는 계략을 도모해서 싸우지 않고 이기는 것이다. 완벽한 전략은 모략으로 완성된다.'

치밀한 중상모략은 간파하기가 매우 어렵다. 철저한 모략은 성웅 이순신 장군을 역적으로 둔갑시킬 수도 있다. 이럴진대 평범한 사람을 악인으로 변모시키는 것은 늘 있어왔다. 자신의 이익을 챙기기 위해서 모략을 획책하는 자들이 많기 때문이다.

무돌길의 제3길 이름은 덕령길이다. 출발 지점인 배재마을 근처에 김덕령 장군을 기리는 충장사가 있다. 그가 향교에서 수학하던 25세에 임진왜란이 일어나자 아홉 살 위의 형과 함께 곧바로 의병을 일으킨다. 안타깝게 형인 덕홍은 한 달 만에 전사하고 만다. 김덕령은 26세에 의병군 총대장에 임명되어 도원수 권율 장군의 휘하가 된다.

충장사 익호문(翼虎門)

왜란 초기에 관군은 연전연패를 면치 못한다. 대비책이 없는 조정은 우왕좌왕 혼란에 빠지며, 선조는 북쪽으로 도피하다가 돌아오고, 다시 도망가는 무능을 보인다. 불쌍한 백성들은 아수라장에 빠져 헤어날 방법이 없다. 이때 곳곳에서 일어난 의병이 핵심적인 돌파구를 마련한다. 왜군의 보급로를 끊고 기습공격으로 진군을 막는다. 많은 의병장들이 관군을 도와 전과를 올린다. 김덕령은 왜군이 곡창지대인 전라도로 진군하여 식량을 확보하는 것을 막는다.

전쟁 중에 이몽학이 반란을 일으키고 그동안 누적된 정권의 알력 때문에 김덕령은 무고로 투옥된다. 압송된 그를 선조가 직접 국조를 진행하는데, 덕령은 고문을 이기지 못하고 사망한다. 모략에 의해 충신이 옥사하는 것은 개인의 억울함으로 그치지 않는다. 옥사 소식이 전해지자 용기 있는 자들이 모두 숨어버리고 의병을 일으키지 않았다고 한다.

3. 여유롭고 아름다운 누정문화

절묘한 타개책으로 거짓 포장된 각종 권모술수가 흔하다. 모함으로 인한 김덕령 장군의 억울한 옥사 이야기에 마음이 울적하다. 마수취안의 책에 나오는 매우 추악한 내용이 사회에서 묘책으로 칭송받는 경우가 허다하다니 더욱 암울한 기분이다.

충장사 인근의 배재마을을 지나서 울창한 소나무 숲길을 천천히 걸어간다. 다행히 숲길 옆으로 흐르는 작은 계곡의 물소리가 경쾌하여 마음을 달래주는 듯하다. 숲길을 빠져나오자 멀리 금곡마을이 보인다. 앞에 펼쳐진 넓은 들판이 시원하다. 역시 마을 안으로 들어서기 전에 언덕 위에서 내려다보는 풍광이 제일이다.

무돌길은 금곡마을에서 원효계곡 숲길과 이어진 밭길을 따라 평촌마을로 향한다. 이미 수차례 걸었기 때문에 오늘은 제4길을 잠시 벗어나서 충효마을과 정자를 들러본다. 소쇄원의 정원을 감상한 후에 증암천을 건너서 평촌마을로 돌아오는 경로로 변경한다.

충효동과 광주호 사이에 호수생태공원이 넓고 다양하게 조성되어 있다. 생태 연못, 버드나무 군락 등 다양한 볼거리가 있다. 특히 왕버드나무 거목 세 그루는 생명의 원숙함을 보여준다. 목재 보행로가 많아 약 5km에 걸친 산책로를 편하게 즐길 수 있다.

환벽당은 공원에서 불과 100m가량 떨어진 가까운 곳에 있지만 숲속 언덕 위에 있어서 빙 둘러 돌아가야 한다. 뒤쪽의 무성한 숲, 앞의 연못과 정원, 바로 옆의 증암천과 잘 어울린다. 그리 높지 않은 높이의 언덕 위에 있어 450년이 지났지만 여전히 뛰어나게 멋진 정자다.

환벽당에서 작은 길로 잠시 걸어가면 언덕 위에 취가정이 있다. 아주 가깝지만 숲속의 환벽당과 달리 취가정은 넓은 들판을 시원하게 내려다보고 있다. 꿈에 옥사한 김덕령 장군이 술에 취해 나타나 억울함을 토로해서 후손들이 장군의 혼을 달래기 위해 정자를 지었다는 사연이 전해진다.

취가정을 나와 증암천을 건너면 큰길을 만난다. 10여 분 걸어가면 식영정

입구가 있는데 취가정과 달리 규모가 크다. 식영정은 서하당, 연못 옆의 부용당, 넓은 정원, 주변의 뛰어난 경관과 어우러져 원림의 전형이다.

식영정 바로 옆에 한국가사문학관이 있다. 가사문학 관련 문화유산을 전승하고 현대적으로 발전시키기 위해 설립한 기관이다. 주변에 환벽당, 취가정, 식영정, 소쇄원, 송강정, 면앙정, 명옥헌 등 호남 시단의 주요 무대가 모여 있으니 최적의 장소이리라.

가사문학관에서 나와서 큰길을 따라 걷다 보면 곧 소쇄원에 이른다. 이곳은 계곡에 지은 정원으로 자연미와 구도가 뛰어나다. 이곳 태생인 양산보는 기묘사화 후 큰 충격을 받고 낙향한다. 고향에 은둔하여 소쇄원을 설계하고 계속 만들어 갔다. 조선시대 특유의 자연과 어우러지는 조경문화를 대표하는 아름다운 정원이다. 이곳에서 6~15km 거리에 있는 명옥헌, 송강정, 면앙정도 수려한 풍광 속의 자랑스러운 문화유산이다.

소쇄원을 나와 증암천을 건너서 약 15분 걸어가면 평촌마을에 다다른다. 잠시 벗어났던 무돌길로 돌아온다. 여기서 증암천을 따라 걸어가면 너른 들판이 펼쳐진다. 바로 버드쟁이들과 살구쟁이들이다. 곧 반석마을에 도착한다.

마침내 산음교 다리에서 제4길이 끝나는 삼거리를 만난다. 커다란 무돌길 이정표가 보인다. 오른쪽으로

꺾어서 독수정 방향으로 올라가면 제5길이 시작되고, 반대 방향으로 산음교를 지나가면 가사문학면사무소가 있다. 제법 큰 연천마을이다. 이곳에 시내버스 종점이 있어서 첫날 일정을 마치고 귀가하거나 계속 걸을 수 있다.

길 위의 단상

세계적으로 요즘 사람들은 하루 평균 여섯 시간에서 열한 시간을 스마트폰과 PC 등 디지털기기를 이용하면서 보낸다. 쉽게 찾아갈 수 있는 정자들은 대부분 조망이 좋은 곳에 있다. 피곤한 눈과 마음을 맑게 하는 데 안성맞춤이다.

4. 길에서 고령사회의 답을 보다

둘레길은 크게 두 가지로 나뉜다. 첫째, 마을 안의 여러 길과 주변 경작지에 있는 농로와 농도다. 농도는 도로이지만 밭과 논 사이의 농로는 경작지 사이를 연결하는 길로 농지에 속한다. 둘째는 마을을 연결하는 산속의 고갯길이다. 경사에 따라 야트막하고 넓은 산책길 수준이 많지만 좁고 바위가 많은 등산길이 되기도 한다.

제5길을 출발하여 조금 오르면 독수정이 있다. 고려 말에 나라가 망하자 무신인 전신민이 가족과 함께 은거하며 지내던 곳으로, 조선 초기에 지어진 것으로 적혀있다. 이름에서 지조와 결기가 느껴진다. 여기서부터 넓고 완만한 숲길이 정곡마을까지 이어진다. 바로 함충이재이다. 편백나무, 대나무, 소나무 외에도 많은 수종이 빽빽하다. 공기가 맑고 향기롭다. 옛길이지만

넓고 평탄하여 여유롭게 걷기에 이곳만큼 즐거운 곳은 흔하지 않으리라. 쾌적한 휴양림 속의 산책길에서 새소리를 들으며 걷는다.

정곡마을에서 평탄한 논과 밭, 하우스 시설을 지나면 곧 경상마을에 당도한다. 마을 가운데에 커다란 느티나무가 있고, 바로 옆에 정자가 있다. 깔끔한 정자에 앉아서 잠시 쉰다. 어디를 가더라도 마을이 조용하다. 외지인의 방문을 알아챈 강아지들이 담장 안에서 요란하게 짖는다.

한참 지나가니 전원주택이 몇 채가 나타난다. 약간 경사진 곳에 주변 풍광과 어울려 멋들어지게 보인다. 한 집에서 주인 부부가 단감 수확 작업을 하다가 쉬고 있다. 우리와 눈이 마주치자 안으로 들어오라고 손짓한다. 주인은 수확한 단감 몇 개를 깎기 시작한다. 올해는 감이 더 실하다고 하면서 미소를 짓는다. 과수원이 아니라 담 따라 감나무가 열 그루가량 있다.

농사일이 어떠냐고 묻자, 본인들은 농부가 아니고 그저 취미활동이라고 말한다. 판매를 위해 상품을 재배하면 무슨 작물이든 힘들고, 자신들의 먹거리 정도를 얻는 여가활동은 쉽단다. 판매상품은 균일하고 깔끔하게 재배해야 하지만 비매품은 모양도 다양하게 저절로 자란다.

정년하기 5년 전부터 집을 짓기 시작하여 이사 온 지 10년이 지났는데, 아주 만족하며 지낸다면서 흡족해하는 표정이 역력하다. 만족하는 이유를 물었더니 노부부의 대답은 단순했다.

"늙어서도 매일 할 일이 있고, 아침이면 온갖 작물들과 인사를 나누는 것도 즐거워요." 돈을 벌기 위한 욕심만 부리지 않으면 건강한 몸에 마음이 편하고 즐겁단다. 옆집 사과보다 크고 때깔 좋게 기르는 경쟁은 시종일관 어렵고 피곤하다. 이런 욕심만 없다면 거의 모든 작물은 저절로 자란다. 농부가 기른다기보다 해와 땅, 물과 바람이 키운다. 물론 비료와 거름을 제때 주고 멀칭과 수차례 병충해 방제는 기본이다.

제6길은 경상마을에서 시작하여 무동마을까지다. 마을을 벗어나며, 눈앞에 펼쳐지는 시원한 풍광을 즐기면서 산책길을 따라 올라간다. 꽤 큰 경상저수지가 나타난다. 수변 풍경에 감탄하고 천천히 오른다. 넓고 완만한 길이 함충이재처럼 반갑다. 그런데 갑자기 길이 좁아지더니 급경사에 비탈진 길이다. 천천히 움직여도 숨이 가쁘다. 등산길이라면 돌계단이나 철제 구조물이 있을 법한데, 옛길을 보존하기 위해서 자연 상태 그대로다. 백남정재를 넘기 힘들다고 하더니 빈말이 아니다. 무돌길 전체 구간에서 곰적골 다음으로 가파른 길이다.

오르막길에서 자전거 기어를 바꿔서 속도를 늦추듯이 경사에 따라 쉬엄쉬엄 걷는다. 잠시 쉬며 땀을 식히기도 한다. 힘든 길도 결국 끝나기 마련이다. 고갯마루에 오르니 상쾌하다. 내려가는 길은 훨씬 양호하며 짧다. 금방 무동마을에 도착하여 여섯 번째 길을 마친다.

길 위의 단상

일상에서도 흔히 마무리 또는 결과가 중요하다. 주말 아침에 방에서 뒹굴기와 동네 산책 중에서 어느 쪽이 마친 후에 개운함을 줄까? 개인 취향에 따라 다르다. 휴식의 핵심이 편안함인 것은 당연하다. 그런데 결국 나쁜 결과를 가져오는 '편안함의 역효과'도 있다.

5. 나를 구원하는 걸음

무동마을을 둘러보니 돌담길이 정답다. 의외로 큰 돌로 조성된 담이나 축대가 보인다. 가까운 무등산에 너덜겅이 몇 군데 있는데, 이런 영향으로 큰 돌이 많을까? 마을 입구에 있는 커다란 느티나무의 위용이 대단하다. 아주 가까이 서 있는 몇 그루의 나무가 서로 도와 조화로운 모습을 이루고 있다.

전체적으로 멋진 품새를 완성한 것이 마치 무동마을의 화합을 상징하는 듯이 보인다. 바로 아래에 있는 정자에서 잠시 쉰다.

무동에서 송계마을 사이는 논과 밭이 많다. 마을을 벗어나며 천천히 농로를 걷거나 좁은 논둑과 밭둑길을 걷기도 한다. 넓은 이곳이 잿들이다. 훤히 보이는 이곳을 무심코 걷다 보면 오히려 길을 잃기 쉽다. 밭 사이에 길이 수없이 많기 때문이다.

송계마을을 지나면 더 넓은 들이 나오는데, 여기가 곽정들이다. 무등산의 동쪽으로 송계, 서동, 용강마을 사이에 있는 들이다. 남쪽으로 계속 걸어가면 마찬가지로 보월저수지, 용강, 영평마을 사이에 농경지가 펼쳐진다. 이곳을 땅버들이라 부른다.

천천히 걸어가면서 만나는 마을 사이의 들녘이 넓어 보인다. 과연 생각만큼 넓을까? 그렇지 않다. 차를 타고 가면서 보거나 또는 드론 사진을 보면 크고 작은 산들 사이에 있는 작은 들이다. 이 부근은 기본적으로 높은 산이 많다. 따라서 산지 사이의 짧은 하천을 따라 생긴 기다란 분지형이 되었다.

좁은 밭둑길을 걸어가며 자라고 있는 작물들을 살펴본다. 지금은 먹거리가 넘쳐흘러서 식욕을 억제하기 어렵다. 흔히 비만과 전쟁을 치른다. 비만은 아닐지라도 과체중을 걱정하며 다이어트에 신경을 곤두세우는 경우는 매우 흔하다. 오랜 인류 역사에서 불과 35~50년 사이에 일어난 믿기 어려운 변화다.

베트남은 남북으로 나뉘어 강대국인 미국과 20년 동안이나 전쟁을 치렀다. 당시에는 물자와 식량이 부족했다. 이제는 전쟁이 끝난 지 50년이 지났고 현재 젊은 베트남인들의 외형은 우리와 거의 동일하다.

인류역사에서 식량에 관한 가장 비참한 사건은 1959~1961년 동안의 중국 대기근이다. 불과 3년 동안에 수천만 명이 기아로 사망한 사건이다. 수천 년 전이 아니라 불과 65년 전의 일이다.

비록 비만과 과체중이 심각한 사회문제일지라도 기아로부터 해방은 축복이다. 가장 근원적인 축복과 은혜 중의 하나다. 식량을 생산하고 조달해 준 모든 사람에게 감사한다. 그들의 노동 덕분에 우리가 편하게 영양분을 섭취하고 활동한다. 밭둑길을 걸으며 농부들의 수고에 감사한다. 농수로를 건설한 이들에게도 감사를 보낸다. 땅과 물, 햇빛에도 감사하는 마음이 저절로 든다.

들판에 서서 한없는 고마움을 전하며, 감사함에 관해서 다시 생각한다. 내가 남에게 감사하는 마음을 가질 때, 그들은 내가 보내는 감사의 마음을 알아챌까? 이심전심으로 조금은 알 수도 있겠다. 그러나 무언의 감사, 마음속의 고마움을 어찌 모두 알 수 있을까. 불가능하다. 하지만 안달할 필요가 없다. 우리와 그들 사이의 넓은 공간이 감사의 기운으로 가득하면 된다. 우리들의 가슴속에 진정 고마워하는 마음이 가득하여 저절로 감사의 표정이 우러나오면 충분할 듯하다. 비록 농부에게 감사하는 마음이 직접 전달되지 않더라도 주위의 많은 사람들이 증인이 되어 세상이 밝아지리라.

이런 생각에 이르자 저절로 표정이 밝아졌다. 상대방에게 감사하는 마음이 결국 나에게 기쁨으로 돌아왔다. 넓은 들판이 따뜻한 기운으로 가득 찬 듯하다.

용강마을을 지나 땅버들 사이의 농로를 따라 걷는다. 들판은 넓고 마을 주변의 산은 낮아서 평온한 느낌이 절로 든다. 여유롭고 푸근한 분위기에 흠뻑 취한다. 곧 화순초교 이서분교장에 도착하자 큰길로 접어든다. 약간 남쪽으로 영평마을 입구에 군내버스 정류장이 있다. 제7길의 끝이다. 여기서 걷기를 마치고 버스로 귀가할 수 있다.

6. 굴곡진 삶과 변화무쌍한 둘레길

둘레길의 장점은 뭐니 뭐니 해도 다양성이다. 한 바퀴 돌게 되면 길에서 나타날 수 있는 모든 변화를 겪는다. 조심해야 하는 내리막 바윗길, 푹신한 밭둑 풀 길, 차가 다니는 아스팔트 마을 길, 넓은 저수지의 옆 길, 울창한 숲 속 길 등 변화가 많다. 걷다 보면 금방 새로운 길이 나타났다가 어느새 끝나고, 또다시 새로운 길을 걷는다. 길뿐만이 아니다. 주변의 아기자기한 모습과 수려한 풍광도 당연히 변한다.

볼리비아의 우유니 소금사막을 가로지르는 2박 3일 투어에서는 지프차를 타고 계속 달려도 거의 변화가 없었다. 단지 소금과 지평선뿐이다. 모로코와 알제리의 국경에서 가까운 메르주가에서 시작하는 사막투어는 짧다. 이동시간이 길지만 실제 사막에서 보내는 시간은 짧다. 낙타를 타고 커다란 사구에 올라서 가장 특색 있는 사진 몇 장을 얻으면 만족한다. 끝없이 펼쳐지는 사막에서 변화를 찾아보기 어렵기 때문이다. 물론 우리와 동떨어진 환경이라서 신기함에 놀라고, 광대무변의 규모로 인해 경외감에 휩싸인다. 그러나 계속 변하는 우리의 정다운 둘레길은 이와 다르다. 박제된 채 정지한 것처럼 그대로 머무는 것은 어디에도 없다.

둘레길을 몇 바퀴 돌아본 다음에는 더 흥미로운 조합을 찾는다. 원래 무등산은 경사가 완만하여 사방에서 오르는 등산로가 많다. 이를 활용하여 하산길에 무돌길의 일부를 걷다가 귀가할 수 있다. 많은 등산로, 무등산 옛길과 둘레길을 연결하여 즐거운 산행을 위한 나만의 조합을 찾는 게 가능하다.

요즘 카페가 흔하지만 무돌길 가까이에는 거의 없다. 무돌길 이용자가 많지 않다는 증거다. 그래서 이 길을 걸을 때는 작은 배낭에 음료수와 간식을 준비할 필요가 있다. 시내 구간을 제외하고 40km가 넘는 길에서 찻집이 불과 서너 개뿐이라니 특이하다. 그런데 영평과 안심마을 사이에 작은 카페가 두 개 있다.

손님이 거의 없는 카페에 우리 외에 한 가족뿐이다. 이 가족은 평소 목소리가 큰 데다가 격양된 상태인지, 사이에 빈 테이블이 있는데도 대화가 그대로 생중계된다. 처음에는 어쩔 수 없이 엿듣게 되었는데 내용  은 지극히 개인적이지만 범세계적인 이슈와 관련되기도 했다.

그들은 근처 마을에서 태어나고 자란 형제자매들이다. 대화 내용으로 짐작하면 위로 아들, 다음에 딸 둘, 그리고 막내아들이다. 비교적 넉넉하여 장남은 대학에 진학하고, 공무원 생활을 하다가 세무사로 오래 지낸 듯하다.

어릴 때 시골에서 영특했던 장남을 위해 모친은 여기서 가까운 규봉암에 올라가 자주 기도를 했다고 한다. 높이가 900m이며, 주상절리 중간의 좁은 터에 있는 암자는 누가 보더라도 신통력이 있는 장소다.

지금은 이해하기 어렵지만 예전에는 장남 대우가 특별했다. 큰 더덕이나 토종꿀을 구하면 오로지 장남 몫이다. 딸들과 막내는 맛도 볼 수 없다. 나눠 먹으면 약효가 달아난다고 장남 혼자만 먹게 하고, 딸들이 숟가락을 대면 부정 탄다고 엄마는 늘 단단히 경계를 했다.

부친을 잃고 가세가 기울어 딸들은 고교 졸업 후에 돈벌이를 하고, 막내가 고향에 남아서 농사를 이어간 모양이다. 현재 막내도 곧 환갑인데 가까운 화순읍에 살면서 보일러나 주택수리업을 하는 모양이다. 가까이 사는 막내가 90대 노모를 늘 찾아가서 돌본다.

세 명이 나누는 대화의 대부분은 누나 둘이 차지하는데, 내용은 아주 뻔하다. 만날 때마다 반복되는 내용인지 막내는 아무런 말 없이 차를 마시거나 창밖을 응시한 채 대답이 없다. 노모 부양의 독박을 쓰고 있는 동생에 대한 미안함과 노모를 자주 찾아오지 못하는 자신들의 겸연쩍음을 오빠 탓으로 돌리고 있다. 요즘 들어 코빼기도 볼 수 없는 오빠에 대한 성토와 올케에 대한 비난에 열을 올린다.

아마도 이들은 오랫동안 화목한 형제자매들이었고, 서울에서 활동하는 장남은 동생들 세 명에게 자랑스러운 오빠이자 형이었을 듯하다. 그런데 세월이 흐르면서 노모 부양의 역할 분담에 큰 차이가 발생한 듯싶다. 이것이 초로의 형제자매들 사이에 균열을 발생시키고, 급기야 온기라곤 찾아볼 수 없는 냉랭한 형제 사이가 되어버렸다.

이들도 노인이다. 겨우 걷는 노인들이 누워 지내는 노인을 돌보는 꼴이다. 오르막길이 지나면 한숨 돌리고, 풍광이 수려하고 편한 길이 나타날 수도 있다. 그러나 노부모를 돌보는 길은 계속 오르막이 심해지는 양상이다. 사회적으로 어떤 해결책을 마련할 수 있을까?

길 위의 단상

돌파구를 찾기 위해서는 가끔 내 생각과 태도의 정반대를 심각하게 고려해 보자.

7. 의지하던 마음, 스스로 선 힘으로

안심마을을 둘러본 후에 편백자연휴양림으로 향하는 제9길은 큰길인 규봉로와 안양산로를 포함한다. 차가 많아서 주의해야 한다. 휴양림에는 부대시설이 많고 숙박이 가능하여 외지인에게 편리하다. 우리는 시간이 늦어지면 안심저수지를 지나 곧 나오는 갈두마을 입구에서 버스를 타고 귀가한다.

무등산 인근의 철쭉과 연달래

휴양림에서 안양산에 오르는 산길이 매력적이다. 특히 봄철에는 이곳에서 백마능선을 타고 장불재에 이르는 산길에서 만나는 철쭉과 연달래 군락이 장관이다. '온 산이 붉은 꽃밭이다.'는 표현이 전혀 과장이 아니다.

휴양림을 지나서 포장된 큰길을 건너가면 수만리 사이에 있는 둔병재를 만난다. 임진왜란과 병자호란 때는 의병들이 주둔하여 나라를 지키던 곳이라는 설명이 있다. 존망의 위기에서 민초들이 생명을 걸고 나라를 지켰던 지역이라 숙연해진다.

천천히 내려가면 물촌마을이 반갑게 나타난다. 경사가 있는 돌담길로 연결된 가옥들이 정겹다. 마을과 평행하게 흐르는 작은 실개천인 동천이 있다. 물레방아교를 건너 지나면 큰재로 이어지는 길이 곧 오르막으로 변한다.

큰재 주차장 건너편에 만연산 자락을 따라 걷는 오솔길이 있다. 이곳이 제11길의 시작이다. 숲속에 자연스럽게 조성된 완만한 흙길이어서 숲의 향기와 정취를 맘껏 즐길 수 있다.

중지마을 입구에 도착하면 커다란 표지석과 무돌길 안내판이 보인다. 아주 높은 곳에 있는 마을이라 공기의 맛과 느낌이 유별나게 상쾌하다. 주변이 온통 녹음으로 싸인 청정지역이다. 마을 위쪽에 만연재가 있고, 장불재로 올라가는 입구에 수만리 탐방지원센터가 있다. 바로 옆으로 가면 커다란 너와나목장 표지석이 있고 위쪽에 식당이 있다.

제11길을 지나갈 때는 여기서 식사하기 위해 하루의 일정을 조정하는 경우가 많다. 몇 년 전에 이곳에서 점심을 먹는데, 바로 옆 테이블에서 식사를 하던 등산객들과 만났던 기억이 아직도 강렬하다. 큰 회사의 동료인데 주말에 함께 산에 오른다고 했다. 그날은 네 명이 안양산에 올랐다가 장불재를 거쳐서 이곳으로 하산하고, 식사 후에 곰적골로 내려간다고 했다.

  요즘에는 초면 사이에 서로 말이 없는데, 식사를 기다리면서 산행이라는 공통점이 말문을 열게 했을까? 자신들의 취향과 여가시간 활용, 산행의 장점과 그동안의 여러 경험을 담담하면서도 친근하게 말했다. 짧은 시간이었지만 차분한 대화를 통해 내가 막연하게 갖고 있던 일부 젊은이들에 대한 다소 부정적인 편견을 거의 지워낼 수 있었다. 즐거워진 마음에 뜨끈한 탕을 맛있게 먹었다.

  식당을 나와서 발걸음이 빠른 젊은이들이 먼저 출발하고 우리는 천천히 걷는다. 완만한 길을 유난스레 가벼운 발걸음으로 걷는다. 아까부터 웬일인지 기분이 좋다. 날씨가 화창하고 점심을 맛있게 먹었기 때문일까? 여기저기서 아지랑이 피어오르듯 행복감이 넘친다. 갑자기 점심을 함께 먹었던 청년들에게 생각이 미쳤다. 초면이었는데 왜 친밀감을 느꼈을까? 아마도 대화를 나누면서 그들의 자신감 넘치는 당당한 태도를 보고 느낀 만족감 때문이리라.

  인터넷 정보의 홍수 때문에 갈수록 남에게 잘 보이려는 허영심과 과시욕이 판을 친다. 평범하며 일상적인 소개는 사라지고 가장 특이한 장소에서, 가장 화려한 옷을 입고, 가장 비싼 음식을 먹는 장면을 찍어 올린다. 자기 모습을 가공하고 화려하게 꾸며서 남의 칭찬을 갈망한다. 끊임없이 '조회수' 증가와 '좋아요' 누름을 기다린다. 자기 본연의 자신감을 스스로 키우지 않고 타인이 누르는 속임수 칭찬에 의지한다. 허망하다. 참을 수 없는 공허함이다.

　자신의 허약함이나 초라함을 느끼고 더욱 화려하게 자신의 바깥 모습을 가공하려고 과도하게 노력한다. 자존감이나 가치가 눈속임에 불과한 화장과 조작으로 얻어질 수 있을까? 내용물은 그대로인데 멋진 포장지로 바꾸면 더 가치 있는 선물이 될까.

　식당에서 만났던 청년들은 꾸밈없는 모습으로 효과 좋게 운동하는 모습을 보여주었다. 세계적으로 유명한 트레일 명소 여행을 자랑하거나, 다녀오지 않았다고 주눅 들지 않는다. 가까운 곳에서 여유시간에 자연을 즐긴다. 호탕한 기운을 키우며 체력을 단련한다. 타인에게 가공하여 보여주거나 과시하지 않고, 친구들의 칭찬을 갈망하며 '좋아요' 누르기를 기다리지 않는다.
　청년들은 서로 친밀한지 쾌활하게 대화를 나눴지만 우리가 동참할 때는 매우 공손했다. 사소하지만 극복했던 사례를 통해 얻은 자신에 대한 긍정적 느낌과 현재 자신의 인생에서 가치 있는 루틴이라고 여기는 행위에 대해 차분하고 자신 있게 설명했다. 과시하지 않으면서, 머뭇거리는 나약함을 보이지도 않았다. 경험으로 축적된 내적 가치로 무장되어 자신감이 넘치면서도 겸손했다. 자신에게 부족한 면이나 새로운 시각을 받아들이겠다는 태도 역시 바람직하게 느껴졌다. 그들은 타인의 통찰력을 수용하려는 지적겸손의 자세를 지니고 있었다.
　산을 타면서 건강관리를 하는 구체적인 행위와 달리, 자연의 감상과 찬미에 관한 주제는 다소 추상적일 수 있다. 그런데도 막연하게 느낄 수 있는 주제에 대해 서로 의견을 나누고 경청하는 자세가 보기 좋았다.
　말이나 글로 하는 대화에서 침묵으로 일관하는 사람들이 적지 않다. 자기 생각을 표현하지 않은 채 성인들의 말씀이나 농담 등 우스개를 수없이 퍼 나를 뿐이다. 본인의 패를 전혀 보이지 않는 침묵, 너무나 뻔하고 널리 알려진 오래된 경구, 돌아다니는

허황된 농담이나 남의 글로 어떻게 상대방과 진솔한 소통을 할 수 있을까? 이것이 우리에게 흔한 현실인데, 우연히 만나서 이야기를 나눴던 청년들이 정반대의 바람직한 자세를 보여주었다. 매우 기뻤다.

길 위의 단상

"길 위에서 가장 좋은 것은 길을 잃는 것이다. 길을 잃으면 계획은 예상치 못한 상황으로 바뀌고, 그제야 비로소 여행이 시작된다." - 이는 스위스 여행가이며 작가인 니콜라 부비에의 글이다. 그렇다. 인생도 희망과 계획대로 진행되지 않지만 길을 찾아 나아간다.

8. 자연이 들려준 길 위의 선물

만연재를 넘는 길은 완만하게 외길로 이어진다. 느긋하게 걷다 보니 이제는 경사가 심하고 좁은 바윗길로 바뀐다. 여기서부터 제12길이 끝나는 용연마을까지가 곰적골 산길이다. 무돌길에서 고개를 넘어야 하는 곳이 여러 개 있는데, 곰적골의 경사가 가장 심하다. 특히 큰 바위가 많아서 낙엽이 많

이 쌓이거나 눈이 오면 스틱으로 깊이를 확인하면서 걸어야 한다. 천천히 걷지만 바위가 울퉁불퉁하여 조금 위험하다.

그러나 길옆으로 계곡물이 시원하게 흐르고, 양쪽으로 나무가 울창하여 자연 속에 파묻힌 느낌이 든다. 천천히 걸으면서 나만의 시간을 온전히 즐기기에 딱 좋다. 이렇게 완벽한 자연 속을 걷기 위해 깊은 산이나 먼 섬으로 갈 필요가 없다. 이곳은 시내버스와 연결되는 광역시다. 무돌길은 자연이 시민들에게 주는 선물이다. 선물 상자 안에 여러 종류의 즐길 거리가 있다. 완만한 산책길, 조금 경사진 낙엽길, 돌과 드러난 뿌리로 울퉁불퉁한 길, 크고 작은 바위를 연속으로 넘어야 하는 도전적인 길 등 모두 들어 있다.

갑자기 위쪽에서 요란한 소리가 들려서 몸을 돌려 쳐다본다. 두 명이 요란하게 뛰어 내려온다. 한쪽으로 비켜서니, '감사합니다.' 한 마디를 남기고 바람처럼 내려가며 사라진다. 말로만 듣던 트레일러너들이다. 전문 선수들인지 이런 험한 길에서도 날아가듯 내려가더니 이내 사라져 보이지 않는다.

우리는 엉금엉금 내려왔기에 그들의 무사 완주를 빈다. 자연은 이용자들에게 저마다의 활용을 베푸는 듯하다. 조심스레 내려가는 등산객에게는 도전적인 길이고 선수들에게는 훈련의 길이다. 마음에 상처를 입은 이들에게는 치유의 길이 되겠지.

길 바로 옆에서 풀도 나무도 반갑게 손짓을 한다. 사실 몇 년 전까지 나는 식물에 관한 지식이 거의 없었다. 함께 산에 올랐던 친구에게서 나무와 풀에 관련된 설명을 들었는데 무척 흥미로웠다. 관심을 갖게 되니 점차 꽃, 잎, 수형, 향기가 드러나고 느껴지기 시작한다. 무엇이든지 모르는 채로 보면 제대로 인식하지 못해서 기억이 흐릿하다. 반대로, 알고서 보면 연상 작용으로 사물이 더욱 구체적으로 다가온다.

층층나무는 가지와 잎, 꽃들이 여러 개의 층으로 수형을 이루고 있다. 나무를 관찰해 보니 이제는 이름이 너무나 당연하게 느껴진다. 때죽나무에 관한 설명을 들었을 적에 나는 무척 부끄러웠다. 이렇게 흔한 나무를 여태 모르고 있었다니, 무지와 무관심을 자책할 수밖에 없었다. 아마 소나무와 참나무 다음으로 흔할 것 같다. 늦봄에 등산하면 멀리서도 향기에 취한다.

쥐똥나무는 늦은 봄에 꽃이 많이 핀다. 전국 산에 흔한데, 작은 꽃이 예쁘고 향기도 은은하게 좋다. 이름이 하필 쥐똥나무인 것은 웬 심술일까? 작은

꽃이 예쁘고 향기 진한 쥐똥나무

콩 모양으로 가을에 많이 열리는 진한 남색의 열매 때문이다. 열매를 말려 약재로 이용한다니 더욱 안타깝다. 그러나 나무는 전혀 아랑곳하지 않고 예쁜 꽃을 피우고 미소를 부르는 향기를 널리 퍼뜨린다.

곰적골에서 좁은 길이 경사가 심하고 바위가 많아 힘들었지만 기분이 좋았다. 나무와 풀이 만들어 주는 상쾌한 공기를 마시며, 온갖 자연의 소리를 즐기기 때문이다. 가끔 멀리서 새 소리도 들리지만 계곡물 소리, 바람에 흔들리는 나뭇가지와 잎 소리 때문에 바로 옆에서 우리와 동행하는 듯 느껴진다.

무돌길 전체에서 곰적골이 경사도 심하고 마을 사이의 거리도 제일 멀다. 그렇지만 숲속으로 가장 깊이 들어온 듯싶어 즐거운 보상을 받은 느낌이다. 만족하며 걷다 보니 갑자기 길이 완만해지고 작은 밭이 보이기 시작한다. 곧이어 주택이 보이고 신축 전원주택들도 있다. 이곳은 광역시에 속하며 큰길과 바로 연결되어 접근성이 뛰어나다. 바로 뒤로는 지금껏 걸어온 울창한 숲과 맑은 공기가 있다. 도시와 깊은 숲 모두를 갖춘 곳이다.

무돌길에 있는 여러 형태의 길을 걸으며 즐거웠다. 길옆의 마삭줄 덩굴과 꽃을 보고, 쥐똥나무 꽃의 은은한 향기도 즐긴다. 곡식이 자라는 들판에서 풍족함에 어깨가 저절로 펴진다. 멀리 산과 구릉지를 쳐다보면 눈이 맑아진다.

카페에서 우연히 들었던 노모 봉양에 관한 형제자매의 이야기에서 심각한 사회문제를 새삼 느낀다. 반면, 식당에서 함께 이야기를 나누던 청년들에게서 믿음직한 희망을 본다. 맑은 공기, 숲 향기, 정다운 돌담길, 스치는 바람, 새들의 노랫소리, 지나가는 사람들의 다정한 인사말도 좋다. 천천히 걷는 무돌길 위에서는 모두 다 좋다. 기회가 있을 때마다 걷겠다는 마음이 저절로 든다. 팔공산, 금정산, 관악산 등 거주하는 지역에 따라 가까우면서 마음이 끌리는 산이라면 둘레길은 모두 좋다.

길 위의 단상

바윗길부터 흙길, 포장도로, 보드워크, 계단, 무빙워크, 에스컬레이터로 길은 편리함을 향해 질주한다. 이에 따라 사람들의 안전, 건강, 행복도 늘어날까?

#6 이상한 세계
낯섦이 흔든 익숙한 틀

집은 익숙해서 편하고, 편한 만큼 호기심이 적다. 여행지에서는 반대다. 생소하니 호기심이 생긴다. 또한 집에서는 날마다 큰 변화 없이 습관처럼 지낸다. 반면에, 여행지에서는 관습이나 모습이 달라서 눈여겨볼 것이 많다. 자연스럽게 새로운 경험이 생기고 다른 시각으로 살펴볼 수 있다.

견해 차이로 간혹 오해나 불편이 생긴다. 이해가 부족하면 이상한 느낌이 들고 불편해진다. 하지만 마음을 열고 이유를 찾아서 이를 받아들이면 공감의 폭이 넓어질 수 있다. 생소하며 특이해서 이상하게 느꼈던 것들이 공감을 통해서 나의 자산으로 바뀐다.

헬스장에서 신체를 단련하듯 여행은 생각을 단련하는 과정이 된다. 예상과 다르고 이상한 경험을 많이 할수록 생각의 단련은 커진다. 이를 통해서 다양한 시각을 얻게 되면 이보다 더 유익할 수 있을까?

'여행을 많이 해서 생각과 삶의 형태를 여러 번 바꿔본 사람보다 더 완전한 사람은 없다.'라고 이미 오래전에 프랑스의 낭만파 시인인 알퐁스 드 라마르틴이 말했다. 이것이 여행을 통한 삶의 확장이다.

여행에서 독특한 기념품을 모으듯이 비범한 것을 접하고 새로운 시각으로 관찰한다. 주변에서 흔히 보는 대상인데도 달리 살펴보고 생각하여 사고의 폭을 넓힐 수 있다.

1. 낯섦은 어떻게 상식을 흔드는가

흔히 사용하는 표현인 '이상하다'는 지금까지의 경험과 차이가 많이 나는 경우에 자주 사용한다. 이상한 냄새, 이상한 사람, 이상한 곤충, 이상한 예감, 이상한 꿈, 이상한 정책 등 주변의 온갖 경우에 적용하여 흔히 쓰는 표현이다. 적용하는 대상이 넓고 거의 습관적으로 말하기 때문에 누구나 하루에도 수십 번 이용하리라 짐작한다.

'이상하다'는 표현의 예로 으뜸이 되는 경우는 단연코 피카소의 입체파 또는 초현실주의 작품이다. 피카소가 이상함의 전형이다. '피카소 그림처럼 이상하다'고 표현하기도 하니까. 삼차원 대상을 이차원 평면 화폭에 그리는 화가의 입장에서 느끼는 제한이 크지 않을까? 화폭 제한

The girls of Avignon
Pablo Picasso 1907
NikiArt, Public Domain

이 답답하겠다. 이를 극복하고자 여러 각도에서 바라본 입체적인 형태를 선과 면으로 단순하게 표현하여 하나의 화폭에 재구성하여 입체적인 느낌을 강조한다.

화가는 그림을 통해 자신이 느끼고 경험했던 대상을 작품의 의도대로 재구성하여 생동감 넘치게 표현할 수 있도록 여러 가지 방법을 추구한다. 입체파에서는 대상을 여러 시점과 각도에서 보고 느낀 결과를 조화롭게 한 폭의 그림으로 그려낸다. 따라서 단일 사물이 여러 개로 분해되고, 다시 화가의 의도에 따라 재결합 과정을 거친다. 이 과정에서 생동감, 강조, 화가의

표현 의지 등에 따라 원래의 사물이 변형되어 그려질 수밖에 없다. 그림은 사진이 아니다. 그림을 그린 화가의 생각을 등한시하고 오로지 사물에 관한 본인의 피상적인 관찰만을 판단 기준으로 삼는다면, 재결합된 그림이 당연히 정상적인 모양에서 크게 변한 것으로 보인다. 그래서 평범한 감상자의 눈에 입체파나 초현실주의 작품은 다르게 보일 수밖에 없다.

  화가 사비나는 밀란 쿤데라가 자유로운 영혼의 캐릭터로 묘사한 주인공이다. 그녀는 사회에서 자연스럽게 받아들이는 획일화된 강요를 거부한다. 획일화는 열병식이나 단체체조에서 강요하는 몸동작, 유행 따라 화장하여 모두 흡사한 가면처럼 보이는 얼굴에도 나타난다. 이 외에도 수없이 많다.
  이런 보이지 않는 강요를 유행에 늦을세라 다투어 따라가는 일반인들은 대척점에 선 사비나를 이상하다고 여긴다. 심지어 추세를 모르는 바보이고 유행에서 이탈하는 배신자라고 부르기도 한다. 개성 없는 무리에서 빠져나와 자기만의 목소리를 내거나 색다른 의견을 제시하면 이상하다고 지적한다.
  무대 위에 그럴듯하게 차려져 설정된 모습과 장막으로 가려진 무대 뒤 사회의 실제 모습은 딴판이다. 화가 사비나는 무대의 앞과 뒤를 다음처럼 표현한다. '앞에는 누구나 이해하기 쉬운 거짓말이 있고, 장막 뒤에는 이해하기 매우 어려운 진실이 있다. 따라서 장막을 찢고 진실을 찾아 그려야 한다.' 유행 따라 획일적으로 화장한 얼굴은 겉으로 드러나 쉽게 보이는 가식이고, 피부 안쪽의 마음에는 헤아리기 어려운 진실이 있다. 화가가 그려야 하는 것은 쉽게 보이는 웃음 띤 얼굴의 거짓일까? 아니면 살펴보기 어려운 진실한 마음일까? 외모만 관찰하는 일반인들은 마음을 그린 화가의 진실한 그림을 이해하기 어렵다. 이해가 부족하면 자연스럽게 내 생각과 다르게 느끼며, 상대방을 이상하다고 표현하기도 쉽다.

10여 년 전, 우리는 모로코 자유 여행을 마치고 탕헤르에서 배를 타고 지척에 보이는 스페인 남부로 건너갔다. 지브롤터 해협은 폭이 가장 좁은 곳의 거리가 14km뿐이라 건너편이 잘 보인다. 스페인 남부 해안

에서 가장 유명한 휴양도시인 말라가는 예상보다 한가하고 소박한 느낌을 주었다. 마치 휴양에서 중요한 것은 말라가가 갖추고 있는 천혜의 자연환경이지, 인위적으로 요란하게 꾸민 조잡한 시설이 아니라고 외치는 듯했다. 뜨거운 태양과 남쪽의 푸른 지중해를 품고 있는 넓은 비치, 북쪽 안달루시아의 산과 언덕이 뽐내고 있지만 고층 호텔 등의 시설은 그리 많이 보이지 않았다.

말라가는 피카소의 고향이라 그의 기념관을 자랑스럽게 운영하고 있다. 그러나 피카소는 14세에 식구들과 함께 모두 바르셀로나로 이사를 갔으며, 20세부터는 주로 파리에서 생활했다. 이런 이유로 말라가 기념박물관에서는 주로 그의 초기 작품을 전시한다.

지중해 배낭여행에서 우리는 이탈리아 북부의 주요 도시를 찾아본 후에 모나코, 니스, 칸을 거쳐 바르셀로나로 갔다. 도중에 몽펠리에의 작은 역에서 기차를 바꿔 타려고 기다리는데, 전광판에 기차가 20분 연발한다는 표시가 떴다. 잠시 후 변경 시간에 맞춰 해당 플랫폼에 가보니 이미 기차가 떠

나버렸다. 역 창구로 가서 상기된 채 항의하는 어투로 문의했다. 전광판의 연발 표시, 우리의 기다림, 의외로 빨리 출발해버린 상황에 관해 설명했다. 당황한 우리의 설명이 통했을까? 창구 직원이 의자를 돌려 다른 직원들과 이야기를 나눈다.

  잠시 후에 콧수염을 멋지게 기른 직원이 대합실로 걸어 나온다. 웃으면서 본인이 역장이라고 소개하더니 새 승차권을 건네준다. 아무리 작은 역이라지만 역장이 직접 표를 들고 와서 승객에게 건네주는 친절이 조금 지나치다 싶어서 이상하다고 생각했다. 마음을 가라앉히고 곧 도착한 기차를 탔다. 스페인 국경까지 달리는 기차는 종점이 가깝고 더 이상 큰 도시가 없다. 타고 보니 좌석도 거의 텅 비어 있다. 묻고 따지거나 추가 운임을 요구하지 않고 승급한 티켓을 건넨 역장의 이상하게 느껴졌던 친절이 금방 이해된다. 멀리서 찾아온 여행자에게 베푸는 친절과 미소는 추가 운임의 수십 배 가치가 있다는 것을 말없이 보여준다.

여행의 마지막 도시로 선택한 바르셀로나는 두말할 필요가 없는 관광도시다. 대표적인 라람블라 보행자 거리는 항상 관광객 물결로 넘친다. 물론 볼거리, 명소, 먹거리가 많다. 동쪽으로 10분만 걸으면 피카소 박물관이 나타난다. 오래된 석조 건물을 멋지게 단장해 넓고 여유로운 공간으로 꾸며놓았다. 피카소가 중고교 시절에 살았던 이 도시에서는 주로 그의 초기와 후기 작품을 감상할 수 있다.

관광지이기 때문인지 전시실보다 기념품 숍이 더 붐벼서 다소 저급하고 이상하게 느껴졌다. 그런데 현실적으로 생각해 보자. 작품 감상은 온라인으로도 얼마든지 자세하게 할 수 있다. 반면에 기념품 구입은 여기를 떠나면 쉽지 않다. 그러니 세속적이고 이상하다고 생각할 수도 있지만 멀리서 온 여행자에게 전시실 감상보다 구내 숍에서 기념품을 구입하는 것이 더욱 중요할 수도 있겠다.

역사에 특기할만한 유명 미술가 중에 피카소처럼 생전에 성공하고 부유하게 살았던 화가는 드물다. 92세까지 장수하며 어마어마하게 많은 작품을 남겼다. 물론 상상하기 어려울 정도의 고가인 작품도 많다. 이미 약관의 나이에 이름을 떨치고, 게르니카 폭격사건과 함께 사회운동에도 참여했다. 큐비즘을 근간으로 화풍 변화의 시도도 다양한 편이다.

현대미술의 독보적 거장, 천문학적인 작품 가격, 세계 도처에 그의 이름을 내건 수많은 기념관과 미술관. 그런데도 많은 사람들이 '피카소 그림처럼 이상하다'는 표현을 일상적으로 거리낌 없이 사용한다. 세계적으로 최고 경지의 확고한 평판을 얻은 피카소의 그림들이다. 이미 100여 년 전 〈아비뇽의 처녀들〉(1907년)부터 오랫동안 전문 비평가들로부터 온갖 칭송을 받은 그의 작품들이 수없이 많다.

평범한 사람들이 자신의 판단에 견주어 피카소의 그림이 비정상이라고 말하는 것은 본인의 판단이 엉터리임을 스스로 만천하에 드러내는 꼴이다. 왜 이런 바보 같은 말을 해서 손해를 자초할까? 아마도 손해는 자초지종을 따진 후의 나중 일이고, 우선 당장은 본인의 독선에 빠져서 우격다짐으로 밀어붙이는 성급함 때문이겠다.

우리는 피카소 작품들보다 이해하고 받아들이기 쉬운 상대방 의견에 대해 다시 생각할 여지도 두지 않고 '이상하다'는 표현을 너무 쉽게 자주 사용해왔다. 이제는 이상하다는 부정적인 표현이 입에 다가오면 피카소를 떠올리며, 최소한의 이해를 위한 노력이나 뜸을 들인다. 상대방 의견을 배려해야 한다는 도덕적인 의식 때문이 아니다. 추상 작품보다 훨씬 이해하기 쉬운 상대방의 의견인데도 이를 헤아리지 못하는 나의 무관심을 주변에 알리고 싶지 않아서이다.

2. 상상 속의 진리

우리 집에는 매실주를 담는 5L 크기의 유리병이 있다. 마트에 가면 훨씬 큰 플라스틱 통이 있지만 유리병 두 개에 나누어 담는다. 너무 크면 무거워서 불편하고, 오래 보관하기 때문에 플라스틱 재질이 어쩐지 싫어서이다. 매실주를 다 마신 후에는 병을 잘 씻고 말려 보관한다.

변화 또는 개혁의 필요성을 나타내는 의미로 '새 술은 새 부대에'라는 오래된 표현을 자주 인용한다. 잘 알려진 이 말의 유래는 매우 유명하다. 변화가 심한 요즘은 10년 또는 30년이 지나면 아주 옛날로 여겨지고 고리타분하다는 느낌마저 든다.

새 술을 새 통이나 병에 담지, 왜 부대에 담는다는 표현을 사용할까? 아주 먼 옛날에 동물의 가죽이나 내장으로 만들어 포도주, 물, 우유 등을 담던 용기가 부대다. 이런 표현을 듣는 청중들에게 쉽게 떠오르는 물건일까? 수백, 아니 수천 년이나 지나 너무 오래된 표현이다. 자주 사용하는 유리병과 플라스틱 통, 나무 통, 항아리가 많다. 그런데 자신이 한 번도 사용한 적이 없는 가죽 부대를 타인들에게 조언하듯 언급한다.

항아리는 사용하는 흙, 건조 시기, 유약 종류, 굽는 온도와 시간 등에 따라 제품의 품질이 다를 수 있다. 하물며 가죽 부대는 품질 차이가 천차만별이 될 수밖에 없다. 동물의 종류와 발육 상태, 가죽 원피의 상태가 다양하고 무두질 방식과 사용 유제, 깁는 방법과 방수처리 재료와 방법 등도 폭이 넓기 때문이다. 생체에서 얻은 재료이므로 사용 도중에 변할 수도 있다. 여러 번 사용한 후에는 재사용과 폐기의 판단이 다른 종류의 용기보다 훨씬 어렵게 된다.

우리는 왜 오랫동안 남들이 수없이 사용하던 표현을 앵무새처럼 그대로 옮겨서 말할까? 말하는 자신도 이미 오래전부터 이용하지도 않고, 듣는 이들도 사용하지 않는 것을 아무런 변화 없이 습관처럼 반복한다. 마치 변화를 철저히 거부하는 듯하다.

말하는 사람은 전혀 변하지 않은 채, 듣고 있는 상대방에게만 큰 변화를 주문하는 꼴이다. 변화를 이끌어 내기는커녕 비웃음만 살 것 같다. 그야말로 내로남불의 전형적인 사례다. 자가당착에 빠진 이런 말을 들을 때마다 어이가 없는데, 많은 사람들이 지금도 여전히 즐겨 반복한다. 왜 스스럼없이 이런 지각없는 말을 할까?

거기에는 당연히 그럴듯한 이유가 있다.

헌 부대로 치부하고 싶은 상대편을 내치기 위해서이다. 헌 부대를 버릴 것인지 또는 계속 재사용할 것인지에 대한 판단이 필요하다. 사실 헌 가죽 부대의 낡고 헤진 상태를 판단하기는 쉽지 않다. 이 판단에는 말하는 사람의 주관이 민감하게 작용할 수밖에 없다. 객관적 판단보다 애매한 주관성이 필요할 때, 그리고 말하는 사람이 마음대로 취사선택을 하고 싶을 때, 유리병보다 가죽 부대라는 표현이 적격이다. 반대로 유리병의 재사용 여부는 명확하다. 가죽 부대는 불결하고 요즘 구하기도 힘드니까 새 술은 새 부대가 아니라 새 용기나 깨끗하게 씻은 통에 담아야겠다.

카자흐스탄은 국토가 무려 우리나라의 27배나 되는데 인구는 우리나라의 절반 이하다. 인구 희박지역이다. 사막보다는 강우량이 많지만 숲을 형성하기에는 부족하다. 커다란 국토의 남쪽 끝에 가장 큰 도시인 옛 수도 알마티가 있다. 기차를 타고 알마티로 가면서 스텝지역이 광활하게 펼쳐진 초원을 차창 너머로 하염없이 쳐다본다. 듬성듬성 작은 나무가 있지만 소규모의 숲도 없이 그야말로 풀의 세상이다.

여행 경로 옆의 대평원에 바다처럼 넓은 호수가 있다. 발하슈호수이다.

 강우량이 아주 적은 스텝지역에 어떻게 강원도 면적의 큰 호수가 생겼을까? 도착하여 시내를 둘러보는데, 웬만한 곳에서는 고개만 들어도 텐산산맥의 산봉우리가 연이어 보인다. 여름이라 무척 더웠지만 연속되는 산의 정상에는 어디에나 만년설이 있어서 무척 시원하게 보였다.

 '모든 강은 결국 바다에 이른다.'는 말은 진리일까? 높은 산의 눈과 빙하는 아래쪽부터 녹기 마련이다. 물이 계곡을 따라 작은 강을 이룬다. 이런 강들이 아래로 흘러가며 점차 합류하여 일리강을 만든다. 강우량은 적지만 일리강은 힘차게 계곡을 흐른다. 낙동강 길이의 세 배가량이다. 물길은 평평한 초원지대에서는 아주 서서히 흐르다가 마침내 발하슈호수로 모인다. 여기가 끝이다. 결코 바다로 흘러가지 않는다.

 발하슈호수는 항상 물이 부족한 드넓은 스텝 초원지대에서 동식물과 사람에게 많은 혜택을 주고 있다. 중국과 카스피해 사이의 드넓은 건조지역인데도 알마티는 수자원이 풍부하다. 타슈켄트와 함께 수천 년 동안 대표적인 거점도시의 역할을 한 이유다.

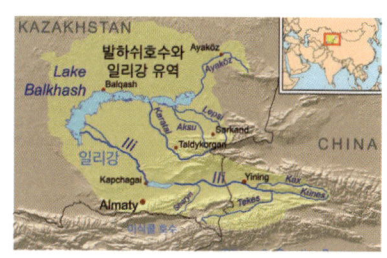

아프리카 대륙의 오카방고강은 앙골라 열대우림지역의 쿠방고강에서 발원하여 남쪽으로 천천히 흘러간다. 길이가 1,600km로 구불구불한 긴 강이다. 강폭이 넓은 큰 강이 평평한 곳에서 수많은 작은 지류로 나눠져 부챗살처럼 펼쳐진다. 이른바 오카방고 삼각주가 된다.

일반적으로 삼각주는 강이 바다에 이르러 유속이 느려지면서 형성되는데, 이곳에서는 사막 한가운데서 만들어진다. 그리고 강물은 뜨거운 햇빛에 증발하거나 칼라하리사막으로 스며들어 사라진다. 결코 바다에 이르지 못한다.

비록 우리나라에서는 볼 수 없지만 일리강이나 오카방고강처럼 바다에 이르지 못하는 건천은 세상에 흔하다. 그러나 경험과 식견이 짧은 이들이 익숙한 지역 근처만 인지한다. 혼자만의 상상 속 허구를 세상의 진리처럼 말한다. 심지어 대중을 가르치며 깨우치려는 자세를 취하기도 한다. 진리로 그럴듯하게 포장한 허구가 의외로 많다.

길 위의 단상

누구나 자신의 얼굴을 직접 본 적이 없다. 그래서 남의 작은 허물은 잘 보면서도 자신의 큰 잘못은 알아채지 못하는 것일까?

3. 인디오의 눈물이 말해준 것

예전 다큐멘터리 프로그램으로 〈아마존의 눈물〉이 있었다. 당시에 나는 이 작품에 큰 반감을 느꼈다. 주변 사람들에게 내 관점을 말하곤 했는데 반응이 냉담했다. 답답했다. 더구나 시간이 지나자 내 생각과 정반대로 이 작품과 제작진은 호평 속에 많은 상을 받았다. 오히려 내 생각이 틀린 건지 자문할 수밖에 없었다.

작품은 문명사회 인간의 무분별한 개발로 인한 아마존의 변화한 모습을 보여 준다. 또한 아마존 지역에서 어렵게 전통을 이어가고 있는 원주민 인디오 부족의 생활을 보여준다. 높은 시청률과 많은 수상과 달리 나는 작품에 대한 실망이 컸다. 핵심 내용에 이해하기 어려운 주장이 있어 주변 사람들과 의견을 나누었다. 냉담한 반응을 계기로 내 생각에 의심을 품고 여러 번 생각을 되풀이해 보게 되었다.

내가 〈아마존의 눈물〉을 이해하기 어려운 이유가 무엇인가?

아마존의 눈물은 소위 개발이라는 문명의 진입과 확대에 의해 자연이 파괴되며, 인근 주민들이 편리한 문명의 이기를 받아들여 점차 고유한 문화양식을 잃어가는 것이 안타깝다는 내용이다.

문명사회를 거부하고 열대우림에서 조상대대로의 모습과 고유문화를 유지하며 살아갈 것인지, 아니면 점차 본인들의 편의와 이익을 위해 새로운 문명을 받아들여 편리한 생활을 영위할 것인지의 선택이 쟁점이다. 문명사

회와 이기를 접한 원주민들의 자유로운 선택을 존중해야 한다. 다수의 원주민들은 후자를 선택한다. 전자를 고집하며 더 깊고 열악한 지역으로 들어가는 소수종족도 있겠다. 그러나 자료에 따르면, 많은 주민, 특히 젊은 층이 후자를 선호하는 것은 확실하다.

원주민들이 현대적인 관점에서 편리한 삶을 누리면 안 되는 걸까? 문명의 이기를 거부하며 불편함을 감내하고 전통적인 예전 방식의 생활을 계속 고수하여 고유문화를 지켜야 할까? 관광객들이나 다큐 제작물 시청자의 호기심 거리가 되어야 하는가.

용인 한국민속촌, 안동민속촌, 고창읍성 등을 만들어 놓고 전통문화를 소개할 수는 있다. 그러나 주민들에게 삼국시대 또는 이조시대의 문화양식을 계승하는 생활을 계속 그대로 유지하라고 할 수는 없다. 특정 지역에 수도, 에너지, 교통 등의 시설을 수백 년 전 상태의 전통마을로 만들고, 거주민들에게 예전 전통생활을 충실히 따르라고 한다면 어느 누가 좋아할까?

〈아마존의 눈물〉은 무분별한 개발로 인해 사라지는 고유문화를 안타까운 마음으로 영상에 담고 있다. 그러나 영상을 시청하면 제작 의도와 달리, 마치 원주민들은 옛날처럼 고유양식을 유지하며 예전 전통방식대로 남아있기를 바라는 것으로 오해할 수 있다. 의도와 실제 사이의 괴리가 너무 크다.

더욱 당황스럽고 이해할 수 없는 점은 원주민들이 거의 벌거벗은 채로 생활하는 것을 TV에 그대로 방영한 것이다. 아마존에서는 그들의 전통 문화양식이니 나체든 여러 겹으로 옷을 많이 입든 상관없다. 그러나 우리나라에서 TV로 방영하여 다수 국민이 그들의 모습을 시청하는 것은 별개의 문제다.

 물론 방송국 측은 원주민 부족을 대변하는 변호사들과 협의하여 촬영 동의를 얻고, 초상권을 충분히 지출하는 계약을 했으리라 믿는다. 그러나 여전히 시청자 입장에서는 심각한 문제가 있다. 어린이부터 노인까지 여성의 상반신을 노출한 상태로 TV에서 방영하는 것은 그들을 동물처럼 취급하는 미개한 행위이다. 이는 노예해방 이전의 저급한 인식수준이다. 그런데도 수년이 지난 후에도 작품에 관한 칭찬 일색의 논평만 보여 불만이 컸다. 늦게나마 잘못을 인지했는지 재방송에서는 상반신 노출에 모자이크 처리를 하고 있다.

 원주민들이 문명화되어 전기를 이용하고 TV와 휴대폰을 사용하며 편리하게 지내는 것이 안타까운 현실일까? 어이가 없다. 새로운 문화와 문명이기의 수용은 그들의 몫이다. 물론 문명화에 따라 안타깝게도 일부 고유문화가 사라진다. 그러나 이런 변화는 아마존이 아니라 한국을 포함한 세계 어디서나 공통이다. 시차는 있지만 어디에서나 시곗바늘이 같은 방향으로 도는 것과 같다.

 전국 곳곳에 한옥마을이 산재되어 있다. 요즘의 한옥이 전통 가옥일까? 무늬만 한옥일지도 모른다. 지붕과 서까래만 한옥일 수도 있겠다. 화장실이 침실에 붙어있고, 부엌과 거실이 하나의 공간에 있다. 조선시대를 언급할 필요 없이 불과 100년 전에도 상상할 수 없는 한옥의 형태이다. 지붕과 서까래를 빼면 부엌, 화장실 등 모두 현대식이다. 어찌 고유 한옥이라 할 수 있을까.

 요즘 한복을 자주 입을까? 한복으로 일상생활을 하는 국민이 채 1% 미만이다. 개량한복이나 생활한복은 사실 고유한복과 매우 다르다. 중국풍이 가미된 면도 많다. 외국인이 전통에서 벗어난 한옥과 한복의 현재 실태를 소개하면서 〈한국의 눈물〉이라는 영상물을 제작한다면 정작 우리에게 어떤 감흥이 생길지 궁금하다.

"듣고 보니 옳은 말이야! 당장 휴대폰과 차, 전기 등 문명의 이기를 버리고 옛 방식에 충실한 한옥과 한복의 환경으로 돌아가자."라고 호응할까? 어림없다. 실태를 전혀 모르는 정신 나간 외국인의 잠꼬대다. 당연히 전통의 모습과 멋을 살리면서 현대적인 편리함을 추구해야 한다. 우리는 편익을 추구하면서 어느 누가 감히 특정 지역의 사람들에게 이래라저래라 할 수 있는지 의아스럽다. 개발과 보존의 결정은 그들이 스스로 판단해야 한다. 진정한 아마존의 눈물은 그곳에 거주하는 인디오의 눈물이지 평생 한두 번 구경 오는 관광객이나 다큐 제작진의 눈물이 되어서는 안 된다.

4. 낯선 맛이 굳은 혀를 흔들다

평범한 사람은 누구나 외국어를 배우면서 애를 먹는다. 무엇보다 우리의 음소와 다르기 때문에 명확하게 듣고 말하는 데 어려움이 크다. 개인차가 있지만 대부분 생소한 음소를 습득하여 자연스럽게 활용하기가 무척 어렵다. 새로운 음소를 처리하려고 흉내 내어 혀를 억지로 움직여보아도 여의치 않고 어색하다. 이미 굳어진 뇌와 혀에 새로운 음소를 추가하기가 어렵다. 원어민처럼 발음하려 노력해도 외국어 음소는 가장 가까운 모국어 음소로 바뀌기 일쑤다.

살고 있는 아파트 뒤로 재개발지역이 넓다. 골목길의 가게들은 허름한 곳이 많다. 과장하면 영화 세트장처럼 보인다. 거기에 오래된 작은 식당이 있는데, 찌개와 탕 맛이 좋다. 예전에는 안쪽에도 방이 있었지만 이제는 바깥쪽에 테이블 여섯 개만 있을 뿐이다. 40년 가까이 식당을 했다는 할머니가 요리를 도맡아 하고, 남편은 손님 접대를 한다. 오래된 주방의 요리도 일품이지만 손님 접대도 그가 아니면 흉내 내기 어렵다.

손님이 거의 부근 주민이니, 그들의 취향에 맞추어 맞장구치는 것이 그의 일과다. 처음 식당에 들렀을 때 너무 놀라서 다시 가기 꺼려졌다. 그날은 두 개 식탁을 붙여서 차지한 여섯 명이 술이 거나한 상태로 싸우듯이 어울려 있었다. 주로 정치 이야기를 했는데, 한 정당의 당원들인 것처럼 완전히 일치하는 의견을 주고받으며 가상의 적들을 향해서 농담과 비난을 쏟아내고 있었다. 주인은 자신의 역할이 배우인 듯이 그들보다 더 심하게 열을 내며 질타하고 화를 퍼붓는다. 좁은 식당에 그들만 있는 것처럼 시끄럽다. 친구들끼리 대화를 나눌 수 있지만 가상의 상대에게 퍼붓는 비난이 지나치게 심했다.

계절이 바뀐 후, 좋았던 음식 맛을 기억하고 다시 들렀을 때도 비슷했다. 그의 역할은 장단 맞추기다. 손님들의 말에 동조하고 오히려 조금 더 과한 반응을 보이며 대화를 북돋운다. 재개발지역이라 오랫동안 집수리를 못하고 인테리어도 없이 버티고 있는 가게에서 그의 맞장구치기는 유일하게 돋보이는 흥미로운 요소다.

그런 중에도 다른 손님이 나가면 어느새 계산대로 뒤뚱뒤뚱 재빨리 온다. 컬컬한 목소리와 호탕한 너털웃음을 날리며 아주 정답게 손님을 배웅한다. 그런 후에 다시 합석하여 분위기를 맞춰나가는데 끊김을 느낄 수 없다. 술

좌석 대화와 계산대 작업을 동시에 완벽하게 진행하는 묘기를 자연스럽게 보여준다. 처음 봤을 때 질겁할 만큼 요란스럽던 그가 단 두 번째에 수더분하고 정답게 느껴진다. 이렇게 급작스레 변한 호감은 아마도 주방 할머니의 맛깔난 음식 영향도 크다.

외국어 학습과 유사하게, 굳게 형성된 자신의 생각을 뛰어넘어 개선하거나 변경하기는 어렵다. 균형 잡힌 환경이나 껍질을 깨는 노력 없이는 불가능하다. 마치 습득이 안 된 외국어 음소를 비슷한 사람들끼리 아무리 오래 연습하여도 유창하기 어려운 것과 같다. 특정 이념을 확신하며 타 이념을 배척하는 사람들은 주로 유사한 사고를 가진 동료들과 어울려 지낸다. 그래서 이념의 폭을 새롭게 확대하거나 수정하기는 무척 어렵다. 설혹 다른 이념을 학습하여도 훈련이 되지 않는 외국어 음소와 유사하다. 마치 채로 이물질을 찾아내듯이 고정관념이 새로운 생각을 걸러낸다.

흔히 토익점수를 올리려고 미드를 열심히 보는 것처럼 생소한 음소의 훈련을 위해 외국어 환경을 만들거나 해외로 언어연수를 간다. 습득하려는 음소를 잘 구사하는 사람들 속으로 들어가야 한다. 마찬가지로 자신의 이념을 확대하려면 다른 생각을 가진 사람들과 교류하며 열린 마음을 유지해야 한다. 그러나 이런 필수적인 노력이 유사한 생각과 이념으로 뭉쳐진 무리들 속에서 현실적으로 가능할까? 어렵다. 안타깝게도 이해를

위한 경청보다 비난을 위한 꼬투리 잡기에 몰두하는 경우가 흔하다.

하늘을 나는 새는 오른쪽과 왼쪽 날개를 균형 잡아 이용한다고 즐겨 언급하던 리영희 선생의 말씀이 귀에 맴돈다. 어느 것이 옳고 그른 관계가 아니라 서로 보완적으로 함께 있어야 한다. 그러나 현실에서는 양쪽 모두가 서로 다른 쪽 날개는 나쁜 적폐이니 제거해야 한다고 목청껏 주장한다. 엉터리 날개가 제 이익을 위해 몸통을 추락시키려고 안달이다.

길 위의 단상

내가 상대방을 이상하다고 여기면 십중팔구 그도 나를 이상하게 여긴다.

5. 눈감은 불법, 외면한 양심

모든 일에는 장단과 경중이 있다. 흔히 접하는 다양한 범죄도 경범죄와 중범죄로 나눈다. 범죄의 경중에 범죄 유형, 피해 정도, 범행 동기, 사회에 미치는 해악 등을 고려한다. 경범죄는 경미한 사안을 다루는 경범죄처벌법에 따른다. 잘 알려진 경범죄로 무임승차, 노상방뇨, 음주소란, 허위신고, 새치기를 들 수 있다. 경미한 성격이라 포함되는 유형이 매우 다양하다.

많은 사람에게 가장 흔한 경범죄는 도로교통법 위반이다. 대다수의 경미한 교통사고의 경우에는 일정액 이하의 교통 범칙금 부과 처분을 받는다. 흔한 예는 속도위반, 주정차 위반, 빨간불에 지나가기, 불법 유턴 등이다.

골목길 이면도로 주차

경미한 사건은 남에게 미치는 해악의 정도가 미미하다. 대부분 약간의 불편함을 야기하거나 잠시 짜증스러운 마음이 들게 할 뿐이다. 그러나 해악이 경미하지만 자주 발생한다는 점에서 무시할 수 없다. 편도 이차선 도로에서 인도 쪽 차선에 주차된 차량을 자주 본다. 차선이 두 개지만 차선 한 개는 쓸모가 거의 없어져서 실제로는 차선이 하나뿐이다. 현실적으로 차선 하나가 사라진 셈이다. 엄청난 중범죄는 아니지만 몇 사람의 편의를 위해 차선이 거의 사라지고 수많은 사람들이 시간 지연을 겪는다.

미미한 경범죄의 심각성은 지나치게 흔히 발생한다는 점이다. 우리나라 시내 도로에서 실제 주행이 가능한 도로의 비율이 얼마나 될까? 짐작으로 도심에서 대략 차선 세 개 중에서 한 개는 불법주차 차량으로 인해 주행이 불가능할 듯하다.

비 온 후 맑게 갠 다음 날, 우리는 근교 생태숲공원으로 가볍게 나들이 갔다. 잘 조성된 꽃과 나무들이 멋있다. 날씨가 청명하여 멀리 겹겹이 보이는 산의 실루엣에 감탄이 절로 나왔다. 상쾌한 기분으로 내려와서 부근 마을에 도달하여 골목길을 걷는데, 어쩐지 언짢은 기분이 든다. 웬일일까?

기존 주택들 사이에 넓은 부지를 자랑하는 전원주택들이 멋있게 자리를 잡고 있다. 이곳은 가까운 도시와 숲, 모두를 갖추고 있다. 그런데 언짢은 느낌이라니 무엇 때문일까? 기존 주택 부근의 밭을 용도 변경하여 넓은 전원주택을 멋있게 짓지만 골목길은 그대로다. 하지만 정말 그대로일까? 우리가 목격한 것은 생태공원의 숲과 나무가 가르쳐준 것과 달랐다.

훤히 들여다보이는 키 낮은 철망 안에는 주택에 딸린 정원과 넓은 텃밭이 있다. 정원에는 단지 몇 그루의 소나무가 있고, 나머지 공간은 잔디로 시원하고 깔끔하게 마감했다. 텃밭의 절반에는 온갖 야채를 조금씩 키우고, 나머지에는 튼튼하게 세운 식물 지지대에서 방울토마토, 호박, 오이, 콩이 자라고 있다. 이상적인 전원주택답다. 그런데 원래는 주차장으로 설계했던 자리에도 보기 좋게 잔디를 깔았을까? 좁은 길의 담장을 따라 차들이 꼬리를 물고 주차되어 있다. 대문 안쪽에 차를 세운 집은 별로 없다.

길에는 별도의 주차장이 없는데 담을 따라 주차되어 있다. 담장은 석축, 철망, 조경석, 작은 나무 등 주택과 어울리게 멋있다. 그러나 걷다가 차가 오면 옆으로 비켜야 한다. 걷는 사람과 움직이는 차량을 위한 도로이지만 주차된 차량을 피해서 가야 한다. 도로가 아니라 마치 기다란 주차장처럼 보인다. 담장 안에는 넓은 잔디마당이 시원하고 텃밭에서는 온갖 야채가 자라고 있는데, 왜 차를 마당에 주차하지 않고 담장 밖에 세울까?

우리가 사는 아파트 옆의 주택가도 비슷한 형편이다. 식당 앞 도로에는 손님 주차를 위해 무거운 화분이 놓여 있다. 주택 담 옆에는 아무나 주차할 수 없도록 주차금지 안내판이나 폐타이어가 쇠줄로 묶여있다. 골목길의 주인은 누구일까? 식당이나 인접 주택의 소유주나 세입자는 아니련만 그들이 주인인 체 행세한다. 왜 자기 집 정원을 줄여서 주차장을 마련할 생각을 하지 않을까? 물론 이렇게 주차장을 마련한 주택도 있지만 현실적으로 많지 않다. 분명히 주차장이 아닌 도로인데, 차가 버티고 자리를 차지하고 있으니 지나가는 보행자나 차량이 조심스럽게 피해서 지나가야 한다.

불법으로 주차한 차량은 너무나 잘 보여 학습효과가 크다. 피해서 지나가는 어린이와 청소년들에게 이런 수준의 불법과 남에게 끼치는 불편은 허용된다고 지속적으로 말하고 있다. 나의 마당에 담을 쌓듯이 내 이익을 확실하게 챙기고, 남에게 불편을 끼치더라도 공공의 재산까지 최대한 차지하라고 가르치고 있는 셈이다. 날마다 목격하는 주변의 불법주차 현실과 타인에게 피해를 끼치지 말라는 막연한 교육 중에서 어느 것의 효과가 클까? 고개만 돌리면 주변에 수많은 불법주차가 보이는데, 과연 이런 환경에서 시민의식이 고양될지 의문이다.

자신의 편익을 우선시하는 보편적인 욕심을 부정하지 않는다. 그러나 많은 사람들에게 불편을 끼치는 선까지 허용될 수 있을까? 불가하다. 타인에 대한 배려는커녕, 최소한의 준법이 무척 절실하다.

불법주차 단속을 태만시하니 불편이 지속된다. 다수가 겪는 불편을 제거할 수 있는 간단한 방법이 있는데도 실시하지 않는 실무자들의 책임이 막중하다. 단속이 없는 곳에서 불법이 늘어나는 것은 자명하다. 마찬가지로 철저히 단속하면 불법은 감소한다. 속도위반을 하는 운전자도 단속 카메라 앞에서는 모범운전자가 되는 것은 전국, 아니 세계 어디에서나 진리다.

6. 이상한 친절에 대처하기

스마트폰이 없던 시절에 생소한 곳을 여행할 때는 미리 지도를 찾아서 필요한 곳을 살펴보았다. 예전에 요하네스버그에서 보츠와나의 수도인 가보로네로 가기 위해 직행버스를 탔다. 대중교통으로 기차는 매우 낙후된 상태이고, 버스가 매일 한 번 출발한다. 출발 일곱 시간 후인 밤 9시 도착 예정으로 늦은 시간이다. 불안했지만 어쩔 수 없다.

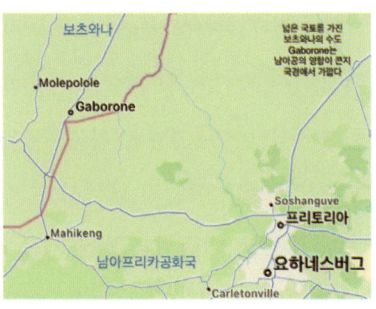

좋지 않은 일이 더욱 나빠지는 경우는 흔하다. 달리던 버스가 슬그머니 길가에 멈추더니 승객들이 모두 내린다. 우리도 따라 내렸다. 낡은 버스에 문제가 생겼는지 기사가 버스 아래로 들어가서 고친다. 여러 가지 도구를 땅바닥에 늘어놓고 요란하게 작업을 하는 모습을 보니 금방 출발하기 어렵게 보인다. 다행히 근처 길을 따라 작은 가게들이 있다. 연이어 있는 가게 앞길 쪽에 기다란 나무 의자가 있는데, 모두들 거기에 앉아있다.

기다림은 무료하다. 그러나 체념하면 견딜만하다. 과연 그럴까? 더 큰 압박이 느껴진다. 순조롭게 달려가도 저녁 9시경 도착인데, 이렇게 늦어지면 몇 시에나 도착할 수 있을까. 가보로네라는 지명을 처음 들어본 지 겨우 한 달이나 됐나 싶다. '다 잘될 거야.'라고 스스로 최면을 건다. 결국 고장으로 멈춘 지 네 시간 만에 출발한다.

국경을 지나 가보로네에 도착했을 때는 새벽 1시가 지났다. 그래도 도착지가 수도이며 보츠와나에서 제일 큰 도시이니까 번듯한 터미널에 도착할 줄 알았다. 대합실이 환하고 24시간 운영하는 편의점 한두 개는 열려 있으리라 예상했다.

그런데, 이게 뭐야? 버스는 큰길 바로 옆의 공터에 선다. 어둡다. 아니,

껌껌하다. 다른 버스는 한 대도 보이지 않는다. 겨우 가로등 몇 개가 도로 부근을 비추고 있다. 가보로네의 변두리일 텐데 어딘지 도무지 알 수 없다. 우르르 내린 승객들은 썰물처럼 사라진다. 금방 주변에 아무도 없어 불안하다.

"헤이, 친구(Hello, my friend)!"라며 한 청년이 손을 흔들고 웃으면서 다가온다. 어디에서나 반갑지만 동시에 항상 조심해야 하는 인사말이다. 긴장하여 모든 감각을 총동원한다. 그러나 전혀 짐작할 수 없는 곳에서 빨리 숙소를 찾아 이동해야 하니 도움을 거부할 수도 없다.

당시 보츠와나는 인터넷 예약이 불가능했다. 쉽게 예상할 수 있듯이 이제 밀고 당기는 딜의 시간이다. 그러나 우리는 당길 수가 없다. 밤 1시, 모든 여건이 그를 완벽한 갑으로 만들었다. 우리는 호텔 이름을 적은 리스트를 보여주며, 가까운 곳으로 가자고 했다. 10달러라고 한다.

"좋아, 친구(OK, my friend)!" 거래는 너무 쉽게 순식간에 끝나고 드디어 안심이 된다. 암흑에서 광명을 찾은 듯했다. 이곳 물가 수준으로는 너무 비싸지만 이렇게 부를지 짐작하고 있었다. 이 상황에서 감지덕지다. 우리는 가방을 들고 어둠 속에서 그를 따라갔다. 조금 걸어가니 택시가 아니라 그의 승용차가 서 있다. 아무려면 어떤가. 빨리 숙소에 가면 되지.

출발하여 어딘가로 간다. 곧 한 곳에 도착했다. 이곳은 야생동물 방지책인지 호텔이 높은 담장으로 둘러싸여 있다. 늦은 시간이라 큰 정문이 잠겨

있고 어둡다. 그래서 그가 인터폰 벨을 눌러 숙박이 가능한지 현지어로 묻는다. 방이 없다며 다른 곳으로 출발한다. 옆 호텔에 도착. 방 없음. 이렇게 반복하여 드디어 다섯 번째 호텔에서 정문을 통과하여 들어갈 수 있었다.

차에서 가방을 꺼내자 50달러를 요구한다. 네 군데를 거쳐서 왔기 때문이란다. 10달러도 호구지만 자정이 넘은 시간이라서 약속을 했었는데 50달러를 내라니! 늦은 시간을 이용한 매우 창의적인 수법이다. 좋은 방법이 없을까? 외국에서 현지인과 싸우는 것은 그야말로 바보짓이다.

지갑을 꺼내며 카메라도 꺼냈다. 먼저, 차의 앞 사진을 찍었다. 여행 도중의 기념이니 함께 사진을 찍자고 말하면서, 아내에게 우리를 촬영해주라고 했다. 이미 환하게 불이 켜
진 호텔 정문의 안쪽이라 조금 전의 상황이 아니다. 지폐가 15달러뿐이니 내일 아침에 오면 나머지를 주겠다고 했다, 사진과 함께 경찰서로 같이 가서 말이다.

그가 아무 말 없이 곧바로 떠났기에 아침에 다시 올 것으로 예상했다. 그러나 그곳에서 이틀을 묵었지만 그는 끝내 오지 않았다. 큰 숙소였지만 손님이 거의 없었다. 포함된 아침 식사도 만족스러웠지만 호텔 식당에 손님이 우리 둘뿐이었다. 그날 밤에 들렀던 호텔 네 곳 모두 빈방이 없었을까?

외국인들은 입국하는 공항, 기차역, 또는 국제버스나 여객선터미널에서 그 나라에 대한 첫인상을 갖는다. 공항이나 역사를 나와서 처음으로 접하는 민간인은 택시 기사인 경우가 흔하다. 그들은 한 나라의 이미지를 심어주는 민간 외교관이다. 한밤중에 우리가 만난 외교관은 지나친 욕심 때문에 자신의 신분을 망각했다.

길 위의 단상

가보로네의 버스에는 창문 프레임만 있다. 열고 닫는 유리창이 없다. 창이 없으니 깨질 염려가 없고, 창틀이 커서 바람이 잘 들어오는 천연 선풍기이다. 창틀 밖으로 몸을 뻗쳐서 헤어지기 싫은 친구와 서로 얼굴을 맞댄다. 비가 오면 곤란할 듯싶어도 사막에서 비가 올까 봐 걱정하는 주민은 없다.

#7 식탁 여행
한 끼 식사로 세계와 이어지다

오랫동안 멋진 서재를 꿈꿔왔다. 지금은 비록 여유가 없어 좁은 데서 근근이 살지만 언젠가 넓은 집을 마련하면 작은 방 하나를 서재로 꾸밀 아름다운 계획을 품었다. 그러나 젊은 시절의 꿈과 달리 책이 점차 옷에 밀리기 시작한다. 책을 위한 공간보다 옷을 둘 공간이 중요하다. 책은 귀퉁이에 쌓아 둘 수 있지만 옷가지들은 가지런히 걸어두어야 찾기 쉽다. 그래서 여전히 우리 집에는 서재가 없다. 갈 곳을 잃은 책들은 뒷방 귀퉁이 신세를 면치 못하고, 겨우 두세 권만 식탁 위에 놓여 있다.

거실 소파에서 TV를 시청하는 시간이 급속하게 줄었다. 거추장스러운 소파를 버리고 작은 의자로 대체하니 집이 넓어 보인다. 왠지 집의 중심이 거실에서 식탁으로 바뀐다. 식탁의 역할이 크게 늘었다. 식탁에서 차를 마시며 뉴스를 읽고, 메시지를 보내며 노트북 작업을 한다. 우리에게는 가장 중요한 공간이다. 먹거리도 주문하고 세금도 납부하는 등 모든 일을 식탁 위에서 처리한다. 손만 뻗으면 닿는 좁은 공간에서 모든 일을 처리하니 무척 편리하다. 식탁이 우리의 세상이다.

1. 베이커리에 왜 빵이 없을까

많은 사람들이 즐겨 사용하는 베이커리라는 어휘를 들을 때마다 나는 이상한 느낌이 든다. 왜일까? 베이커리를 빵집 또는 제과점이라고 하는데, 베이커리에 가보면 빵이나 과자가 거의 없다. 대부분 무스케이크, 치즈케이크, 생크림케이크, 시폰케이크 등 케이크 제품이다. 그렇다면 베이커리 대신에 케이커리라고 상호를 바꾸어야 하지 않을까.

우리나라는 식품 유형에서 과자류, 빵류, 떡류로 분류한다. 또한 국가기술자격에서도 떡 제조, 제빵, 제과로 나눈다. 떡을 별도로 하면 빵과 과자로 나뉜다. 케이크의 분류가 없다. 그래서 설 자리가 없는 케이크가 빵에 포함되어 버렸다.

밀가루가 기본이지만 빵과 케이크, 파이, 쿠키 등에서 추가 재료의 함량이 많이 다르다. 빵은 우유, 버터, 설탕, 계란 등을 조금 넣어서 반죽한다. 숙성 시간을 길게 해서 강력분 밀가루의 글루텐을 활성화하고 발효시킨다. 글루텐이 활성화되어 많이 부풀어 오르고 자연스럽게 쫀득한 질감이 생긴다.

반면에 케이크는 상대적으로 설탕, 버터, 계란 등을 많이 넣어 크림 상태를 만들고, 달걀흰자를 빠르게 저어서 거품을 만든다. 글루텐을 활성화시키지 않아 숙성 시간이 짧다. 따라서 많이 부풀지 않고 쫀득하기보다는 부드럽다. 대신에 설탕, 버터, 휘핑크림, 마가린, 생크림 등이 많아서 열량이 아주 높고 달다.

기본 재료가 같고 함량 차이만 있어서 비슷하게 느껴지고 경계가 모호한 면이 있지만 실제로 빵과 케이크는 아주 다르다. 기본적으로 빵은 잼, 버터, 치즈, 야채, 햄, 소시지 등을 곁들여 먹는 식사용이고 케이크는 디저트이다.

밀가루에 물과 소금만 넣어서 자연발효 또는 이스트발효 과정을 거쳐 만드는 바게트의 겉은 매우 딱딱하다. 딱딱한 캄파뉴와 독일의 대표 빵인 브레첼, 폴콘브로트, 로겐브로트를 보면 빵이 얼마나 딱딱하고 거친지 알 수 있다. 칼로 자르기 어려워서 빵을 자르는 톱도 있다. 우리나라의 부드럽고 달콤한 빵만 먹어온 사람은 먹기 불편하다.

오래전 추운 겨울에 하이델베르크에서 상가 길을 걸으며 오래된 가게들을 구경했다. 광장의 한쪽에 있는 간이가게에서 핫도그를 파는데, 코에 닿는 숯 향기가 식욕을 돋운다. 즉석에서 구운 브라트부르스트의 풍미가 가득한 핫도그이다. 바로 구워 뜨끈한 소시지와 소스를 넣은 간단한 빵이지만 더 바랄 것 없이 맛이 좋다.

다이어트 문제로 식사량을 줄이고 탄수화물 섭취를 제한한다고 야단이다. 그러나 베이커리 역사가 오래된 유럽과 비교하면 우리나라는 케이크의 비중이 압도적으로 높다. 시장의 추이를 모니터링 하는 관련 업계는 수요자의 요구에 따른다. 제과제빵 부문에서 한국인의 입맛은 열량이 높은데도 달고 부드러운 케이크와 파이를 선호한다. 당연히 매장은 소비자들이 원하는 종류의 상품으로 채워진다. 가격이 훨씬 비싸지니 업계는 마냥 즐겁다. 빵 가격도 덩달아 오른다. 터무니없게 높은 한국의 빵 가격은 압도적 세계 1위다.

많은 사람들이 당연히 빵으로 알고 있는 크루아상도 사실 빵이 되기 어렵다. 얇게 밀어 겹겹이 만들 때부터 버터와 층을 이루기 때문에 버터의 함량이 높다. 겹겹으로 만든 반죽이 구워지면서 바삭하며 사이에 공기층이 있어 부드럽고 푹신한 식감을 가진다. 빵보다 케이크에 가까운데 페스추리로 따로 구분한다.

기존 베이커리에는 식빵과 바게트 등 빵이 조금 있다. 그러나 우후죽순처럼 늘어난 카페의 베이커리에는 빵이 거의 없다. 빵 모양의 상품이 일부 있지만 버터, 설탕, 크림 등의 함량이 엄청나서 빵이 될 수 없고 실제로는 케이크, 커스터드, 파이 종류이다. 케이크 중에서도 크림이 과도하게 많은 제품이 주종을 이루고 있다. 손에 크림이 잔뜩 묻는다. 숫제 손을 댈 수 없고 포크를 이용해야 하는 종류도 많다.

조각케이크는 매장과 종류에 따라 다르지만 약 100g이며 열량은 대략 450kcal 내외다. 이는 운동장 400m 트랙에서 15바퀴를 열심히 뛰어야 하는 열량이다. 천천히 뛰면 20바퀴가 될 수도 있다.

달콤한 케이크에 눈길이 가지만 열량을 생각하면 손길이 멈춘다. 대신 우리는 바게트나 베이글을 사다가 치즈와 토마토, 두툼한 아보카도와 부드러운 상추를 듬뿍 넣는다. 아보카도로 고소하고 부드러운 맛을 더하고 상추로 아삭한 맛을 살리면 뻑뻑한 빵 맛을 상쇄하고 남는다. 물론 케이크와 샌드위치는 용도와 맛이 전혀 다르다. 하지만 자신이 좋아하는 내용물을 잘 선택하여 나만의 빵 맛을 개발하면 케이크의 유혹을 줄일 수 있다.

갈수록 늘어나는 베이커리 카페와 케이크의 매출 통계를 보면 놀랍다. 빵이 없는 베이커리를 사람들은 전혀 이상하게 여기지 않고 오히려 선호하지만 나는 여전히 불편하다. 케이크의 소비를 줄이고 독일 빵 종류처럼 거친 곡물 빵을 활용하는 것이 건강에 나을 듯하다.

길 위의 단상

라다크의 화덕 빵집에 아침 일찍 들렀다. 작업자가 허리를 굽혀 깊은 화덕 벽에 반죽을 붙이고, 부풀어 오른 빵을 떼어낸다. 인도의 서민들 누구나 부담 없이 먹을 수 있는 저렴한 가격이다.

2. 한 끼 식탁에서 배운 균형

잘 알려진 우리나라 식품 중에서 홍어만큼 호불호가 크게 차이 나는 음식이 또 있을까? 큰 잔치에 홍어는 필수라고 강조하는 사람들도 있지만, 삭힌 홍어의 맛이 이상하리만치 독특하여 싫어하는 사람도 많다. 분석하고 생각을 많이 한다고 싫어하는 느낌이 쉽게 바뀌지 않는다. 맛에 대한 판단은 감각기관의 수용과 뇌의 기억이 어울려 순간적이다. 간혹 많은 경험을 통해서 서서히 변하기도 한다.

삭힌 홍어가 처음에는 생소하고 역겨워 거부하는 맛으로 느껴졌지만 여러 번 맛을 보는 반복 학습을 통해서 점차 받아들이는 맛, 더 나아가서 좋아하는 맛으로 변할 수 있다. 반면에 어렸을 적에는 사탕의 달콤한 맛을 좋아했지만 수십 년 지나서는 너무 달아 싫어하는 맛으로 바뀌기도 한다.

많은 사람들이 홍어를 좋아하는데 나는 좋아하지 않는 이유가 무엇일까? 좋아하는 사람이 많다는 것은 썩 훌륭한 음식이란 뜻이다. 기회 있을 때마다 맛을 본다. 하지만 나의 혀와 코가 거부하니 어찌할 수 없다. 이것은 학습 탓이라기보다 타고난 수용체와 생리학적 반응 때문이리라.

물론 삭힌 홍어 맛을 즐기는 이들도 많다. 그래서 홍어를 삭히는 정도를 달리하여 취향을 맞춘다. 마치 등반의 난이도를 달리하는 암벽코스를 여러 군데 준비하여 수준에 맞는 곳에서 즐기는 것과 비슷하다.

전남 나주시에는 '영산포 홍어거리'가 조성되어 있다. 근처에 여행하다 들르면 홍어의 여러 가지 맛을 볼 수 있다. 홍어 무침, 삼합, 회, 전, 튀김, 국으로 골고루 즐길 수 있다. 나처럼 초보자의 혀를 갖고 있다면 싱싱한 홍어를 선택하면 된다.

앙코르와트 투어를 마친 후에도 유적지의 엄청난 규모와 정교함에 놀란 마음을 진정하기 어려웠다. 피라미드, 만리장성과 함께 인류가 이루어낸 가장 훌륭한 건축물이라 생각했다. 반면에 유적에 기대어 낮잠을 자거나 조각물을 함부로 만지는 관람객이 너무 많은데도 아무런 단속이나 제지가 없어 답답했다.

저녁에는 숙소 근처 식당에서 악어고기가 포함된 요리를 주문했다. 가장 인기 있는 메뉴라고 점원이 말했지만, 고기 몇 가지를 샤브샤브 식으로 익혀 먹는 평범한 맛이었다. 악어고기도 삶은 닭고기처럼 질감이나 냄새, 씹

히는 맛에서 유별난 점이 없었다. 여
행 중에 만나는 독특한 음식에 대한
호기심으로 한번 먹어 볼 수 있는 정
도였다. 거칠게 연상되는 악어와 달
리 농장에서 대량으로 사육한 고기
라 그런지 맛이 특이하지 않았다.

며칠 후에 소형 버스를 타고 방콕으로 이동했다. 태국은 관광 국가답게 다양하고 저렴한 먹거리가 많다. 눈에 뜨이는 대로 식당에 들어가서 주문해도 대체로 흡족했다. 세계 여러 국가에서 찾아오는 다양한 관광객을 대상으로 개발한 다국적 음식이라 가볍게 즐길 수 있는 종류의 음식이 많기 때문이다.

그러나 태국이 '세계 3대 수프'라고 자랑하는 똠얌꿍에는 전통적인 맛이 남아 있다. 새우, 생선, 고기 등의 기본 재료를 잘게 썰고 여기에 태국의 여러 가지 양념을 넣어 푹 끓여낸 찌개 같은 국물이 똠얌이다. 여기에 큰 새우, 해산물, 닭고기 등을 넣으면 널리 알려진 똠얌꿍, 똠얌탈레, 똠얌까이가 된다.

현지인들은 똠얌에 대한 자부심과 자랑이 대단했지만 처음 먹어보는 음식이고 자극적인 맛을 싫어하는 나에게는 너무 맵고 신 맛이 강했다. 태국에 오래 거주하며 자주 먹어서 친숙하게 되면 변할지 모르겠다.

10년 전에 쿠마노고도 순례길에서 가장 많이 알려진 나카헤치를 걸었다. 본격적인 순례가 아니라 둘이서 순례 산길의 일부를 걷고, 쿠마노산잔의 3

대 신사를 찾아가는 여행이다. 카츠우라에서 나치타이샤를 살펴본 다음에 쿠마노코츠 버스를 타고 두 시간 가까이 달려 혼구로 갔다. 정류장 바로 옆에 있는 관광안내관의 규모에 놀란다. 얼마나 쿠마노고도를 중요하게 여기며 관광객이 많으면 이렇게 대규모일까.

그러나 7월 초라 너무 더워서인지 한적하다. 버스에서 내린 손님이 우리 둘 외에 서양인 단 한 명뿐이다. 한가한 혼구타이샤 입구에서 길게 이어지는 오르막길을 걷는다. 여름 한낮인데 내방객이 없으니 거대한 종교시설이 너무나 조용하다. 그래서 더욱 엄숙하게 느껴진다. 다시 내려와서 초록 논과 들을 지나 산길로 접어든다. 매우 곧게 뻗은 울창한 삼림 속의 길이 고색창연하지만 잘 정리되어 있다.

숙박은 유노미네에 있는 료칸에서 머문다. 유노미네는 구마노 산속 작은 계곡에 있는 마을로 여관들이 개울을 따라 일렬로 모여 있다. 산속 순례길이 끝나고 마을로 내려가기 직전에 아주 작은 소바 식당이 있다. 들어서니 아무도 없다. 한참 인기척을 내니 안쪽에서 나이 든 사나이가 나온다. 일견하여 막부시대의 사무라이처럼 날카로운 인상이다. 늙어서도 이러하니 한창때에는 칼 없이도 상대를 능히 제압했을 듯하다. 안타깝게 우리는 일본어를 못한다. 어쩔 수 없이 영어로 인사하며 주문을 했다. 그는 알겠다는 듯 제스처를 약간 취할 뿐 아무 말이 없다. 여기까지 왔으니 이왕이면 새로운 맛을 경험하기 위해서 낫또소바와 도로로소바를 주문했다.

한참 후에 역시 아무런 말 없이 음식을 놓고 간다. 곱게 간 마 위에 노란 계란과 별 모양의 오크라, 쪽파가 어울려 비주얼이 좋다. 간 무, 기다란 조각 김, 초록 쪽파, 낫또소바를 사진 찍지 않을 수가 없다. 산골의 오두막 같은 1인 식당에서 도저히 기대할 수 없는 작품이다. 먹기 위해 비벼 섞어야 할 텐데 젓가락을 대는 것이 작품을 훼손하는 것처럼 느껴졌다.

한참 사진을 찍은 후에 어쩔 수 없이 잘 비벼 섞는다. 마와 낫또가 익숙하지 않지만 꽤 오래 걷고 땀을 많이 흘려서인지 깔끔하게 맛이 좋다. 그런데 웬일일까. 흔히 먹는 소바 맛이 아니다. 도로로소바는 마와 달걀의 조합으로 면이 식감 좋게 입안에서 놀더니 사라져버린다. 절반씩 나눠먹은 낫또소바도 부드럽게 씹히며 고소하다.

나이 든 사무라이 요리사는 수십 년간 고급 식당의 주방장이었을까? 도시에서 뭔가 사연이 있어 깊은 산골로 들어와서 혼자 미식을 탐구하고 있을까? 더운 날 따끈한 소바유를 마시며 제멋대로 상상에 빠진다.

료칸으로 가서 짐을 풀었다. 다시 나와 일본에서 가장 오래된 온천이라는 유노미네 온천 마을을 걷는다. 잘 알려진 쓰보유가 먼저 나타난다. 료칸의 온천탕이 좋아서 이곳을 이용할 생각이 없고 계곡 주변을 둘러만 본다. 조금 내려가다 유즈쓰에서 계란을 사다가 삶아 먹었다. 아직 배가 고프지 않은데도, 날카로운 눈매의 사무라이 셰프가 만들어 준 섬세한 소바를 생각하니 입에 침이 고였다.

홍어에서 똠얌꿍, 낫또소바까지, 결국 내가 만난 음식들은 모두 달랐지만 공통적으로 내 안의 균형을 되묻게 했다. 어떤 건 거부되고, 어떤 건 낯설게 다가오고, 또 어떤 건 의외의 감동으로 남았다. 맛을 통해 배운 것은, 인생도 결국 익숙함과 낯섦, 거부와 수용 사이에서 균형을 잡아가는 과정이라는 사실이었다.

3. 날리는 쌀밥이 더 흔하다

예전에 중국 관광명소에 패키지여행을 다녀왔다. 약 40명 가까운 인원이 5일 동안 버스를 타고 함께 움직인다. 취침시간만 빼고 좁은 공간에서 밀도 있게 함께 지낸다. 마지막 날 헤어질 때는 정말로 아쉬워하는 회원들이 많았다. 매너 좋은 커플이 기억난다. 딱 한 가지만 제외하고 다른 동반자들과 잘 어울렸다. 그것은 식사였다. 중국에서는 우리와 달리 주로 안남미 즉 인디카종의 쌀을 먹는다. 이 커플은 중국 음식이 너무 싫었던 모양이다. 우리는 호텔의 현지 뷔페가 괜찮았는데 이 커플에게는 한식이 아니면 매우 곤란한 듯 보였다.

이들은 중국 패키지여행 경험이 많은지 미리 준비를 해왔다. 호텔 조식뷔페 음식 대신에 가져온 컵라면이나 즉석 밥에 밑반찬을 몇 가지 꺼내먹는다. 우리 패키지 손님 외에 외국인과 중국인도 있기 때문에 냄새에 신경을 많이 쓴다. 병에 준비한 김치, 멸치볶음, 장조림을 조금씩 꺼내 먹으며 얼른 뚜껑을 닫곤 한다. 점심과 석식에서는 컵라면을 꺼내지는 않지만 고추장과 밑반찬 한두 개를 조심스럽게 꺼내먹는다.

오랫동안 우리나라 주식은 쌀밥이라 했는데 요즘도 이 말이 유효할까? 갈수록 쌀 소비량이 감소하고 그 자리를 잡곡류, 육류, 유가공품, 어류 등이 차지한다. 동양에서는 쌀밥, 서양에서는 빵과 고기를 주식으로 한다고 너무 이분법적으로 인식한다. 물론 동아시아가 압도적으로 높은 비율을 차지하지만 쌀의 생산과 소비는 세계에 널리 분포하고 있다.

세계의 대표적인 쌀 음식을 보면 잘 알려진 우리나라와 일본 외에 세계 쌀 생산과 소비에서 최상위 국가인 중국의 쌀밥, 차오판, 다양한 쌀국수, 인도와 방글라데시의 비르야니, 인도네시아의 나시고랭, 나시레막이 어디에서나 흔하다. 이어 베트남의 꼼랑과 쌀국수 포, 태국의 카오팟, 미얀마의 몬힝가 등이 쌀 음식의 대표이다. 아시아권보다 소비량이 적지만 이탈리아의 리소토, 스페인의 빠에야, 터키의 필라프, 멕시코의 브리또 등도 세계적으로 즐겨 먹는 쌀 음식이다. 이 중에서도 가장 대표는 볶음밥이며 어느 나라에나 있다. 쌀에 추가하여 넣는 콩류의 잡곡과 야채, 육류와 해산물이 다양하다. 또한 볶는 기름, 추가하는 소스, 치즈, 조미료에 따라 각 지역에서 다양한 이름의 볶음밥이 된다.

'이게 뭐야? 밥알이 풀풀 날려 밥이 아니네.'
처음 해외여행을 하는 우리나라 여행자들이 동남아에서 쌀밥을 곁들인 식사를 하면서 흔히 하는 말이다. 자포니카종은 한반도, 일본, 중국 북부에서만 주로 소비하고, 전 세계에서 생산하는 쌀의 10%밖에 안 된다.

모양이 둥글고 찰진 맛이 있어 우리는 좋아하지만 외국인들은 진득하다고 싫어하는 사람이 많다.
　거의 대부분인 90%는 인디카종인데 가늘고 길쭉한 모양이며, 찰기가 없어서 밥알이 풀풀 날린다. 동북아시아 일부만 빼고 세계 거의 모든 사람들이 인디카 쌀을 선호한다. 전체 국민이 자포니카 쌀로 밥을 지어 먹는 나라는 우리와 일본뿐이니 주식에 있어서 우리는 일본과 형제국가이다. 가장 큰 소비국인 중국, 인도, 동남아 국가를 포함하여 아프리카, 아메리카, 유럽 등 어디에서나 거의 모두 찰기 없는 인디카종 쌀을 사용한다.

　이제는 여행 중에 '풀풀 날려 밥이 아니네.'라는 표현은 적절하지 않다. 자신이 항상 기준이 될 수는 없다. 그 지역의 음식을 시도해보는 자세도 괜찮지 않을까. 색다르지만 자꾸 먹어보면 괜찮아지기도 한다. 매우 특이한 음식이 아니라면 열린 마음으로 장점을 찾아보는 것도 좋을 듯싶다.

스페인 여행을 회상하며 주말 점심에 해물 빠에야를 간단하게 만들어 먹는다. 조개, 새우, 오징어를 준비하고 파프리카, 양파, 토마토, 마늘이 기본이다. 물론 쌀은 마트에서 소포장으로 판매하는 안남미가 필요하다. 레시피를 찾아서 참고하면 쉽게 즐길 수 있다.

여행 중에는 생소한 것을 체험하고 수용하여 이해의 폭을 넓혀가는 자세가 조금은 필요하다. 너무 집착하여 여행 기분을 망칠 필요는 없지만 여행 목적 중의 하나다.

길 위의 단상

누구나 본인 중심으로 판단하기 쉽다. 내가 매일 먹는 둥근 쌀은 세계 전체 쌀 생산량의 극히 일부인데도 세계의 표준이라고 믿는다.

4. 박소이칸 한 그릇이 남긴 미소

인도네시아를 여행할 때 쿠알라룸푸르를 경유하여 수마트라의 메단으로 간 적이 있다. 이 도시는 말라카 해협을 사이에 두고 말레이 반도와 마주보고 있다. LCC 저가항공기를 타고 금방 내렸는데, 폴로니아국제공항이 도심에 있어 놀랍다. 마치 뚝섬이나 잠실에 비행장이 있는 양상이다. 상상하기 어렵지만 사실은 우리도 예전에는 여의도에 비행장이 있었으니 비슷하다.

메단은 수마트라섬에서 가장 큰 도시답게 도심도 번잡하다. 그러나 땅이 넓어서일까. 의외로 좁은 도심을 벗어나니 평범한 동네가 넓게 펼쳐진다. 주변에는 온통 담배, 고무 원료, 팜유 등을 위한 대형 농장이 많다. 교외로 나가면 끝없이 넓은 지역에 단일 품종의 나무가 줄지어 자라고 있다.

가게들로 가득한 메단 몰을 거쳐서 근처의 재래시장으로 갔다. 자연스럽게 조성된 오래된 거리에 작은 부티크 상점들이 다양하면서도 깔끔하게 꾸며져 있다. 좁은 몰보다 여유롭고 다정한 느낌을 준다. 잘 구획된 초고층 아파트 단지와 오래된 가회동 한옥마을의 골목길을 걷는 차이이다.

점심을 먹으려고 근처 식당에 들어갔다. 메뉴판 사진과 간단한 설명을 보고 생선완자인 박소이칸(Bakso Ikan)을 주문했다. 가이드 없이 눈치껏 찾아서 들어가는 식당에서는 간단하게 주문한다. 실패할  경우가 흔히 있기 때문이다. 더구나 더 나아 보이는 곳이 금방 나타나기도 하니까. 인도양과 태평양 사이에 있는 섬나라인 특성 때문에 어디를 가더라도 생선이 풍부하고 생선요리가 다양했다.

우연히도 이번 선택은 탁월했다. 바다가 가까워서 재료가 신선해서일까. 어묵과 비슷할 텐데 거의 생선 살로만 만든 느낌이 들었다. 쫄깃하면서 들러붙지 않아서 좋다. 함께 먹는 가느다란 비훈 쌀국수와 듬뿍 들어 있는 야채와도 잘 어울린다. 비주얼과 맛, 모두 만족이다. 음식이 단순하여 그럴싸한 그릇에 담아 우리나라에서 프랜차이즈 영업을 하면 성공할 것 같다.

싸구려 음식 한 그릇에 웬 말이 이렇게 많을까. 어렸을 때 나는 '침묵은 금'이라고 배워서 훨씬 과묵했다. 나중에는 '진리는 나의 빛'이란 가르침에 따라 음식이나 패션 등을 잡다하게 여기며 관심을 끄고 진리를 찾고자 했다. 세월이 흘러서 이제는 저팔계처럼 속물이 됐을까? 진리를 거론하지 않고 돼지처럼 음식 이야기를 하고 있다.

그러나 어쩌랴! 공허한 라틴어나 곰팡이 냄새 나는 사자성어보다 혀에 착 달라붙는 박소이칸이 내 얼굴에 미소를 불러일으킨다. 아마도 진리는 소박한 식당에서 음식을 조리하는 주방 아주머니의 투박한 손바닥 안에 있을 듯하다. 나는 이날 이후로 의외의 즐거움을 만나면 '박소이칸!'이라 외치며 미소 짓는다.

반대쪽 해변에 있는 파당에 오기 전부터 이곳에서 른당(Rendang)을 맛보고 싶었다. 사실, 먹어보거나 심지어 들어본 적도 없었다. 그런데 최근에 '세계에서 가장 맛있는 음식'으로 선정됐다는 뉴스를 듣고 알게 되었다. CNN의 온라인 여행 잡지사에서 투표하여 얻은 결과다. 우리에게는 생소하지만 른당은 인도네시아에서 가장 인기 있는 음식일 뿐만 아니라 말레이시아 등 동남아시아에서도 널리 즐겨 먹는다. 'Rendang'이라 적지만 현지에서는 런당과 른당의 중간 정도의 발음이다.

주재료는 쇠고기와 코코넛밀크다. 먼저 강황, 마늘, 생강, 고추 등 여러 양념과 허브를 초벡이라 부르는 넓적한 모양의 작은 돌 사발에 넣고 울레칸이라는 손잡이 달린 막자로 갈아 페이스트를 만든다. 초벡과 울레칸은 잘 알려진 타이식 쏨땀 절구와 공이 세트와 비슷하지만 소형 절구처럼 깊지 않고 넓적한 사발 형태다. 갈아 만든 양념을 고기와 버무린 후에 계피, 강황잎, 레몬그래스, 육두구 등의 여러 가지 향신료를 넣고 끓인다. 이때 코코넛밀크를 조금씩 여러 번 부어가면서 천천히 익힌다. 고기가 부드러워지고 양념이 졸아들 때까지 익힌다. 른당 맛을 보면 향료의 차이가 크지만 오래 졸인 고기 맛은 우리나라의 갈비찜과 유사하다.

른당 맛집을 검색하여 찾는데, 우리나라의 불고기처럼 른당이 유명할 뿐더러 온 국민이 좋아하는 음식이라 식당이 많아서 오히려 고르기가 어려웠다. 우리나라 한식정식처럼 이곳도 음식 종류가 많다. 맛이 궁금한 른당과 함께, 바닷가에 왔으니 양념 바른 생선구이를 주문했다.

주문 후에 잠시 밖을 둘러보니 건물 뒤편에 별도의 주방이 보인다. 사실 주방이 아니라 커다란 전통화덕 두 개가 있는데 각각 대형 솥이 고정되어 있다. 옆에는 대형 숯불 조리대가 네 개 있고 생선을 전문적으로 굽고 있다. 아마 주문이 들어오면 바로 생선을 구워서 주방으로 옮기는 모양이다. 적도 바로 아래에 있는 파당에서 특히 뜨거운 장소다.

접시 여러 개에 음식이 차려져 있지만 우리는 른당에 손이 제일 먼저 간다. 서서히 졸여진 고기여서 스테이크 같은 소고기 본연의 맛이 아니라 향료가 잘 스며든 맛이다. 아직은 이곳의 여러 가지 향신료나 향채소의 맛과 향에 익숙하지 않다. 각각이 독특한데, 이들이 모두 어우러져 합쳐진 특이한 맛이 단 한 번의 시식으로 자연스럽게 다가올 수는 없다.

각종 향신료를 생각하면 단연 인도의 마살라이다. 향신료 가게에서 수많은 종류와 엄청난 양을 보고 선입견으로 강한 맛과 향일 것으로 예상했었다. 그러나 실제 음식을 먹어보니 독특하지만 부드러운 맛이 좋았다. 비슷하게 른당의 맛도 고기에 독특한 풍미가 배어있지만 부드러운 맛이다. 육류의 씹는 맛을 유지하면서 어쩔 수 없이 느껴지는 고기의 잡냄새를 제거하는 역할을 향신료가 하는 듯싶다. 소고기를 잘 시즈닝하여 품격 있는 음식으로 만든 듯하다. 세계인들이 제일이라고 추천했으니 오늘은 처음이지만 앞으로 더욱 친숙해지리라 기대했다.

정말 솔직히 말한다면 함께 나온 생선구이가 더 맛있었다. 내 혀가 이렇게 황당하게 느끼는 것을 전에도 여러 번 체험했다. 세계 제일의 음식보다 평범한 생선이 더 맛있다고 하니, 세계 미인 대회에서 우승한 여성보다 우리 딸이 훨씬 더 예쁘다고 우기는 꼴이다.

신체의 감각기관 중에서 혀가 가장 보수적이다. 수십 년 전 과거에 연연하며 새로운 사실을 받아들이려 하지 않는다. 혁신성이 떨어져서 다른 기관까지 방해한다. 새로운 맛을 찾으려는 탐구적 자세나 진취성이 거의 없다. 오로지 예전 입맛을 고수하며, 어렸을 적에 먹었던 음식의 향수에 젖어 지방색을 벗어나지 못한다. 혀의 맛 기능은 변화를 거부하며 판정의 객관성이 전혀 없다.

이러하니 생전 처음 맛보는 세계 최고의 음식보다 자주 먹어서 익숙한 생선구이가 더 맛있게 느껴지는 것도 자연스럽다. 어쨌든 생선구이는 맛있었다. 바로 옆 인도양에서 잡은 싱싱한 생선에 양념과 삼발소스를 발라가며 숯불에 구웠으니 더 말할 필요가 없다. 약간 매콤한 맛이 부드러운 생선살과 어울려 환상적이다. 접시에 올려 데코를 추가한 셰프보다 뜨거운 숯불로 구워준 보조요리사에게 더 고마웠다.

5. 혀끝에서 뒤집힌 나의 상식

아무리 머나먼 외국이라도 사람들이 살아가는 모습은 거의 대동소이하다. 수면, 식사, 노동, 여가활동 등에서 유별나게 다르지 않다. 여행 중에 생소한 관습을 목격하거나 독특한 전통문화를 접하더라도 크게 놀라지 않는다. 특별히 나은 점이 있을 때는 배울 수도 있겠다.

여행 중에 하루 세 번씩 식사를 하면서 새로운 식재료나 생소한 맛이 나는 소스를 경험하는 것은 흔하다. 처음 맛보는 과일도 많다. 익숙한 맛과 향에 오랫동안 길들여진 혀와 코가 특별한 신호를 감지한다. 새로운 신호는 신선하며 만족스러운 자극이 되어 호감을 줄 수 있다. 물론 불쾌하거나 이상한 느낌을 받아서 음식에 두 번 다시 손이 가지 않는 경우도 있다. 반갑고 호감이 가는 경우나 싫어서 꺼려지는 경우 모두 직접 겪은 경험이다. 물론 나중에 다시 맛을 보는 경우에 느낌에 변화가 생길 수도 있다. 예로, 우리는 낫또를 처음 먹어보았을 때 다소 불쾌한 느낌을 받았지만 차츰 누그러지고, 요즘은 그럭저럭 좋아하는 느낌으로 바뀌었다.

우리에게는 맛있는 음식이지만 외국인들이 기겁하며 싫어하는 한국 음식 리스트가 있다. 리스트 상위에 있는 음식을 살펴보면 우리가 당연하게 여기는 무의식적인 생각을 되짚어볼 수 있다.

누에나방의 변태 과정에서 애벌레가 고치를 만든다. 먼저 고치를 삶은 후에 가는 실로 풀어낸다. 이 실이 명주실이며 천을 짜면 비단이 된다. 물론 번데기는 고치를 뜨거운 물로 삶아 완벽하게 살균 처리되었다. 우리는 어려서부터 번데기를 늘 보고 먹어왔기 때문에 자연스러운 식품이다. 그러나 처음

보는 사람들에게는 벌레를 삶아서 먹는 괴상한 모습으로 보일 수도 있다.

중국이나 동남아를 여행하다 보면 꿀벌 유충, 귀뚜라미, 검정물방개는 약과이며 왕거미, 전갈이나 지네를 튀기거나 삶아서 파는 것을 볼 수 있다. 독성을 제거하고 살균을 하여 식품 재료가 된 점은 번데기와 같다. 다만 자국 사람들에게는 오랫동안 경험한 평범한 식품이지만 관광객이 용기를 내어 처음 맛을 보는 것은 생소한 체험이다.

우리에게는 별미의 보양식인 산낙지를 외국인들은 특히 무서워한다. 빨판을 가진 문어와 낙지는 서양에서 오래전부터 바닷속의 악마 역할을 해왔다. 여러 개의 다리로 칭칭 옭아매어 꼼짝 못하게 만드는 모습을 어릴 적부터 그림으로 보고 자란  서양인들이 꿈틀대는 낙지를 꺼려 하는 것은 당연하다.

물론 서양에서도 삶은 문어를 적당한 크기로 자르고 양념을 한 요리를 흔히 볼 수 있다. 그만큼 문어와 낙지는 흔한 식자재다. 그러나 식탁에서 왕성하게 꿈틀거리며 이리저리 움직이는 낙지를 서양인들은 먹기는커녕 만지기도 어려워한다. 특히 살아있는 세발낙지를 통째로 한입에 넣고 오물거리는 사람을 경이로운 눈빛으로 보며 사진을 찍는다.

예전에 구마노고도 순례길을 걷기 위해서 출발지로 카쓰우라를 선택했다. 우리는 해변 따라 완행기차를 타고 가다가 작은 기이카쓰우라역에서 내렸다. 3대 신사를 탐방하고, 기이반도를 서쪽으로 관통하여 다나베시로 가는 여정이다. 카쓰우라는 작은 마을인데, 가까운 나치타이샤를 오가는 버스가 역 앞에서 출발한다. 또한 다음 행선지인 신구로 가는 기차와 혼구로 가는 완행버스가 연결되어 편리한 곳이다. 큰 바다에 접한 항구라 부두와 접안시설은 크고 훌륭했지만, 유동인구가 적은지 항구에 있는 시장과 음식점은 의외로 작아 보인다.

이른 아침에 참치 해체 쇼가 있다고 해서 다음 날 구경을 갔다. 아마도 나치타이샤와 연계된 관광객을 대상으로 하는 듯 보였다. 젊은 조수 두 명과 함께 등장한 기능장은 온화한 인상을 주었다. 칼을 다루는 전문가의 예리한 느낌을 이미 초월한 진정 고수일까? 꼬리를 묶어 크레인으로 들어 올리는 대물을 상상했던 우리의 기대와 달리 평범한 크기였다. 모인 관광객은 채 스무 명이 되지 않았지만 상관하지 않고 일사천리로 진행한다.

조수가 간혹 설명을 하지만 알아듣지 못하는 우리는 구경만 한다. 맨 먼저 자르는 꼬리를 버리는 듯하다. 다음은 머리 부분을 크게 잘라서 세워둔다. 참치의 동그란 눈이 관객을 응시하는 듯 보인다. 내장을 이미 꺼내서 버렸는지 아가미 아래쪽이 비어있다. 지느러미를 붙잡고 머리 아래쪽 부위를 도려내더니 직접 관객들에게 다가와서 보여준다. 일본말을 모르지만 반복하는 가마도로는 들린다.
가장 맛있고 조금만 나온다는 뱃살 부위다.

약간 더 큰 칼로 바꾸더니 이제는 몸통을 길게 자른다. 큰 생선에는 작은 가시가 없을까? 엄청나게 큰 척추뼈를 사이에 두고 크게 4등분한다. 조수들이 커다란 덩어리를 다시 작게 잘라서 포장한다. 바로 옆에 있는 시장 안의 가게에서 판매하기 위해서다. 마스터는 머리와 뱃살인 도로를 다루고, 조수 두 명은 붉은 살을 적당한 크기로 자른다.

 마지막은 구경꾼들이 기다리는 시식이다. 준비된 용기에 부위별로 조금씩 담아서 일일이 나눠준다. 지역 협의체에서 홍보용으로 지원하는 행사의 마무리이다. 우리는 시식을 끝내고 바로 옆에 있는 식당에서 마구로동으로 아침 식사를 했다.

 함께 참치 해체작업을 관람한 백인 가족이 건너편 식탁에서 우리처럼 식사를 한다. 일본 음식점이 세계 도처에 있고, 스시, 어묵, 우동 등도 있으니까 서양인도 어려움이 없으리라. 사실 조금 전부터 나에게는 꺼림칙한 점이 있었다. 열 살 막 지났을 아이들이다. 바로 눈앞에서 자기들 키보다 더 큰 생선의 몸통을 긴 칼로 해체하는 것을 계속 보고 있는 모습이다. 이런 관람이 아이들의 정서나 윤리적인 면에서 해악은 없을까? 부모는 아이들이 어려서부터 담대함을 키우기를 바라는지 모르겠다. 그렇지만 부정적인 면이 훨씬 클 것 같아서 우려스러웠다.

 육고기에 거부감을 느끼는 사람들이 간혹 있지만 우리나라에서 해산물은 인기가 높다. 푸짐하게 쌓아 올린 해물탕은 가족 단위의 식사에서도 인기 메뉴이다. 커다란 용기 아래에 버섯, 콩나물 등 야채를 넣는다. 계절에 따라 차이가 약간 있겠지만 각종 조개, 홍합, 왕새우, 오징어, 게, 전

복 등을 넣고 맨 위에 낙지를 올린다.

　해산물은 싱싱함이 매우 중요하다. 가격도 큰 차이가 난다. 활어 게, 조금씩 움직이는 전복, 힘차게 꿈틀대는 낙지는 싱싱함의 상징이다. 많이 움직일수록 고객들은 환호한다. 재료가 넘치도록 많아서 종업원이 도와준다. 움직이는 재료일수록 아래에 넣지 않고 자랑스럽게 위에 올린다. 가장 활발하게 움직이는 낙지가 맨 위에 있는 것은 어느 식당에서나 당연하다. 모두 쌓은 후에 투명한 유리 뚜껑을 닫으면 갈 곳 없는 낙지가 뜨거움을 피해서 잠시 뚜껑에 들러붙는다.

　나는 소심하다. 대담성이 매우 부족하다. 꿈틀거리는 낙지를 보지 못하고 일부러 딴 데를 보거나 휴대폰을 만지작거린다. 음식이 익고 종업원이 먹기 좋게 잘라준 다음에야 붉게 변한 게와 낙지를 본다. 고개를 돌렸던 장면을 잊고 돼지처럼 잘 먹는다.

　해물탕 식당에 갈 때마다 나는 새로운 규제를 생각한다. 꿈틀대는 생물 해산물을 주방에서만 요리하도록 제한하는 것이다. 즉, 모든 손님이 보는 앞에서 산 채로 요리하는 것을 금지한다. 이것이 어렵다면 조금 완화한 차선책이 가능하다. 어린이를 동반한 가족에게는 주방에서 조리가 완료된 후에 손님 테이블에 내놓는다. 또는 지금처럼 하는 경우에는 보호자가 어린이를 데리고 나갔다가 조리가 되었을 때 식사에 합석한다. 어린이들이 보는 그림책이나 만화영화에서 낙지나 문어는 귀여운 캐릭터로 묘사되어 친구로 여겨질 수 있다. 친구를 해치다니, 있을 수 없는 충격이며 엄청난 혼란이다. 음식점 지침은 어린이 고객의 정서 보호 차원에서 검토되어야 한다.

　이런 지침과 유사한 규제를 이미 시행하고 있다는 뉴스를 최근에 접했다. 서양에서도 문어 요리가 흔한데, 최근에 주방에서 문어를 산 채로 삶는 것을 금지하는 지침을 일부 국가에서 시행한다고 한다. 이 규제는 요리사를 대상으로 하니 어린이를 대상으로 하는 제안보다 훨씬 엄격한 내용이다.

6. 지역의 맛, 세계로 번지다

예전에 윈난성을 여행하면서 샹그릴라에서 시작하여 리장, 따리, 쿤밍을 둘러보았다. 널리 잘 알려져 있고 인기 있는 여정이라 이와 유사한 경로를 밟는 여행자가 매년 수백만 명에 이르리라 짐작한다. 리장고성의 매력에 빠져 계획했던 일정을 갑작스레 3일 더 늘려 체류했는데도, 향후 다시 오고 싶은 마음이 저절로 들었다. 아쉬운 마음으로 리장을 떠나 네 시간 거리의 따리로 이동했다. 여전히 고도가 높지만 산세가 조금 낮아졌고, 바다처럼 넓은 얼하이호수가 인근에 있다. 우리 눈에는 차이가 없지만 많은 주민들이 나시족에서 바이족으로 바뀌었다.

높은 성곽 안에 있는 따리고성의 모습은 며칠 동안 보았던 리장고성과 중국에서 가장 유명한 시안고성의 중간 성격이다. 숭성사 삼탑의 원경 전망이 좋은 식당에서 이른 저녁 식사를 한다. 세 개의 탑이 균형을 이루는 배치에서 안정감을 느낀다. 사찰 내부에서 보았던 거대함보다 조금 떨어진 식당 정원에서 보는 평온함이 더 좋다.

일반적인 맥주 상표와는 다른 문양을 가진 이 지역의 풍화설월 맥주를 주문했다. 거의 모든 상표의 도안에서 알파벳이 세계의 판도를 휩쓸고 있다. 왜 알파벳에 비해서 지역 문자나 도안의 경쟁력이 떨어질까? 다양한 이유를 거론하며 알파벳 중심 추세에 휩쓸리고 있다.

그러나 이에 용감하게 이에 항거하듯 풍화설월 맥주는 따리 지역을 대표하는 글자를 중심 도안으로 활용하고 상표로 등록했다. 물론 자국 언어를 일부 작게 이용하는 경우는 많지만 수많은 국가의 다양한 맥주 상품들 중에서 유일하다. 매우 돋보이고 친밀하게 느껴진다. 더 나아가서 따리를 대표하여 이 지역을 만천하에 알려 홍보하겠다는 의지가 보인다. 기백이 멋지고 가상하다. 맛과 향취도 좋다.

넓은 국토를 가진 폴란드의 가장 남쪽에 있는 다섯 개 주의 하나가 실롱스크이다. 여기에 인구가 겨우 3만 명이 넘는 소도시 지비에츠(Zywiec)가 있다. 남쪽 끝이라 슬로바키아 국경까지는 불과 15분, 체코 국경에는 20분이면 도달할 수 있다. 반대로 수도인 바르샤바까지는 열 배 넘게 걸리며 관광명소로 알려진 크라쿠프가 근처에 있지만 한 시간 거리다.

이 작은 도시의 명물이 지비에츠 맥주다. 이 맥주를 고르기 위해 상표나 글씨를 읽을 필요가 없다. 단지 폴란드의 고유의상을 입고 민속춤을 추는 젊은 남녀 한 쌍의 모습만 찾으면 된다. 화려한 의상을 입고 경쾌하게 춤추는 젊은이 한 쌍의 모습! 이것이 지비에츠 맥주 디자인이 표방하는 내용의 핵심이다. 비록 멀리 떨어진 소도시의 맥주 회사이지만 지역의 이름

을 걸고 고유 의상과 춤으로 폴란드를 세계에 널리 알리는 미션을 수행하고 있다. 고유한 아름다움을 보여주려는 강한 의지는 소비자들에게 크게 어필했다. 유럽 전역은 물론 세계 맥주시장에서 먹혀들어 갔다. 우리나라에서도 판매한다. 인구 3만 명의 작은 마을 이름을 내건 맥주이지만 지비에츠는 폴란드에서 가장 유명한 맥주가 되었다.

여러 지방자치단체나 기관들이 지역의 특색을 살려 세계적인 명성을 얻고자 노력한다. 소위 글로컬사업을 다양하게 시도한다. 지역의 장점을 극대화하고 지역을 넘어 세계인들의 환호를 얻기 위해 고심한다. 물론 쉽지 않다. 전혀 알려지지 않은 조그만 마을이 뉴욕시, 파리, 케이프타운, 시드니, 상하이처럼 많은 명소를 품고 있는 거대 도시들과 경쟁해야 한다.

새로운 상품의 개발도 같은 맥락이다. 어려운 과제이기 때문에 많은 노력에도 불구하고 말없이 사라지는 경우가 대부분이다. 그러나 중국의 남쪽 끝 산골에 있는 리장고성은 글로컬사업이 성공한 예를 보여준다. 리장은 리장만의 특징에 충실해야 성공한다. 베네치아를 흉내 내거나 시드니를 모방하려는 것은 오산이다. 마찬가지로, 세계 곳곳의 지방 소도시에서 지명도가 낮은 회사들이 자체 상품 개발에 고심한다. 매우 어려운 과제다. 위에서 살펴본 따리의 풍화설월과 지비에츠 맥주는 지역의 특색에 충실하여 세계적인 성공을 이끌어낼 수 있음을 보여주는 사례이다.

#8 회복 여행
희망과 행복의 길을 가다

잘 알려진 판도라의 상자 신화는 세상에 퍼진 수많은 재앙 때문에 사람들이 고난을 당하지만, 마지막까지 남은 희망을 통해서 극복할 수 있다는 긍정의 힘을 보여준다. 질병이나 태만, 거짓 등 재앙을 불러일으키는 요소는 다양하다. 평범한 인생

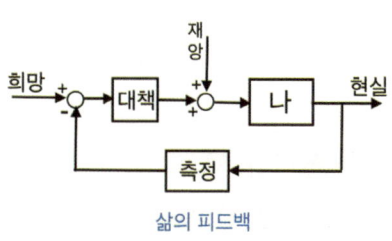

삶의 피드백

살이에 여러 형태의 불행이 수시로 다가와서 우리를 괴롭힌다. 꿈과 이상은 아름답지만 현실에서는 마음이 쓰라리고 몸이 괴롭기 일쑤다. 길든 짧든 시간의 차이는 있지만 대부분의 사람들이 고달픈 인생을 겪는다. 오죽하면 인생을 고통의 바다에 비유할까.

그러나 누구에게나 희망이 있고, 희망의 끈을 움켜쥐어야 한다. 어려운 상황을 이겨내고 반전시키는 계기를 찾아야 한다. 아무리 어두워도 새벽이 오고, 엄동설한이 지나면 따뜻한 봄이 오기 마련이다.

피드백을 통해서 치유의 길을 걷는다. 철학자는 생각하니까 존재한다고 말했다. 우리는 자신을 믿어야 한다. 믿으면 존재한다. 자신을 믿고 한 발짝씩 나아가야 한다. 상처를 힐링하는 새로운 눈과 마음을 찾는다. 나만의 대책을 찾아 개선을 추구하면서 스스로 치유하는 방법을 터득한다. 이것이 회복이다.

1. 절망의 끝에서 희망을 불드는 법

 승진 인원은 정해져 있는데, 높은 성과를 올린 직원이 유달리 많아서 올해도 승진에 포함되지 못한다. 작년에 이어 연달아 고배를 마신다. 신입일 때는 수월하게만 느껴졌던 승진이다. 실패하니 후배들 보기 민망하여 애써 태연한 척 표정 관리를 한다.
 카페를 개업하여 초기에는 홍보 덕분에 반짝하더니 곧 시들해진다. 그 후로는 쿠키 서비스 등 유인책을 동원하며 근근이 버텨낸다. 두 블록 떨어진 경쟁 점포가 문을 닫았다. 덕분에 손님이 조금이나마 늘었다. 원래는 젊은 이들이 직접 운영하던 곳이었는데 지금은 리모델링을 하고 있다. 공사를 마치면 업계 상위 프랜차이즈점이 오픈할 예정이라고 한다. 걱정이 크다. 왜 나에겐 어려움이 계속될까?

 회사 인근에 있는 소규모 샌드위치 가게가 유명세를 타서 매우 붐빈다. 인근 사무실의 점심시간 초반에는 대기 줄이 빌딩 모서리를 돌아서 꺾인다. 저렴하지만 속 내용물이 푸짐하고 맛도 훌륭하다. 그런데 점원의 미소가 더 유명하다. 누군가가 항시 미소를 잃지 않는 비결을 묻고 답변을 블로그에 올렸다.
 "이렇게 바쁜데 항시 웃을 수 있는 비결이 뭐죠?"
 "고객님들이 맛있게 드시는 것에 집중하다 보니 그런 것 같아요."
 평범한 질문에 그저 그런 답변처럼 들린다. 그러나 곰곰 다시 읽어보니 점원의 진심이 느껴진다. 대기 줄이 길어서 신속하게 주문을 처리하는 점원도 힘들지만 길에서 기다리는 고객들도 지루하다. 그래서 점원은 미소라도 보내야 한다고 생각했을 수도 있겠다. 더구나 고객의 대기 줄이 길다는 것은 매출이 높다는 의미이니 그에게 기쁜 일이다. 과연 그럴까?

아니다. 이것은 너무 결과에 치우친 생각이다. 아마 이 가게는 손님이 적을 때도 속이 알차고 맛있는 제품을 웃는 얼굴로 제공했으리라 짐작한다. 결과에는 거기에 합당한 이유가 항상 있다. 뻔히 보이는 결과를 평하기 전에 결과를 이끌어 낸 숨은 이유를 살펴봐야 한다.

누구에게나 여러 종류의 불행이 다가와서 훼방을 놓는다. 크게 욕심부리지 않고 소박한 꿈을 꾸며 아름다운 미래를 그리지만 여의치 않은 현실에서 괴로운 경우가 많다. 돌파구를 찾기 위해 동분서주 노력한다. 인생은 고해라며 낙담하기도 한다.

그러나 우리는 이를 극복하기 위해 애를 쓴다. 닥친 재앙의 영향을 없애거나 줄이기 위해 여러 가지 대책을 마련하고 각자의 방법을 적용한다. 대책의 효과로 상황이 나아졌는지 수시로 확인한다. 소위 피드백이 제대로 작동하여 현실 상황이 나아지고 있는지 살펴본다. 개선의 추세가 보이지 않는다면 적용했던 대책을 약간 보완하거나 전면적으로 바꾼다.

평범한 예로 체중 관리를 들어보자. 누구나 자신이 원하는 체중이 있

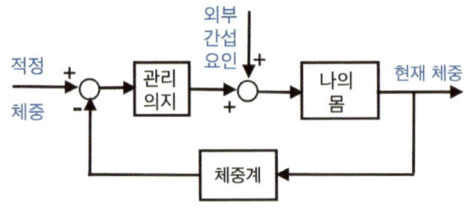

다. 그러나 희망과 달리 과체중, 비만 또는 저체중 상태가 될 수 있다. 그림에서 보듯이 원하는 체중에서 체중계로 측정한 값을 빼면 차이가 된다. 대책을 충실하게 이행하더라도 예기치 않은 사태가 발생하기도 한다. 회사에서 회식이 잦고, 계속되는 야근으로 지나친 야식에다가 운동 부족이 심해질 수 있다. 이런 경우에는 특단의 대책을 세우고 회식과 야식에 적절하게 대처해야 한다. 체중 관리가 생각으로는 쉽지만 체질과 식욕에 따라서 의외로 어렵다.

예전에 지인이 PET 검사를 받았는데 암이 발견됐다. 50대 중반에 암이라니, 그가 받은 충격이 컸다. 그러나 다행스럽게 초기 상태였다. 며칠 동안 공황상태에 빠졌던 그는 충실하게 의료진의 처치를 받고 순조롭게 회복했다. 물론 정기적인 암 지표 검사는 예전보다 훨씬 짧은 주기로 반복되었다.

암은 체중 조절과 성격이 다르다. 체중 조절을 위한 구체적인 행위는 확실하다. 섭취량을 줄이면 체중이 감소하고, 늘리면 증가한다. 그러나 암의 발생 확률을 줄이기 위한 노력으로 무엇이 있을까?

병원에서 말하는 노력에는 금연, 절주, 체중 관리, 과도한 지방 섭취 자제, 탄 음식 금지, 가공식품 절제, 적절한 운동 등이 있다. 지인은 절주를 금주로, 자제나 절제는 금지로 강도를 높여서 모조리 이행했다. 운동을 꾸준히 해서 체중은 표준 아래를 유지했다. 그러나 계속된 지표 검사에도 수치는 거의 변화가 없었다. 암 발생은 개인의 노력보다 유전이나 불운에 의존할까? 그는 자신이 해야 할 일이 무엇인지 알지 못해서 답답한 듯했다.

어느 날 그가 의외로 여행에 대해서 관심을 보였다. 혼자서 3주 정도 여행을 가겠다는 의지를 보이며 적절한 여행지를 내게 묻는다. 여행 목적이 '근심 걱정을 내려놓고 마음의 평화를 얻기 위해서'라고 한다. 다른 사람들과 어울려 가는 즐거운 여행보다 생소하지만 멋진 곳에 홀로 다녀오고 싶다는 속마음을 터놓는다.

얼마나 근심에 시달리고 있는지 금방 눈치챌 수 있었다. 마르셀 푸르스트의 말처럼 여행이란 새로운 눈을 찾는 것인데, 그가 여행을 통해서 마음의 평화를 얻을 수 있는 시각을 찾고 있다는 것도 알 수 있었다.

그에게 권하고 싶은 여행지를 검토했다. 불안한 마음을 내려놓고 평온한 마음이 충만하게 해 줄 곳은 어디일까? 순례길, 치유의 길, 힐링의 길로 유명한 곳이 의외로 많다.

그중에서 산티아고 순례길이 가장 먼저 떠올랐다. 일정에 따라 짧은 구간을 선택하거나 도중 몇 곳은 건너뛸 수도 있겠다. 그러나 예전 순례길이 이제는 관광상품처럼 바뀐 느낌이 든다. 길과 알베르게, 풍경과 교회들은 그대로인데 참여하는 여행자들의 마음과 표정이 많이 달라진 것 같다. 순례길이 유명세를 타자 여행길로, 다시 관광길로 변한 듯하다. 힐링이 아니라 오히려 너무 즐거워하는 동행자들에게서 번잡함을 느낄까 우려된다.

그렇다면 훨씬 더 순례의 깊이가 느껴지며 소란스러움을 걱정할 필요가 없는 오헨로 순례길이 떠올랐다. 동행자가 많지 않아서 호젓하게 걷는 길이 그의 바람에 적합할 듯하다. 물론 여기에서도 88개 사찰 중에 일정에 맞게 일부를 선별하면 된다. 그런데 그가 원하는 두 가지 중에서 '근

심 걱정 내려놓기'에는 적합한데, '마음의 평화 얻기'에는 의문이 들었다. 놓기와 얻기는 다르며 별개다. 비운다고 저절로 가득 채워지지 않는다.

다른 선택지로, 네팔의 고산마을 트레킹, 중국 서부에서 실크로드 둘러보기, 윈난성과 티베트의 고산지역 탐방 등을 검토한다. 그러나 역시 비우기의 다음 과제인 채우기에서 어떤 방법이 있을지 확신이 없다. 결국 나의 추천은 인도 여행이었다. 물론 최종 선택은 그의 몫이다.

추천 내용으로, 먼저 뉴델리에서 며칠을 지내면서 온갖 혼잡함을 맛보는 것이다. 복잡한 시장에서 무거운 짐을 나르고 쌓으며, 팔려고 호객하는 아우성을 직접 바로 옆에서 관찰한다. 좁은 시장길에서 잔뜩 짐을 실은 손수레를 힘들게 끌고 가는 험한 일을 묵묵히 하는 이들을 살펴본다. 또는 숫제 그런 일감도 없어서 넋을 놓고 기다리는 안타까운 경우도 있다.

인도에서 가장 쉽게 접할 수 있는 릭샤 운전수와 운임 흥정도 일부러 해보라. 더위 속에서 힘들게 바퀴를 돌리지만 20~30루피(약 400~500원)를 더 받기 위해서 기를 쓴다. 이런 마음을 진실로 이해하기 위해서 흥정을 시도해 보자. 내릴 때는 넉넉히 팁을 주어 그의 미소를 살펴보자.

어려운 환경에서 힘들게 살아가는 모습을 관찰한 다음에 리시케시로 간다. 뉴델리에서 기차로 네 시간 거리에 있는 리시케시는 전통적으로 명상과 요가의 고향이다. 인도의 대부분 도시에서 요가나 명상의 수련원, 학교, 체험 프로그램을 쉽게 볼 수 있지만 리시케시는 매우 특별하다. 훨씬 본격적으로 기숙하며 주로 수개월짜리 지도자 프로그램을 다루는 수련원들이 모여 있다. 세계 도처에서 체험 희망자들이 찾는다.

차, 릭샤, 바이크, 짐수레가 있는 혼잡한 도로

뉴델리에서 북동쪽으로 불과 네 시간 떨어진 곳이어서 큰 변화는 없다. 그러나 혼잡도나 매연에서 뉴델리와 차이가 크다. 이곳에서 명상과 요가의 단기 체험을 하거나 또는 숙소에 머물면서 독특한 분위기를 느껴볼 수 있다. 요가학원과 아쉬람이 많이 있으니 직접 찾아가서 살펴본다. 갠지스강의 상류여서 바라나시보다 훨씬 덜 혼잡하면서 바라나시에서 할 수 있는 체험도 거의 가능하다.

혼잡한 뉴델리에서 무척 힘든 노동을 하는 이들을 애잔한 마음으로 살펴보고, 리시케시에서 오랜 전통의 명상과 요가를 경험한다. 여기에 치유 효과를 살피고 어떻게 내 마음을 다스리고 채울 수 있는지 깨달아야 한다. 진정한 기쁨을 얻어야 비로소 채울 수 있다. 바로 나눔과 베풂, 공감과 도움, 측은과 보듬음의 미덕이다. 이런 체험을 바탕으로 근심을 비우고 동시에 마음의 평화를 얻을 수 있는 시각을 몸소 체득하기를 바라며 그에게 인도 여행을 추천했다.

길 위의 단상

직업이나 직장, 친구, 취미, 거주지 등을 바꾸는 것이 나의 삶을 확장하는 데에 도움이 된다. 그러나 이는 쉬운 일이 아니다. 주변을 바꿔보는 것은 비교적 간단하고 쉽다. 그것이 바로 여행이다.

2. 작은 피드백이 만드는 큰 차이

내 가슴 속에 있는 심장이 나의 것일까? 지극히 한심한 우문이라고 여기겠지만 나는 오래전부터 진지했다. 학생 때, 미팅에 나가서 예쁘장한 상대를 보고 마음에 딱 들었다. 그럴듯한 말을 멋있게 하고 싶었지만 너무 심하게 뛰는 심장 때문에 혀가 헛돌아서 판을 그르치고 말았다. 내 심장인데도 내 말을 전혀 듣지 않았다. 세상에는 훨씬 심각하게, 지나치게 빠르고 늦거나 또는 불규칙하게 뛰는 부정맥으로 매우 조심스럽게 지내는 환자들도 많다.

그러나 심장만큼 고생하며 충직한 기관을 찾기는 힘들다. 혈액을 온몸에 순환시키기 위해 힘찬 펌핑을 계속한다. 잠도 잘 수 없고, 휴식이나 휴가도 없다. 평생 잠시도 쉴 수 없다. 생각할수록 엄청나다. 나는 같은 일을 잠시만 반복하여도 짜증을 내거나 지루해한다. 그럴 때마다 심장을 생각한다. 이렇게 끈질기고 근면한 심장이 과연 나의 일부일까? 슬슬 대충 일하지도 않는다. 중요한 곳은 물론이고 몸 구석구석 끝단까지 혈액이 돌도록 힘차게 일한다. 나는 도저히 흉내를 낼 수도 없다.

냉장고도 잠을 자거나 휴가도 없다. 잠시 짧게 쉬기는 하지만 구매하여 설치하면 폐기할 때까지 계속 일한다. 태만하면 아이스크림이 녹고 음식이 상한다. 원리는 피드백을 이용하여 단순하다. 내부의 칸에서 실제 온도를 측정하여 설정 온도와 비교한다. 일정한 값보다 큰 차이가 생기면 냉장고의 냉매 시스템을 가동하여 열을 빼앗아 간다. 문을 여닫으면 온도가 올라가니 즉시 동작을 개시한다.

우리의 체온은 의외로 민감한 수치다. 정상에서 조금만 내려가거나 올라가면 큰일 난다. 그래서 냉장고처럼 항시 일정한 값을 유지하려고 노력한다. 옷을 가볍게 또는 두툼하게 입는 것은 기본이다. 피부에서 수분을 증발시켜서 기화열을 이용하는 것이 땀의 기본이다. 그래서 외기 온도에 따라 땀샘에서 생성한 땀의 분비가 적절하도록 피부 모양을 바꾼다.

2024.10.13. SpaceX 슈퍼헤비 1단 추진체 회수 장면 동영상의 모음 사진

우리에게 익숙한 피드백 원리가 너무 쉽게 느껴진다면 거대한 로켓 추진체를 회수하는 작업에 적용해 보자. 스페이스X의 스타십 부스터는 현재까지 인류가 만든 가장 크고 강력한 로켓 추진체이다. 길이가 91m이니 아파트 20층 높이다. 맨 아래에 랩터 엔진 서른세 개가 빼곡하게 배치되어 있다. 추진 연료가 전혀 없는 자체 무게만도 275t이나 된다.

로켓의 운용비용을 줄이기 위해서 발사 후에 충격 없이 안전하게 회수하는 방법을 추진했다. 안전하게 회수하면 연료만 다시 충전하여 곧바로 여러 번 재사용할 수 있다. 그러나 275t의 거대한 쇠 덩치가 하늘에서 떨어지는데, 이를 손상 없이 안전하게 회수하는 것이 과연 쉬울까?

이와 관련된 짧은 동영상은 발사 직전 장면부터 회수까지의 과정을 생생하게 보여준다. 이미 여러 번 시청했지만 8개월이 지난 지금 보아도 감동적이다. 가슴이 뛰며 흥분된다. 스타십을 발사하고 2분 45초 후에 1단 추진체인 슈퍼 헤비 부스터 로켓을 분리한다. 이후 4분가량에 걸쳐서 하강하여 회수에 성공한다. 전체 과정 중에서 천천히 하강하는 시간을 생략하고 발사와 회수 장면에 집중하여 짧게 편집한 약 7분에 불과한 동영상이다. 물론 전 과정을 보여주는 동영상도 쉽게 찾아볼 수 있다.

후반의 회수 장면이 핵심이며 압권이다. 분리 후 추진체가 낙하하면서 조금 남겨 놓았던 연료를 재점화하여 역추진으로 하강 속도를 낮춘다. 동시에 추진체의 자세와 위치를 조절한다. 발사대의 메카질라라고 불리는 크레인 구조물의 로봇 팔 사이로 정확하게 내려와야 한다. 이 로봇 팔에 젓가락이라는 명칭을 붙였는데 길이가 36m나 된다.

젓가락 사용에 익숙하기는 한국 사람이 세계에서 최고다. 우리가 콩알 하나도 젓가락으로 쉽게 집듯이 거대한 슈퍼 헤비 로켓 부스터도 젓가락 사이로 안착한다. 여기에도 삼차원 자세와 위치에 대한 피드백 원리를 동일하게 적용한다.

피드백 원리가 어디에서나 쉽고 간단하게 적용될까? 물론이다. 기본 원리는 매우 간단하다. 건강한 신체의 다양한 수치에 자연적으로 적용되고 있다. 식사 후의 인슐린 변화를 느끼지 못하지만 몸 안에서는 오묘하게 조절된다.

그러나 아무리 기본 원리가 단순하더라도 잘못 적용되는 경우도 흔하다. 물론 이런 경우에는 결과가 불만족스럽거나 더욱 나쁜 결과도 발생한다. 간혹 엄청난 파국을 맞이하기도 한다. 바람직하지 못한 식습관 때문에 체중 관리에 실패하는 경우가 있다. 혹서기에 지나친 운동이나 작업으로 인해서 체온 유지에 실패하면 치명적일 수도 있다. 동절기 산행에서 고립되는 경우도 마찬가지다.

조선시대에 일본을 방문하는 통신사는 중요한 임무를 수행한다. 기록에 의하면 대표인 정사와 부사를 포함하여 약 300~500명의 인원이 참가한다. 길일을 택해 출발하여 거의 1년 후에 돌아온다. 물론 국가의 공식 행사이므로 정사가 왕의 국서를 전달하고 일본의 국서를 받아온다. 임진왜란 직전에 통신사 역할이 특히 중요했다. 그러나 통신사의 귀국 후, 결과 보고서를 보자.

정사인 황윤길은 '반드시 전쟁의 큰 화가 있을 것이다.'라고 조정에 보고한다. 반면에 반대 정파에 속하는 부사 김성일의 보고는 정반대였다. 전쟁 위험을 보지 못했으며 정사의 보고가 매우 그릇된 내용이라고 반박했다. 일본이 침략한다는 소문이 많던 위급한 시기에 통신사의 보고는 혼란만 야기했을 뿐이다.

단순한 피드백 시스템이 잘 동작하기 위해서는 현실을 파악하는 검출기의 역할이 중요하다. 일본 침략에 대비할 국방 및 외교정책을 위해 중요했던 현황 파악을 제대로 하지 못했다. 고장 난 센서 부품처럼 부사 김성일은 무능하고 부패한 검출기였다. 수많은 백성을 죽음과 고통으로 내몬 간신이자 역적이다.

10여 년 전에 아프리카 여행에서 짐바브웨를 거쳐 가야 하는데 걱정이 컸다. 독재자 무가베 대통령이 당시 30년째 철권을 휘두르고 정적을 무자비하게 탄압하여 국제사회에서 지탄의 대상이었다. 국민의 인기를 얻기 위해 백인의 토지를 몰수하여 농민들에게 소규모로 나눠준다. 이 결과 인기를 얻었지만 경제 혼란을 겪는다. 곧 국가 경제가 붕괴되고 사상 유례가 없는 초인플레이션이 발생한다. 신규 고액화폐를 계속 발행하는 대혼란에 빠진다.

왜 이렇게 감당할 수 없도록 심한 인플레가 발생할까? 짐바브웨의 악화된 경제 상태와 무능한 정부 탓도 있겠지만 국민의 심리도 큰 몫을 한다. 시장에 물건이 부족하니 물가상승을 예견하고 많은 이들이 사재기에 몰두한다. 시장에서 물건이 더 부족하게 되니 물가가 더 오르고 불안감에 사재기는 더욱 심해진다.

이것이 피드백의 악순환 고리에서 발생하는 나쁜 증폭이다. 조절기능을 갖는 피드백의 선순환을 외면하고 반대로 악순환의 고리에 빠진다. 올바른 피드백은 바람직한 결과를 만들지만 잘못된 피드백은 재앙을 불러일으키는 요술 방망이다. 불안한 민심으로 촉발되는 악순환에 의한 초인플레는 다른 나라에서도 자주 발생한다. 수년 전에 베네수엘라와 튀르키예도 혼란을 겪었다. 우리나라도 정부와 민간 부채, 특히 부동산에 치중한 부채 문제가 제대로 통제되어 악순환의 고리에 빠지지 않기를 간절히 바란다.

3. 실패가 가르쳐 준 길 찾기

누구나 실수를 할 수 있다. 나도 실수를 많이 하는데, 잘못을 인지하고 그것을 계기로 유사한 실수를 방지한 기억이 있다. 비즈니스로 처음 만나 식사를 하던 상대가 나에게 물었다.
"가장 좋아하는 음식이 뭐예요?"
"캠블 청키 스프입니다."라고 대답했다.

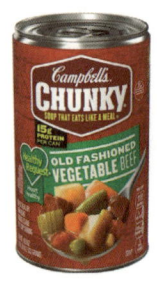

당시 나는 매우 바빴다. 직장 일 외에 음식이나 옷 등 다른 것에는 관심도 없고 생각할 겨를이 전혀 없었다. 내게 음식이란 배고프면 후딱 먹는 것이었다. 캠블 스프를 박스로 사놓고 하나씩 꺼내서 데워 먹는데 맛도 괜찮고 무엇보다 시간이 짧아서 편리했다.

내 대답은 진심 자체였다. 그러나 상대는 약간 움찔하더니 말없이 식사만 했다. 형편없는 싸구려 깡통 음식을 최고의 음식이라니, 그는 무시당했다고 느꼈나 보다. 갑자기 어색해진 분위기에서 나는 실수를 깨달았지만 어떻게 수습했는지 기억나지 않는다.

그 후에 나는 동일한 질문에 거짓으로 준비한 "필레미뇽 스테이크를 좋아합니다."라고 대답한다. 그러면 대화가 부드럽게 이어진다. 물론 거의 사 먹지 않지만 나도 비싼 안심 스테이크를 좋아하니 거짓말을 한다는 가책은 없다. 그저 상대와 대화를 계속하기 위한 가식일 뿐이다. 진심일지라도 대화를 단절시킬 수 있다는 실수를 통해 자연스럽게 대화를 이끄는 방법을 배웠다.

'나에게 후퇴란 없다. 오로지 전진뿐이다.' 이렇게 자신의 각오를 다지는 사람들을 가끔 만난다. 결기와 용맹을 보이려는 것일까. 조금 변형된 다른 버전도 많다. 몇 개의 짧은 예를 보자.

* 절대 후회하지 말자.
* No regrets! (후회는 없다!)
* 좋으면 추억이고, 나쁘면 경험이다.
* 노 빠꾸. 네버! (절대 물러서지 않아)

이들은 자신의 행동에 막강한 추진력을 탑재한다. 앞만 보고 달린다. 좌고우면하지 않고 이렇게 내달리면 가장 큰 성과를 얻을 수 있을까?

전혀 그렇지 않다고 다니엘 핑크는 그의 2022년 저서 『후회의 재발견』에서 주장한다. 그의 결론은 많은 사례조사를 통해 얻은 구체적인 데이터를 기반으로 한다. 저서의 제목에서 보듯이, 뒤돌아보면 우리가 나아갈 앞길이 보인다고 그는 분석한다. 자신의 결정과 행동을 후회하면서, 향후 후회의 과정을 어떻게 발전적으로 적용할 것인지에 대해 현실적인 후회 사용법을 제시한다. 흔히 추진력이 부족하여 주저하는 것 같은 부정적인 느낌의 후회가 실제로는 많은 장점을 갖는다. 다시 되짚어서 분석하는 과정에서 의사결정 능력을 향상시킬 수 있다. 게다가, 후회하면서 겪을 수밖에 없는 다양한 반사실적 사고는 성찰 능력을 키운다.

결국 후회는 개선된 생각으로 발전된 행동을 가능하게 만드는 필수적인 요소이다. 반면에 단지 실패로 머물면 끝장이다. 그러나 실패한 후에 후회의 과정을 건설적으로 향상시킨다면 실패는 성과를 높일 수 있는 값진 경험이 된다.

파울로 코엘료는 2013년 소설 『아크라 문서』에서 아크라에서 발견된 고문서에 적힌 현자의 말씀이라는 형식을 빌려 이야기를 전개한다. 가상의 고문서에 적힌 현자의 이야기는 결국 코엘료의 주장이다. 그의 이야기는 지나치게 훈육하려 하지만 귀담아들을 가치가 있다. 막강한 적들이 도시를 포위하여 풍전등화의 위기상황에서 현자는 군중들과 담론을 나누고 있다. 소설로 분류되어 있지만 인생지침서에 가깝다.

인생에서 겪는 것으로, 큰 의미를 갖는 약 스무 개의 항목 중에서 무엇이 가장 중요할까? 코엘료의 선택은 의외로 패배이다. 사랑, 자비, 근면, 정의, 평화, 행복, 승리 등 가치가 크고 중요한 미덕들이 많은데 하필 패배라니 믿기 어렵다.

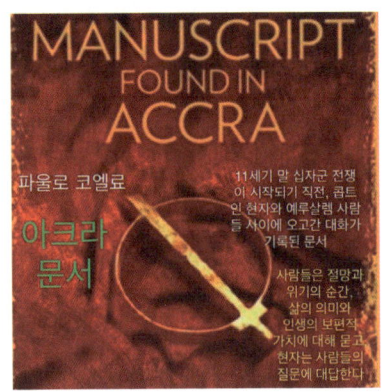

그렇다. 인생에서 패배는 매우 중요한 경험이다. 소설에서 콥트 현자의 설명에 따르면 다니엘 핑크의 주장처럼 수긍이 간다. 후회의 재발견처럼 패배의 재검토이다. 패배는 승리의 씨앗이다.

패배하더라도 포기하지 않으면 상관없다. 다음 기회를 헛되이 흘려보내지 않도록 한다. 상처를 교훈으로 여기고 분투하면 몸에 상처를 남긴 칼보다 더 큰 영광을 얻을 수 있다. 성공에 따르는 기쁨과 자만은 교훈을 남기지 않고 안개처럼 곧 사라진다. 반면에 실패에 따른 가슴 아픈 후회는 더 나은 생각과 개선된 행동을 만든다. 후회하면서 개선을 얻고자 노력한다면 패배는 귀중한 자산이 된다.

아무것도 시도하지 않고 그냥 포기하는 것이 실패다. 포기하지 않고 끊임없이 노력하는 벤처기업가는 실패라는 값진 경험을 바탕으로 다시 재기할 수 있다. 현실에서는 결코 성공이 하늘에서 우연히 떨어지지 않는다. 수많은 실패와 후회 속에서 일궈내는 것이 성공이다.

길 위의 단상

17세기 영국 역사가인 토마스 풀러는 "바보는 방황을 하고, 현명한 사람은 여행을 한다."고 말했다. 아무것도 시도하지 않거나 교훈을 얻지 못하면 실패이고, 후회를 하면서 개선하기 위해 끊임없이 노력하면 성공에 이른다는 말과 일맥상통한다.

4. 절망의 터널을 통과하다

참담한 절망 뒤에 밝은 희망이 따라온다면 그것은 고통의 절망이 아니다. 오히려 체험 삼아서 한번 경험하고 싶은 충동마저 일으키지 않을까? 그러나 꾸며낸 드라마에서나 가능한 일이다. 현실에서 절망은 끝이 보이지 않으며 더 끔찍한 상황이 기다리고 있다. 지금 당하는 고통보다 빠져나갈 수 없는 상황이 더 괴롭다.

아무리 긴 터널도 끝이 있다. 기어가더라도 어둠에서 빠져나갈 수 있다는 희망이 있다. 그러나 거미줄에 칭칭 감긴 잠자리처럼 꼼짝할 수 없는 상황은 다르다. 해결책이 없다는 절망에 넋이 나간다.

계속되는 불경기로 사람들이 지갑을 닫는다. 그렇잖아도 손님들은 줄고 매상이 계속 내리막이다. 어쩐 일인지 물가는 올라서 마진은 준다. 옆 가게들도 다 같은 처지인데 무슨 뾰족한 방법이 있을까? 그나마 찾아오던 고객들이 전국 체인점으로 몰리니 자영업자들은 죽을 맛이다. 언제나 이런 하향 곡선에서 벗어날 수 있을지 한탄만 나온다.

불행과 극심한 고통은 나에게만 나타날까? 그렇지 않다. 세계 도처에 흔하다. 『와일드』라는 자전적 이야기로 유명한 셰릴 스트레이드의 경우를 보자. 애팔래치아 산골마을에서 보냈던 어린 시절은 그녀에게 지옥이었다. 무자비하게 식구들을 학대하던 생부에 대한 어릴 적 기억은 악몽처럼 참혹하다. 유일하게 의지할 수 있던 어머니는 45세에 폐암으로 세상을 떠난다. 22세였던 셰릴은 절망한다. 방황하던 그녀는 이혼하고, 새로 사귄 애인은 한술 더 떠서 마약의 세계로 인도한다. 절망의 수렁이 더욱 깊어진다.

자신을 둘러싼 처참한 상황을 극복하고 새로운 자아를 찾기 위해서 셰릴은 아무런 경험도 없이 혼자서 4,000km가 넘는 험준한 PCT(미국 서부 산악 길) 산행을 시작한다. 깊은 산속을 헤치며 겪는 신체적 고통, 아름다운 풍경이 선사하는 마음의 힐링, 오랫동안 혼자 걷는 외로움, 떠오르는 과거의 쓰라린 기억의 고통, 여행이 끝나도 여전히 불확실한 미래, 간혹 만나는 '길 위의 천사들'이 주는 감동과 고마움, 가끔 지나치는 이들의 따뜻한 미소와 말 한마디 등이 끝없는 산봉우리들 속에서 계속 전개된다. 세 달이 지나자 자신도 모르는 사이에 자리 잡은 내면의 목소리가 희미하게 들리는 듯하다.

그렇다. 절망을 이겨내는 것 자체가 행복을 주지는 않는다. 터널의 끝도 아니다. 누군가가 대신해 주는 것은 더욱 아니다. 자신만이 어렴풋이 감지할 수 있는 희미한 희망의 소리가 있다. 나타난 것 같더니 곧 사라진다. 그러다가 다시 나타난다. 어디선가 들리는 미약한 구원의 음성을 가슴에 담고, 희망의 끈을 움켜줘야 한다. 그녀는 정신적으로 새로 태어난 자신을 만나고 함께 산행을 마친다.

셰릴은 6년 후에 PCT 산행을 책으로 출간한다. 역경을 헤치고 새로운 자아를 만난 스토리는 감동을 불러일으킨다. 출간 후 4개월이 채 지나기 전에 NYT 베스트셀러 맨 꼭대기에 오르고 곧 영화로 개봉된다.

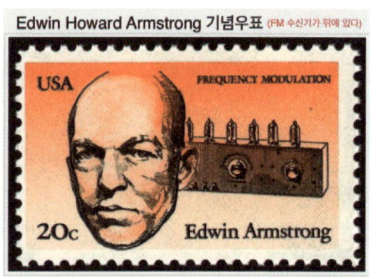

대학 시절에 교재에서 배웠던 에드윈 암스트롱은 그야말로 전자공학의 천재였다. 증폭, 발진, 감도 개선 등에 관한 주요 전자회로와 FM 방송 및 수신기술 등 중요한 문제에는 그의 이름이 항상 따라다녔다. 그러나 엄청난 명성에도 불구하고 현실에서 그에게는 여러 가지 문제가 있었다. 무엇보다 고집이 세고 타협을 몰랐다.

그의 기술을 사용하던 당시의 대기업들은 원만한 타협을 위해 막대한 금액을 제시했다. 그러나 에드윈은 이를 거부하고 기업들과 소송분쟁을 지나치게 오래 끌었다. 물론 자신이 있었다. 당시는 AM 방송에 의존하던 시절이었는데, 성능이 월등하게 우수한 FM 시스템을 그가 개발했기 때문이다. 그러나 기술과 법정다툼은 다르다. 특히 개인과 거대기업의 오랜 싸움에서 개인은 여러 가지 약점을 갖는다. 결국 그는 파산 지경에 빠지고 정신적으로 피폐해진다.

어느 날 에드윈은 아내 매리언에게 파산을 설명하고, 부부의 연금 일부를 변통하여 법정투쟁을 계속하고 싶다고 말한다. 아내는 이를 거부하고 회사들과 합의하라며 애걸한다. 불같은 성격의 에드윈은 이에 격분하여 엄청난 실수를 저지르고 만다. 벽난로 옆에 있던 기다란 쇠꼬챙이를 아내에게 휘두른 것이다. 매리언은 바로 집을 떠나고, 그것이 31년 동안 함께 살았던 부부의 끝이었다.

그날 이후 세 달 동안 혼자 지내던 에드윈은 추운 겨울날 아내에게 사과 편지를 쓴다. 그리고 맨해튼 고층 아파트의 벽에 있던 에어컨을 뜯어내고, 그 사이로 투신하고 만다. 천재 공학자의 어처구니없는 종말이었다. 엄청난 재능을 가졌지만 고집 센 성격 때문에 난관을 극복하지 못하고 비극을 맞이했다.

상상할 수 없는 엄청난 비극 후에 놀라운 일이 계속된다. 법정투쟁에 반대했던 매리언은 남편이 죽은 뒤에 무려 13년 동안 거대기업들과 특허분쟁을 계속한다. 결국 FM 기술이 남편의 소유임을 법정에서 증명해냈다. 모든 소송에서 승리하고 막대한 보상을 받는다. 이후 남편을 위해 암스트롱 연구 기념재단을 설립하고 라디오기술 혁신상을 제정하여 시상했다.

제니퍼 카프리아티는 일찍 기량을 뽐낸 테니스 선수였다. 14세가 되기 전인 1990년에 프로 선수로 등록했다. 불과 세 달 뒤인 14세에 최고 권위의

그랜드슬램 경기인 1990년 프랑스 오픈에서 준결승에 진출했다. 비록 우승자인 모니카 셀레스에게 졌지만 이것은 35년이 지난 현재도 세계 최연소기록이다.

여기서 그치지 않았다. 경이로운 기록을 이어가던 카프리아티는 데뷔 8개월 만에 세계랭킹 10위 안에 안착했다. 계속 나이가 어려지는 테니스계의 추세지만 이 기록 역시 지금도 유지되고 있다. 그녀의 기록은 계속된다. 불과 16세에 1992년 바르셀로나 올림픽에서 최강 그라프를 꺾고 금메달을 목에 건다.

그런데 아뿔싸, 이럴 수가 있나! 다음 해에 카프리아티는 쇼핑몰에서 싸구려 반지를 훔치는 일로 구설수에 오르더니, 18세에는 마리화나 소지혐의로 구속되었다. 올림픽 금메달의 명예, 세계적인 유명세로 얻은 엄청난 규모의 광고 수익, 세계 톱텐의 막대한 상금이 한순간에 물거품이 된다. 갑자기 웬 조화일까?

구속 이틀 후에 자발적으로 '마약 알코올 재활센터'에 입소하여 1년 넘게 치료를 받는다. 테니스에 복귀하지만 예전 기량에 미치지 못한다. 그래도 점차 순위를 끌어올리더니 6년 만에 다시 우승한다. 테니스 팬들은 환호했다. 마약의 암흑 터널을 뚫고 재활에 성공했으니 미디어도 흥분했다. 2년 후에는 연거푸 그랜드슬램에서 우승하며 마침내 세계랭킹 1위에 올라 스포츠계를 놀라게 한다.

어린 나이에 마약을 극복하고 8년 동안의 재기에 성공하여 명예와 부를 다시 얻은 스토리는 세계에 감동을 주었다. 그러나 한편으로는 마약 경시 풍조를 조장할까 봐 우려스럽다는 반론도 크다. 카프리아티의 성공을 보고 일부 어린 학생들이 마약 극복의 어려움을 알지 못하고 어려서 마약을 해도 쉽게 끊을 수 있다고 착각할까 우려된다.

역경 극복은 매우 힘들고 어렵다. 로또 당첨은 뉴스거리이지만 휴지가 되는 대부분의 로또에는 관심을 두지 않는다. 마찬가지로, 역경에 빠져 고통에 시달리는 사람들이 많은데도 그들에 관한 뉴스는 거의 없다. 비록 신데렐라나 영웅 이야기를 좋아할지라도, 많은 사람들이 절망에 빠지지 않도록 미연에 방지하는 대책에 더욱 큰 관심을 쏟아야 한다.

길 위의 단상

칭찬은 자만의 씨앗이고 역경은 성공의 터전이다.

5. 늪의 끝에서 마주한 행복

서로 의견이 매우 심하게 달라서 다툼이 격해지는 경우가 있다. 논리적으로 대화하여 서로 조금씩 배려하고 타협을 찾으면 좋겠지만 전혀 그렇지 못한 경우도 흔하다. 주차 공간을 찾아 뱅글뱅글 돌다가 두 칸을 차지하고 있는 차를 봤다. 차 옆에서 세 명이 담배를 피우고 있었는데, 목과 손에 문신이 보였다. 둘 다 소심한 우리는 아무 말도 못하고 자리를 피했다.

막무가내로 떼를 쓰는 사람도 많다. 주민센터에 방문했는데 옆 민원창구가 매우 소란했다. 사정이 달라서 처리할 수 없다고 설명하는 담당자에게 험하게 다그치며 소리를 지르는 민원인 때문이다. 그에게 논리적인 설명은 효과가 없을 듯하다. 공무원은 민원에 약할 수밖에 없다는 점을 악용하는 것처럼 보인다. 낌새를 보니 소리를 지르다가 바닥에 눕기라도 할 태세다. 이럴 때는 경찰에 신고를 해야 할까?

흔히 법보다 주먹이 가깝다고 한다. 억울하면 신고를 하라는 것은 틀린 말은 아니지만 현실성이 없을 때가 많다. 신고는 쉽지만 후환이 훨씬 두렵기 때문이다. 이를 뻔히 알기 때문에 간단한 신고가 사실은 매우 어렵다.

세상을 관찰해서 생각하고, 여러 생각들을 모아서 믿음을 형성한다. 누구나 자기만의 곡률을 가진 인식의 안경을 쓰고 있다. 타고난 유전적 특성과 성장 배경, 학습, 동료나 지인들의 영향 등에 따라서 만들어진 독특한 시각이다. 동일한 현상을 관찰하여도 안경이 다르기 때문에 사람마다 다르게 인식하여 정보를 저장한다. 착각이나 오해가 발생하여 혼란이 생기는 것도 흔하다.

우리가 받아들인 제한된 정보를 나름대로 해석하여 얻는 것이 인식이다. 사람마다 차이가 나며 시간에 따라 변한다. 이런 차이나 변화는 마음속의 인식이 실제의 전부가 아니기 때문에 피할 수 없다. 개인의 인식은 전부는커녕 일부이거나 착각일 수도 있다. 그래서 서로 다른 의견을 교환하는 것이 불편하지만 극히 이롭고 필수적이다. 시종일관 유사한 의견만 주고받는 대화는 즐거울 수 있지만 착각이나 오해를 더욱 고착시키는 암울한 편향을 가져온다. 과연 이런 사실을 염두에 두고 자신을 항상 되돌아보는 사람이 얼마나 될까?

우리는 수많은 가짜 뉴스와 다양한 음모론이 널리 퍼져나가기 쉬운 환경에 살고 있다. 자극적인 정보를 접하면 편향성이 심해진다. 자신의 생각만 옳다고 믿는 사람들끼리 더욱 편협하고 고집스러운 모임을 만든다. 다른 의견을 배격하고 오로지 그들이 믿고 싶은 생각만 골라서 강화한다. 결국 유연한 중도는 점차 무너지고 양극단만 기형적으로 강해진다. 경청 없이 무조건 반대 진영을 비난하며 다툰다. 불신과 대립만 남고 사회는 양극단으로 분열된다. 마치 아령 모양의 사회다. 친밀하고 우아한 관용과 존중은 사라지고, 대립과 거친 투쟁으로 불안정이 확대된다.

이런 환경에서 일부는 매우 독특한 인식의 안경을 끼고 있어서 평범한 대다수가 도저히 수용하기 어려운 것을 사실이라고 맹신한다. 소위 음모론자들이다. 음모론에 해당하는 잘 알려진 허구의 예가 많다. 딥 스테이트라는 비밀조직, 911테러는 자  작극이라는 주장, 아폴로 달 착륙은 허구라는 해괴한 음모론 등이다.

논리가 있어 따질 수 있는 수준의 편향된 안경은 허용된다. 개성이나 다양성은 존중받아야 한다. 상대 의견을 경청하고 과학적인 토대에 근거한 논쟁은 오히려 바람직하다. 그러나 증빙될 수 없는 방법과 막무가내 억지를 부리며 수렁 속으로 이끄는 주장은 해악이다. 바로 음모론자들의 자기 확신이다. 정보의 홍수 속에서 가짜뉴스도 확산되면서 잘못된 안경이 늘고 피해는 심해진다. 가장 심한 왜곡 상태인 음모론을 신봉하는 이유가 무엇일까?

심리학자인 댄 애리얼리는 자신도 모르게 코로나19 관련 음모론에 휘말린다. 학자로서 참여한 사회활동을 미지의 집단이 악의적으로 짜깁기하여 비난한다. 그는 자신이 음모론 속의 악마이고, 인류에게 해악을 끼친다는 황당한 스토리가 확산되는 것을 보고 경악한다.

이것은 빠져나오기 매우 어려운 곤경이다. 도저히 상상할 수 없는 내용을 사실이라고 믿는 사람이 많기 때문이다. 이런 부류와는 논리적인 대화가 거의 불가능하다. 설명과 설득을 하려 해도 경청하기는커녕 핑계라고 비난하고, 설명하려는 의도와 반박 자료를 그들이 믿고 싶은 대로 바꿔버린다. 그야말로 헤쳐 나오기 어려운 깊은 수렁에 빠진 양상이다.

애리얼리는 수년간의 노력으로 자신이 처한 곤경을 밝게 빛나는 횃불을 만드는 기회로 삼는다. 진정 현자의 자세이다. 밝은 빛으로 암흑의 터널을 빠져나올 뿐만 아니라 음모론자의 심하게 왜곡된 안경을 고칠 수 있는 체계적인 방법을 제시한다. 이 방법이 그의 2023년 저서 『미스빌리프』에 나와 있다.

심리학자인 그는 잘못된 믿음에 빠진 사람들의 네 가지 심리적 구성 요소를 밝혀낸다. 일부 사람들이 잘못된 믿음에 깊게 빠지는 과정과 이유를 심리적, 인지적, 성격

적 그리고 사회적 네 가지 요소로 설명한다. 왜곡된 안경을 쓴 사람들이 어떻게 잘못된 믿음의 수렁에 빠져들게 되는지 보여준다.

  대화하기 어려운 극도의 맹신자들이 터무니없이 공격하는 늪에서 탈출하기는 매우 어렵다. 갈피를 잡을 수 없는 극한 상황 속에 참담한 마음으로 시작했을 탈출 여정에서 애리얼리는 어두운 터널을 뚫고 발목을 잡는 늪을 건넌다. 수많은 요괴들의 현혹과 요설에 대응하며 난관을 지난다. 어려웠지만 마침내 체계적이며 실제적인 도구를 설계하여 멋지게 탈출한다. 무지, 편향, 맹종을 바로 잡으며 명확한 판단을 통해 진실을 찾는다. 바른길을 제시하여 유사한 곤경에 빠져서 고생하는 많은 이들을 밝은 세상으로 인도하는 대책도 보여준다. 더 나아가 미혹에 빠져 그의 발목을 붙잡던 안타까운 이들에게도 손을 내밀며 관용을 베푼다. 진실의 횃불을 높이 들고 마침내 구체적인 해결 방법을 제시한 그에게 진심으로 박수를 보낸다.

  고행처럼 어려운 여정에서도 자신을 믿고 새로운 눈과 마음을 갖는다. 피드백을 통해서 변화와 개선을 추구한다. 낯섦, 절망, 실패를 마주하며 희망과 행복의 길로 나아간다. 이것이 회복 여행이다.

길 위의 단상

진정한 의미의 여행이란 누구나 가는 계획된 경로를 따라가는 것이 아니라, 예상하지 못한 체험이나 모험에서 직접 느끼고 발견한 감정과 사실로 자기 자신을 변화시키는 과정이다.

에
필
로
그

인생이 그렇듯이 여행에도 기쁨의 시간이 있다. 여행을 시작하기 전에 기대에 잔뜩 부풀어 준비할 때 정말 기쁘다. 여행을 마친 후에 이를 회상하며 돌아올 때도 흐뭇하다. 어려웠던 시간은 버텨냈다는 뿌듯한 기억으로 바뀐다. 일상에서 다가올 어려움도 이겨낼 수 있으리란 용기가 생긴다. 이것이 여행에서 얻는 보람이자 행복이다.

길에서 만나는 풍경이나 마을은 말이 없고 보여줄 뿐이다. 만나는 사람들도 인사와 덕담을 하지만 조언은 없다. '나를 위한 조언'을 발굴하는 것은 각자의 몫이다. 먹고 즐기는 관광은 쉽지만 진정한 가치를 찾는 여정은 어려울 수 있다.

낯선 세상에서 새로운 문화를 살피며 시야를 넓히고, 여행 후에도 나의 마음을 들여다보면서 즐거움과 도움이 될 수 있는 가치를 찾고자 한다. 여행에서 얻은 사유와 성찰로 일상의 다양한 문제를 폭넓은 관점에서 바라보며 접근할 수 있다. 나아가, 익숙한 일상에서도 새로운 기쁨과 행복을 발견하고 삶을 더욱 풍요롭게 만든다. 바로 삶의 확장이다.

힘든 장거리 이동을 마치고 목적지에서 내리니 커다란 시장 옆의 버스터미널 부근이 매우 혼란스럽다. 체험보다 휴식이 급선무였다. 가까운 숙소에서 두어 시간 정신없이 잤을까? 밖을 내다보니 벌써 어둠이 깔리고 있다. 부근 시장이 불빛으로 화려하다. 어둠은 숨길 것을 가리고 불빛은 필요한 것만 부각시킨다. 그렇게 지저분하게 보였던 시장이 이제는 아름답게 변해 있다.

수많은 불빛의 마술일까! 아니면 피곤을 씻어내고 잠으로 생기를 되찾은 내 눈이 변해서일까? 예쁘게 변한 과일 시장 옆에서 연기가 피어오른다. 냄새도 구수할 듯하다. 낮에 없었던 먹자 수레들이 시장 옆에 진을 치고 있다. 혼잡하기는커녕 다정하게 느껴진다. 갑자기 배가 고파졌다. 그래, 오늘 식사는 바로 여기야!

처음 느낌은 혼란과 불편이었다. 휴식을 취하고 몇 시간 후에 본 시장은 무척 다정하고 사랑스럽다. 곧바로 시장 속 비좁은 자리를 차지하고 저녁 식사를 즐긴다. 몇 시간 사이에 시장이 바뀌었을까? 내 눈이 변했을까? 모두 그대로인데 내 마음이 달라진 것이다. 내 마음 따라 세상이 바뀐다. 지옥이 되거나 천국이 될 수도 있다. 똑같은 대상이 악마가 되거나 천사가 되기도 한다. 현실에서 지옥이나 악마는 없다. 단지 우리의 마음만 괴롭고 힘들다. 주변에 천국이나 천사도 없다. 자신의 마음이 너그럽고 행복하여 그렇게 여길 뿐이다.

창밖 활주로에서 이착륙하는 비행기를 본다. 수백 톤의 무거운 비행기가 내려오고 떠오른다. 항상 보던 이착륙 장면에 갑자기 120년 전 라이트 형제의 최초 비행이 겹쳐진다. 12초 동안에 36m 거리를 날아갔던 비행이다. 이것은 머나먼 대륙에 다녀오는 여행을 동네 산책에 비교하는 것과 흡사하다. 어느 것이 더 의미가 있을까?

히말라야 설산의 일출은 멋있다. 그러나 동네 뒷산의 석양에서 더 큰 의미를 깨달을 수 있다. 생의 신비와 감사를 느끼고 깨달음을 얻는 것에는 장소가 중요하지 않다. 삶에서 체험하는 경이로움이 중요하다. 어느 날 문득 감사하는 마음이 생기거나, 미워했던 마음이 사라지고, 무관심했던 것에 대해 애틋함이 생기는 것도 모두 작은 기적이다. 일상 속의 기적을 스스로 인식하며 이를 받아들이려면 깨어있는 정신이 관건이다. 새로운 곳으로 가는 여정은 내면으로 향한 발걸음이고 우리가 깨어있도록 약간 도와줄 뿐이다.

창밖을 보니 여전히 수백 톤이나 되는 비행기가 뜨고 또 가볍게 내린다. 주변에서 일상 속 기적은 계속된다.